JN063492

佐々木正人

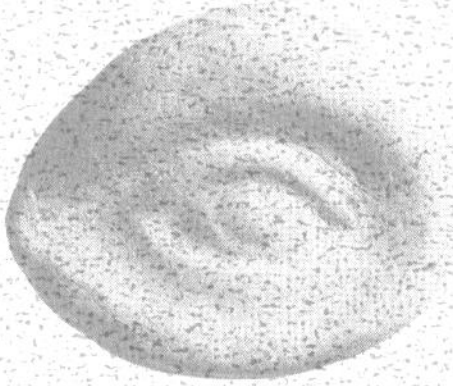

あらゆるところに同時にいる

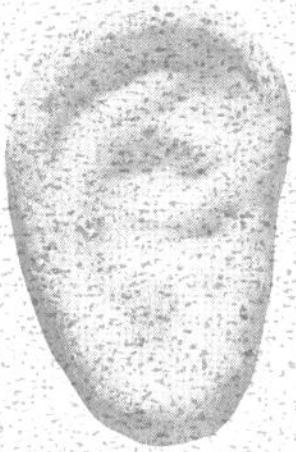

アフォーダンスの幾何学

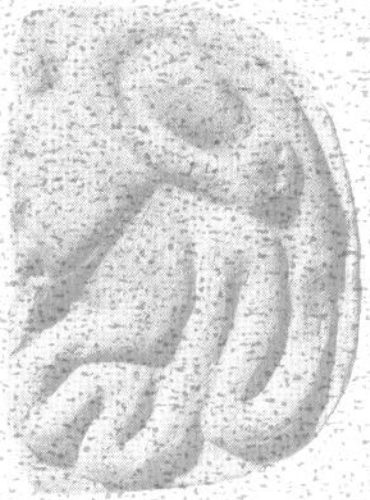

学芸みらい社

あらゆるところに同時にいる——アフォーダンスの幾何学

目次

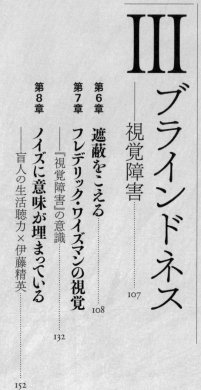

序

本書のタイトル「あらゆるところに同時にいる」(To be everywhere at once. Being everywhere at once)は、ジェームズ・ギブソンが最後にまとめた著書『視知覚へのエコロジカル・アプローチ』[1]の後半に二度書いたフレーズである。

何を意味しているかわからなくて、気になり、この本を繰り返し読んだ。かなりして、この一文は、彼がたどりついた思考を、いっきょに示していることがわかった。

「あらゆるところに同時にいる」には、はじまりがある、と考えてみる。

ギブソンは一九五五年から一年間のサバティカル(研究休暇)で、家族とオックスフォード大学に滞在した。古い石造の研究棟に広い部屋をわりあてられたが、「机があるだけで部屋はとても寒く研究の望みはなかった。設備は何もなかった」。そこで「執筆に力を注ぐこと」にした。[2]その時の発見は3年後、イギリス心理学会誌に「視覚に制御された動物の移動と視覚的定位」と題された論文にまとめられた。[3]

発見は八項目にまとめられたが、六つ目に次のように書かれている。

「自然環境では、どこも他のコピーではない。つまりどこもユニークである。そして、環境を投映している空気中の光の構造のどこもユニークであり、あるところにできた光の構造と、その隣の光の構造のふたつのあいだの差も、そこだけにしかない、ユニークな差である。この差をユニークなトランスフォーメーション(変形)とよぶ」

おそらくこの数行が、二四年後の本に書かれた「あらゆるところに同時にいる」につながっている。ギブソンはオリジナルな「幾何学」を探っていた。

紀元前三〇〇年頃にはじまるユークリッド幾何学は、「点」は部分に分割できない、つまり広がりがなく、どこでも同じ(等価)であると定義した。「線」には長さはあるが幅がない。「平面」は無色で透明である。これらの単位から「抽象幾何学」の世界が描かれた。

ギブソンは、ユークリッド幾何学は心理学には使えないと考えた。ヒトや動物は何もない「空間」ではなくて、物質と媒質(空気と水)、そして物質が空気中に露出している「面(サーフェス)」に囲まれている。面が透明であることはない。面は、「平面」のような思考の産物ではなく、じっさい周囲のどこにもある。面は見ることも、ふれることもできる。

抽象的な単位ではなく、自然にあることから幾何学はつくれるだろうか。ギブソンは、自然の幾何学を、『視知覚へのエコロジカル・アプローチ』の前半に四つ提案した。それは「生態幾何学」と名付けられた。

第一が「面の幾何学」である。

四〇歳を過ぎた頃から、ギブソンは長い間、パイロットの視覚を研究し、飛行を可能にしているのは「地面の視覚」であることを発見した。空と陸と水で生きている動物は、いつでも地面や水面に定位している。姿勢を保つこと、移動を制御することは地面がもたらしている。そして、まわりを見渡してみると、周囲のすべては面のレイアウトであった。そしてどの面にも小さなキメ（テクスチャ）があった。

面の幾何学は、自然のレイアウトの幾何学である。地面はもちろん、面のつくる囲い、面どうしの縁や隅、そして割れ目など、多様な面のレイアウトが環境には限りなくある。それらは動物に行為を与えている。面の幾何学は、アフォーダンスの幾何学である。

第二は「光の幾何学」である。

面を囲んでいる空気に眼を転じると、光源からの光が、空気中に浮かぶ塵や水滴、さらに地上にある面のキメに衝突して、すべての方向に散乱している。散乱した光は、空気中を飛び交い、そこを密度の濃い光のネットワークで埋め尽くす。この状態の光は照明とよばれる。照明されている媒質では、どの位置でも三六〇度すべての方向からの光が交差して、そこを包囲している。ギブソンはそれを「包囲光（アンビエント・ライト）」と名付けた。包囲光の発見が視覚理論を変えた。

一個の観察点を想定する「人工遠近法」が、ルネサンス以降、広く受け入れられた。それは「像（イメージ）の幾何学」である。視覚の説明も、眼の奥の網膜に光が結ぶ像を根拠にした。視覚はこの「画面」から外に出ることができなかった。

古代には「自然遠近法」があった。自然遠近法は、空気中のすべての点に、周囲の面のレイアウトが、共通の頂点を持つ一組の立体角（かたち）として投映されているとしていた。ギブソンはこのアイデアを取り入れた。自然遠近法に従えば、包囲光は周囲を立体角の配列で投映している。包囲光は面によって構造を与えられ、そのまま視覚の情報になる。「光の幾何学」、包囲光が、光をただの眼への刺激から、意味を埋め込む情報にした。

第三は「遮蔽の幾何学」である。

古代の自然遠近法は、動きを扱っていないので、空気中の光の構造に起こる変化を説明できない。実際には、光の構造の乱れに、周囲で起こる変化や、変化からあらわれる不変が見えている。視覚の幾何学は、この事実を基礎にしなくてはならない。

地面には、たくさんのモノが散らばり、動物の移動を妨げている。周囲の大部分は、眼の前にあるモノの後ろに隠れている。このまわりにあるモノどうしの遮蔽は、包囲光に投映されている。遮蔽がそのまま情報になる。観察者が動くと、眼の前にある面を投映している包囲光の中のひとつの立体角と、その隣の立体角のあいだから、ほかの立体角があらわれてくる。モノどうしの遮蔽は、包囲光では立体角の入れ子になっている。この「遮蔽の幾何学」が包囲光を動的な情報にしている。

そして第四が、「キメの幾何学」である。

ある面Aが、隣の面Bを遮蔽していく時に起こることを、光だけでいえば、面Aと面Bの隣り合う縁(エッジ)での、光のキメの置き換わりである。縁では、光のキメBがキメAに換わっていく。これが「キメの幾何学」である。

先に引用したオックスフォードでの六つ目の発見は、「あるところにできた光の構造と、その隣の光の構造のふたつのあいだの差も、そこだけにしかない、ユニークな差である」と書いていた。「トランスフォーメーション(変形)」は、後に「推移(トランジション)」とよび代えられたが、この光の「キメの幾何学」が、「エコロジカルな視覚論(生態光学)」の中心に置かれた。

自然をそのまま単位とする幾何学の試みは、面の幾何学から光の幾何学へ、そして遮蔽の幾何学へ、最後にキメの幾何学へと展開した。

自然の四つのレベルに発見された幾何学をまとめて、ひとつの「生態幾何学」が誕生した。地面の上にある面どうしの遮蔽が、包囲光を埋める立体角どうしの縁でのキメの推移になる。それに注意し続けることが、視覚になった。

2章「あらゆるところに同時にいる――ジェームズ・ギブソンの視覚論」では、ここに短く書いたギブソンの思考の歩みを、『視知覚へのエコロジカル・アプローチ』のテキストにゆっくりたどっている。それは、知覚はタイムレスである、つまり知覚には時間はないという主張で終わっている。自然の幾何学は、わたしたちのふつうの生活を知るキーワードになる。

6章「遮蔽をこえる」では、街のナビゲーションが、遮蔽のこちら側と向こう側の縁をこえて、やがて街の全体を知ることを視覚障害者の移動に追った。

12章「わたしは地面から離れている」では、乳児が家で生まれ、家のすべてを知るようになる過程を、二種類の面のレイアウト、「付着物（地面とつながっているもの）」と「遊離物（地面から離れているもの）」から探った。どちらの章も「あらゆるところに同時にいる」の意味のひとつを書いている。

ギブソンは最後の本のタイトルを『視知覚への生態学的アプローチ』と決める頃に、『Everyday visual perception（日常生活の視知覚）』というタイトルも考えていた。[4]「あらゆるところに同時にいる」は、誰でも経験している、ふつうの毎日の繰り返しを、興味の尽きないことにしている原理だろう。

このフレーズについて、誰かと話したことはあまりないが、その意味することは、おそらく誰でも知っているとは思う。「あらゆるところに同時にいる」というのは、意識の根のようなことで、見えなくても地面の下にひろがり、わたしたちを支えていることだろう。

パーセプション（知覚）について長く考えたギブソンは、おそらく、それについて、何かがわかったと思ってからだいぶたって「あらゆるところに同時にいる」と書いた。これは、アフォーダンスの意味を示す究極のフレーズだろう。

最初に「あらゆるところに同時にいる」がギブソンの思考をいっきょに示すと書いた。間違っていないと思うが、それがわかったからといって、「あらゆるところに同時にいる」の意味がすべてわかったわけではない。ここに書いたことを含め、本書は「あらゆるところに同時にいる」という謎への、わたしなりの一歩である。

12章以外は、これまでに書いたものをかなり改変して収めた。意識、記憶、身体など、ヒトについて考える時に、はずせないテーマを扱っている。また、チャールズ・ダーウィン、ミルトン・エリクソン、フレデリック・ワイズマン、ジェームズ・タレル、田中小実昌、大野一雄など、パーセプションについての、息の長い仕事の数々にふれた章もある。

いずれも、「あらゆるところに同時にいる」というタイトルにつながっている。ここに書いた「自然の幾何学」からの眺めが、本書の全体に秩序を与えて、読みやすい一冊になることを期待している。

❖1……Gibson, J. J., *The Ecological Approach to Visual Perception*. LEA, 1979. →Houghton Mifflin Company, 1979.〔邦訳〕J・J・ギブソン『生態学的視覚論――ヒトの知覚世界を探る』古崎敬他訳、サイエンス社、一九八六年。( )内は原著の頁数、引用は筆者の抄訳である。

❖2……Gibson, E. J., *Perceiving the affordances-A portrait of two psychologists*. LEA, 2002.〔邦訳〕E・J・ギブソン『アフォーダンスの発見――ジェームズ・ギブソンとともに』佐々木正人・高橋綾訳、岩波書店、二〇〇六年。

❖3……Gibson, J. J., 'Visually controlled locomotion and visual orientation in animals', *British Journal of Psychology*, 1958, 49, pp.182-194.(Ecological psychology, vol. 10. 3&4, 1998. に、この論文の回顧特集がある)

❖4……一九七一年一月付のメモの写しは、コーネル大学図書館ギブソンアーカイブを何度も訪問して、たくさんの資料を検討している野中哲士さんからいただいた。

I

タイムレス

―知覚には時間がない

第1章

情報は光の中にある

仕事机の上に水槽を置いて金魚を飼っている。動きはじめの頭部の左右への揺れ。胸、背、尾ヒレの微小な揺れが複合して方向を取る。両眼の急速な動きがそれに先行している。水底、水面、藻、餌など目標への移動と姿勢の維持。動きはほぼこのふたつに分けられる。背から腹への軸を水底面に対してほぼ垂直に保つ水中姿勢は、寝ている時も維持されている。

ある朝一匹の様子がおかしくなった。バランスを失い、横になる。そのたびに姿勢を立て直そうとしてヒレを速く動かす。一日中、それを繰り返した。海塩を溶かした別容器に移したが、やがて水面に横たわり、夜半に腹が上になった。あきらめていたが、つぎの朝に、姿勢が回復し、水底でじっとしていた。しばらくして、たくさん糞が出て、また泳ぎ出した。

水に包囲されている魚にとっては、水中姿勢を維持して重力との関係を保つことが生きることと同義である。

わたしたち陸生動物は空気に包囲されている。魚の水中姿勢のように、呼吸が誕生すると同時にはじまり、死ぬまで続く。呼吸を可能にしているのは空中の酸素だが、空気にはそれ以外のこともある。

気体の混合した空気はたぐい稀に均質である。環境の一部が化学変化を起こし、均質な空気の一部に、そこから生じる微小な化学物質が飛散することがある。たとえば煙、花の匂い、動物の体臭などである。それらは周囲に飛散物質の雲をつくる。わたしたちはその雲にふれて周囲に起っていることを知る。空気中の小さな飛沫の雲が、環境についての情報となる。

どこかで固いものどうしがこすれたり、衝突すると、振動波が空気につたわる。それは同心球状の波面を空気中に広げる。波はそばにいる動物身体の表面をわずかに振動させる。動物は、球面波の中心として衝突の方向を知る。身体の表面に到達する波の系列は、衝突ごとに異なる。たとえば、地面に落ちたガラス瓶が割れずに跳ねていれば、波列は規則的な間隔で到来する。瓶がグシャッと割れれば、不規則な波列がいちどきに身体に突きあたる。

オペラでは、弓と弦、弦と指、金属や木製の管とヒトの息、ヒトの声帯と息が擦れている。起こる振動波は多様で、それらの混合は複雑である。その振動波がつぎつぎと聴衆の身体表面に到来する。このきわめて特殊な振動波を全身に直接浴びるためにヒトは劇場に足を運んでいる。陸生動物を包囲する空気には、物質どうしの衝突に起源を持つ振動波の場がある。それも周囲を知る情報である。

空気中にある化学的放散の雲や振動波は情報である。誰でもここまでは認める。これに接触によって知ることのできる物の細部のキメ、物を手で持って振ることで明らかになる振りにくさ(慣性)を加えて、知覚の情報が周囲にあるといっても、それほど奇異ではないだろう。しかし、話が視覚に及び、情報が周囲の光の中にあるというと、とたんに人びとの表情が曇る。エッ、光に情報がある、そんなバカな、と怒り出す人もいる。

生態光学を創始したジェームズ・ギブソンは、こうした反応にめげずに、情報は光の中にある、といい続けた。光を光線だけで考えていてはだめだ、とギブソンは考えた。光源で何が燃焼しているかについての情報を、光線はたしかに運んでいるが、それを知るためには分光器のような装置が必要である。分光機構はカメレオンなど一部の動物の眼にしかない。だから、視覚理論は光線自体にではなく、それが眼球の後ろの網膜に結んだ「像」を視覚の情報だとしてきた。

しかし光線以上の光の事実が空気にはある。

周囲にあるのは光源から直進する放射光だけではない。光線は眼に入る前に空気を通過している。空気中には小さな塵や水分子が大量に浮遊している。これらに衝突して光線は全方向に散乱する。散乱した光線は、さらに周囲の物の表面にある微細なキメにも衝突し、そこでさらに散乱する。このようにして、散乱に散乱を重ねた光がつくる状態を光学では照明とよぶ。

照明とは空気中にできる無限の密度を持つ光線の網である。つまり照明されている空気中のすべてのところでは、すべての方向からの光線が交差している。この空気中のすべての位置を球状に取り囲む光をギブソンは包囲光(アンビエント・ライト)と名付けた。空気の中でわたしたちが取り囲まれているのはこのレベルの光である。

振動がその源の衝突を波でつたえるように、包囲光は、周囲の物の表面がつくるレイアウトで構造化されている。たとえば晴天の野外では、何もない空からの光の構造は疎であり、粒状のキメがある地面からの光の構造は密である。この疎密の対比を推持さえすれば、わたしたちは倒れないように立位姿勢を保持できる。光の構造に起こる変化を利用することで、ハチや鳥は空中での移動を一定の高さ、速さに保っている。動物が移動すると包囲光の構造に流れが生ずるが、ギブソンはそれを光の流れ(オプティカル・フロー)とよんだ。化学的放散の雲も、振動波も流れているが、空気中には光の流れもある。

この光の流動にはマクロな変化と、変化からあらわになる不変(変化の中の持続)の両方がある。動物は前者を自身の移動を特定する情報として、後者を環境に持続してあることの性質を知る情報として利用している。

光線を基礎にした一九世紀までの視覚論は「像」を必要とした。視覚は、世界と「像」と動物の三つの項を用いて説明されてきた。かつては網膜にあるとされた世界の「像」の位置は、現在では脳にまで後退しているが、どこかに「像」を求める主張は衰えていない。

空気が光を光線以上のことにしていることに、ギブソンは気付いた。彼は、空気が刺激(光線)を情報(包囲光)にする場所であることを発見した。物質表面のレイアウト、それを包囲光の構造にする空気、環境を構成するこのふたつが隣合っていること、それが視覚の根拠を動物に与えている。

地球環境は、物質と、それについての情報を含む媒質(水と空気)の隣合いからなる。このことだけで、動物が環境の性質を直接知覚することが保証されている。知覚は第三の項、つまり像や脳を介した営みではない。それは環境と動物のふたつの項で成立することである。

空気は酸素を含むことで動物に生を与えたが、そこには知覚の資源もある。

第2章

あらゆるところに同時にいる

ジェームズ・ギブソンの視覚論

二〇世紀の半ば、ジェームズ・ギブソン（一九〇四―一九七九）は、光を手掛かりにして、視覚についてこれまでとはまったく異なるアイデアに到達した。一九七九年に出版された『視知覚へのエコロジカル・アプローチ』[1]には半生をかけたその道のりが書かれている。その歩み、つまりエコロジカルな視覚理論と、新しい心理学の構想が生み出されるまでをたどってみたい。うまく行けば、彼のたどりついたところに近付けるかもしれない。

環境

環境の本質は囲んでいることにある。物の世界で、ある物がほかの物に囲まれていることと、動物が環境に囲まれることには、似ているところがひとつもない。（四三頁。引用は筆者の抄訳、以下同じ）

ギブソンはまず環境について書いた。そこでは環境が、動物を囲んでいることを強調した。見まわせば周囲には物があふれている。膨大な物に注意を向けると、環境が「動物を取り囲んでいる」ことを忘れてしまう。ふつう、環境についての科学の大部分も、物からはじめている。これでは環境を記述できない。動物を独特に取り囲んでいることを、環境の中心にすえるためには工夫がいる。まずギブソンがしたことは動物の周囲を、とてつもなく簡潔にあらわすことであった。

クラシックな物理学は、世界は空間と、その中にある物体からできているとした。だからわたしたちも、空間に物体のある世界に住んで、空間の中の物体を見ていると考えたくなる。しかし、これはとても疑わしい。地球の環境はミーディアムとサブスタンス、このふたつを分けるサーフェスで、もう少しうまく描くことができる。（一六頁）

ミーディアム、サブスタンス、サーフェスとは、どのようなことなのか、順に示してみる。

ミーディアム（媒質）

周囲の大部分は地面と水と空気である。そのうち水と空気がミーディアムになる。水と空気には、それだけにしかない性質がある。

まず水と空気は酸素を含み、動物はそれで呼吸している。水も空気も固くないので、動物はその中をあまり抵抗なく移動できる。水と空気は呼吸と移動の媒質である。

水と空気は組成が均質で透明に近く、その中には境界がない。だから光をつたえる。光だけではない。水と空気の中のどこかで物と物が衝突すると、その衝撃が波でつたわる。水や空気の中では、物質が溶解、あるいは揮発することで生じた微小な化学物質の飛沫が周囲に広がる。つまり水と空気は、光と音と匂いをまわりにつたえている。だからその中にいれば離れたところで何が起こっているのかを知ることができる。

ミーディアムでは、局所の変化が、隣接するところに広がっている。ただしこの変化はいつまでも続かない。いったん生じて広がった、光や波や匂いは、まもなく消散してミーディアムはもとのただの均質なところに戻る。つまりミーディアムは均質性を維持する強い性質を持つ。だから、その一部に生じた変化を、いつでもまわりにしっかりとつたえることができる。

もうひとつ。ミーディアムにはいつでも上から下への力が貫いている。重力である。この力が物や動物を地面に押し付けている。この上下の軸は絶対で、ミーディアム中のすべてに及んでいる。

水や空気について、なぜこんなにあたりまえのことを確認する必要があるのか。そして、なぜそこをミーディアムとよぶのか。

ミーディアムがどんなところかわかったら、その中で動物が周囲を知ること、そのための振る舞いについて、まったく新しく考えることができる。ミーディアムの中は、動きまわることができ、そこにある物を動かすことができる。発生源から広がる光や音や匂いを知ることができる。取り囲むミーディアムには光や音や匂いが「満ちている」。ミーディアムの中ならどこでも、見まわしたり、耳をそばだてたり、嗅ぎまわることができる。ミーディアムのどこも観察できるところである。観察できるところが区切れなくつながると移動の路（パス）になる。ミーディアムの中にいるわたしたちは、幾何学のいう広がりを持たない点や、幅のない線ではなく、まわりを探れるところや、それがつながる路を与えられている。ひとつの観察点から、つぎの観察点へと動くと、それにつれて光や音や匂いの情報が変わる。ミーディアム中はどこでも、情報としてはほかとは置き換えられないユニークな、そこだけのところである。一方、幾何学の定義する空間の点は、ほかのどの点とも等価で置き換えられる。だからミーディアムは空間とは違う。（一七頁）

動物は、どこでも等価な空間に棲んでいるのではない。情報を密に埋め込み、どこもユニークなミーディアムの中で生きている。

サブスタンス（物質）

環境にある第二の性質はサブスタンスである。

サブスタンスは「光や匂いを自由につたえない、また物の運動や動物の移動を許さない環境の一部」である。英語では「固体や半固体は、サブスタンシャルな物といわれ、ガス状の物はサブスタンシャルではないといわれる。液体はその中間にある。この意味でサブスタンスとはいくらかは硬い物である」（一九頁）

サブスタンスの中には抵抗なしには入れないか、まったく入れない。サブスタンスは変化しにくいので、同じすがたをある程度保つ。不透明であることが多いサブスタンスは、ふつうは光を通さない。

サブスタンスとは多様な物のことである。たとえば植物や動物はサブスタンスである。食物はすべてサブスタンスである。サブスタンスには、硬さ、密度、壊れにくさ、しなやかさなどがある。構成するものや、それらがどのように合わさっているのかによってサブスタンスの性質が決まる。

どこもほぼ同じように均質な混合物がミーディアムで、ひとつとして同じものがない異種の混合物がサブスタンスである。地上では、とことん多様なサブスタンスを、均質なミーディアムが取り囲んでいる。

サーフェス(面)

それが何かを知るために、手や舌は、直接サブスタンスにふれてその性質をたしかめている。全身を囲んで張り付いている皮膚が、サブスタンスにふれて力を加え、その性質を知る。これはハプティクス(接触学)の課題である。力を介した接触ではなく、光に何かを知ることはオプティクス(光学)である。

光について考えると、サブスタンスにあって、とくにサブスタンスとミーディアムとのあいだが重要になる。サブスタンスとミーディアム、あるいはミーディアムとミーディアムとの境界にあるのがサーフェスである。

海水とその下の地面をわける海底、海や湖や川と空気をわける海面、湖面、川面。そして大地とミーディアムをわける地面が、地球の大部分を占めるサーフェスである。

ギブソンは一九四〇年代に、空軍の知覚研究部に属して、パイロットの視覚を研究した。その時にサーフェスを発見した。有視界飛行をするパイロットは空中から地面をとくに注意して見ていた。空中での移動のためには、地面が見えること、地面の見えの変化を知ることが重要であった。空中に限らない、移動はたいがい地面の上で行われている。

環境のベースは地面である。……地面を構成する単位は、地球上のすべてのサーフェスに繰り返しあらわれている。砂の粒、小さな石、岩はどこでも同じような大きさである。……地面にある草の葉、草むら、藪は、地球のどこでも似ている。自然がつくる単位は、人工的な舗道のように完全に同じではない。自然の単位は、測量的ではなく、確率的に整っている。

（一〇頁）

どのサーフェスも、それが大きくても小さくても、キメのリズムを持つ。わたしたちを囲んでいるのは、いろいろな大きさのレベルで、粒がそろったキメのあるサーフェスである。サブスタンスの一部は、ミーディアムの中に、サーフェスとしてあらわれている。サーフェスのレイアウトとキメは、光で照明されている。サーフェスの一部は光を吸収し、一部は反射している。サーフェスには、異なる波長の光を反射する性質が独特に分布する。これが色である。つまりサーフェスには色がある。

レイアウトがあり、キメがある。そして色がある。これらがサーフェスの意味を示している。すぐ消えるシャボン玉のサーフェスも、数万年も持続する岩のサーフェスもこの点では同じである。ミーディアムの中にいるわたしたちは、サーフェスのレイアウトに囲まれている。まわりで起こることのすべては、サーフェスのレイアウトの変化である。たとえば、動物が表情を変えると、大部分は変わらないきわめて複雑なサーフェスのレイアウトの部分が曲がり、伸び縮みする。川のサーフェスでは、変化しないところと、似た変化の反復が渾然としてひとつの大きな変化、流れをつくっている。

微細な変化もある。冬が近付くと葉のサーフェスは色付き枯れて落ちる。動物のサーフェスでは皮膚や毛のキメのレイアウトが、季節ごと、年ごとに変化している。サーフェスでは大きなレイアウトと、微細なレイアウトが同時に変化している。

　固体や液体が気体になる時、生物が衰える時に、サーフェスは、やがてなくなる。逆に気体や液体が固体になる時、生き物が成長する時、建築がはじまる時、サーフェスは無からあらわれてじょじょに大きくなる。

　周囲に地面があると気付いた頃、ギブソンには、おそらくアニメーターがそうであるように、周囲のすべてがサーフェスのレイアウトに見えただろう。

光

空気とサーフェスのレイアウト。ふたつの発見がそろった時に、後に「生態光学（エコロジカル・オプティクス）」とよばれる視覚論が誕生した。

　サーフェスのレイアウトに囲まれている空気に光を入れてみよう。

　視覚の教科書では、眼の奥にある網膜に対象の像（イメージ）が映り、それが視覚をもたらすと書いている。伝統的な視覚論は以下のようにまとめることができる。

> 眼のような暗箱にイメージがつくられるという理論は、三五〇年以上前の、ヨハネス・ケプラーにまでさかのぼる。ケプラーの理論は、見えるものはすべて光を放射していること、物にあるすべての点が全方向に光線を発しているということを根拠にしていた。……このような光の中に眼を置いてみる。すると点光源から発する光は、小さな円錐として瞳孔に入り込み、水晶体（レンズ）を経て、網膜上の一点に焦点を結ぶ。……こうしてできた網膜上の焦点の集

合が網膜像をつくる。光が放射してくる点と網膜上の焦点の集合には一対一の対応がある。

（五八頁）

広く受け入れられているこの説には、困難があるとギブソンはいう。

網膜像を見ることができるというのは、心理学の歴史でもっとも魅力的なウソのひとつである。わたしはこれを「脳の中の小人」理論とよぶ。それは、眼を網膜像を脳に伝達する神経ケーブルの端にあるカメラと考えている。しかし、それを認めれば脳の中には、神経で送られてきた像を見ている小人がいなければならないことになる。そして、その小人は、小さな脳につながり、小さな網膜像をつくる小さな眼を持っていることになる。

（六〇頁）

網膜像を脳が見ている（解釈する）という「小人理論」は、視覚についての説明をどんどん後退させる。小人ではなく、網膜上の光の斑点と脳の感覚する斑点の対応で説明する理論もある。しかし光の斑点が、（明るさに対応する）光刺激の強さと、（色に対応する）光の波長しか伝えられないなら、脳は「明るさと色の斑点から、わたしたちに見えている環境のすべてをつくるという途方もない作業をすることになる」。

（六一頁）

イルミネーション（照明）、包囲する光

視覚をもたらす光についての新しいアイデアが必要であった。まず放射とは異なるレベルの光

の事実に注目した。

物理学が示すように、放射するエネルギーは高速でからっぽの空間をつたわる。エネルギーは粒子か波とみなせる。……放射光には原子のレベルでも、宇宙大のスケールでもエレガントな法則がある。しかしエコロジカルな環境は、サブスタンスとサーフェスとミーディアムからなる。そこでは光の散乱と反射と吸収だけを問題にすればよい。日中、太陽からの放射光の一部は、平行する光線として地上に到達する。それ以外の光線は、不透明な空気中で散乱する。光はキメのある地面にぶつかって、そこから、さらにすべての方向へと散乱する。これは散乱―反射といわれる。空からの光は、散乱―反射をつぎつぎと繰り返す。……光はエネルギーが吸収され尽くすまで、割れ目、裂け目を越えて深いほら穴にも入る。この光はもはや放射光ではない。イルミネーション(照明)である。(四九―五〇頁)

放射光は散乱を繰り返す[図1]。光は散乱することで、高次のレベル、イルミネーションになる。視覚の説明を、このイルミネーションのレベルからはじめてみる。

物理光学の実験では、暗室に浮遊光が迷い込まないようにしてきた。生態光学は、この迷い込む光を対象にする。これまで光学は光線を研究してきた。光線は、光源から全方向に拡散し、レンズを使わなければ一点に集まらない光である。動物の視覚が使うのは、全方向から集まり、方向により強度に差のある光である。光学の研究者たちは気づいていないが、ミーディアムの中で、何度も繰り返し反射した光には、視覚にとって意味ある多くのことが含まれている。その中でもっとも重要なのが包囲光（アンビエント・ライト）である。包囲光は観察点を取り囲む光である。わたしたちがいるところのどこでも取り囲んでいる光である。

（五〇頁）

環境はサブスタンス、ミーディアム、サーフェスからなる。重力、熱、光、音、揮発物がミーディアムの中を満たしている。そこでは化学的、機械的な接触や振動がわたしたちの身体にふりかかる。わたしたちは環境の中で、物理エネルギーの海に浸されている。周囲は流れる海のようであり、流れは変化している。温度と照明の変化には反復する周期がある。有機体であるわたしたちは、呼吸し、消化し、行動することで環境とエネルギーを交換している。包囲エネルギーの海のごく一部が、わたしたちに情報を与える。情報になるのは、ほんのわずかの部分である。鼻に入ってくることに匂いを嗅ぐ。鼓膜に突きあたる空気振動の波列を聴く。そして眼の瞳孔に入る包囲光を見る。エネルギーの海のほんのわずかの部分は離れたところに起こっていることの情報になる。だから生き残るためには決定的に重要である。

（五八頁）

重力や熱や振動のように光もミーディアムに満ちている。包囲光から視覚を考えると像はいらなくなる。では何が像に代わる視覚の根拠なのか。

高速でミーディアムの中を行き来し、空気中の塵や水の分子にぶつかり散乱し、さらにサーフェスのキメに突きあたり散乱し、ミーディアムを完全に

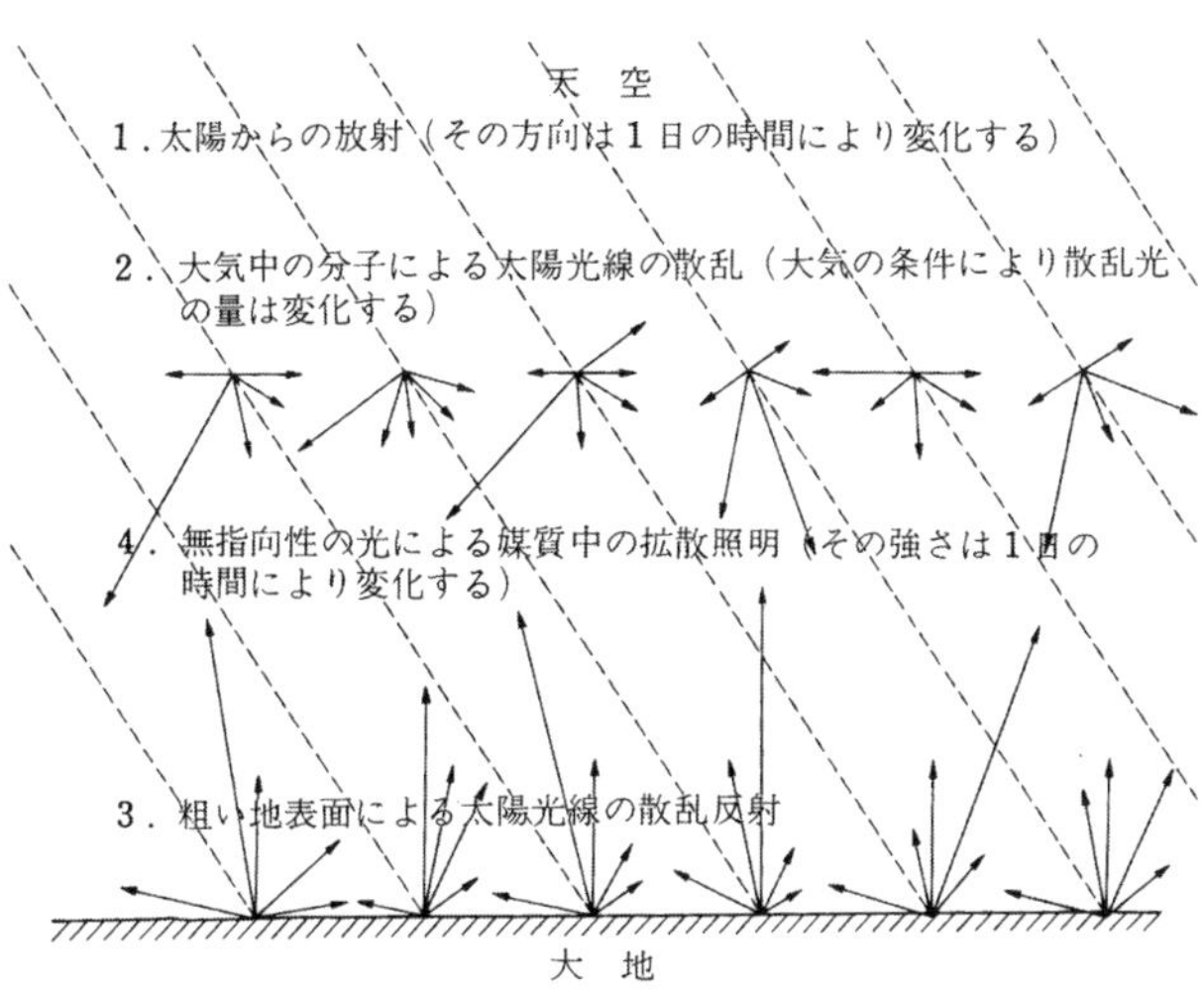
天空
1. 太陽からの放射（その方向は1日の時間により変化する）
2. 大気中の分子による太陽光線の散乱（大気の条件により散乱光の量は変化する）
4. 無指向性の光による媒質中の拡散照明（その強さは1日の時間により変化する）
3. 粗い地表面による太陽光線の散乱反射
大地

図1…空気中の塵や水滴、地面のキメに衝突して散乱する光

満たすネットワークになった包囲光は、ミーディアムのすべてのところを、すべての方向から包囲する。

もしミーディアムが、サーフェスのレイアウトに囲まれていなかったら、包囲光に何かを見ることはできない。まぶしいと感ずるかもしれないが、光そのものは見ることはできない。周囲にあるサーフェスのレイアウトが、包囲光に構造をもたらしている。［図2］は、広漠とした地面の上に立つ者の眼を包囲する光の構造である。地面のキメが包囲光の下半球にパタンをつくり、雲のない空からの包囲光には構造がない。構造の密な地面からの光と、構造の疎な空からの光が、包囲光の上半球と下半球を対比する構造になる。

> 包囲光は観察点に集まる。包囲光は共通の頂点を持つ立体角の集合である。点光源からの放射光には方向による差はないが、包囲光には方向による差がある。つまり放射光にはない構造が、包囲光にはある。包囲光の構造はサーフェスがもたらしている。包囲光は周囲についての情報である。（五一頁）

包囲光の球を分けているかたちを、自然遠近法にしたがって立体角（ソリッド・アングル）とよぶ。周囲にあるひとつのサーフェスは、ひとつの立体角として包囲光に投映されている。ミーディアムの中のすべての場所は、その周囲のサーフェスのレイアウト全体を投映する立体角の群がつくる球状の光で包囲されている。どの立体角も、立体角群からできる球の構造もユニークである。光に満たされたミーディアムの中で、ある場所を占める眼は、そこにある包囲光の構造に囲まれる。包囲光は、それだけで視覚の根拠になる。

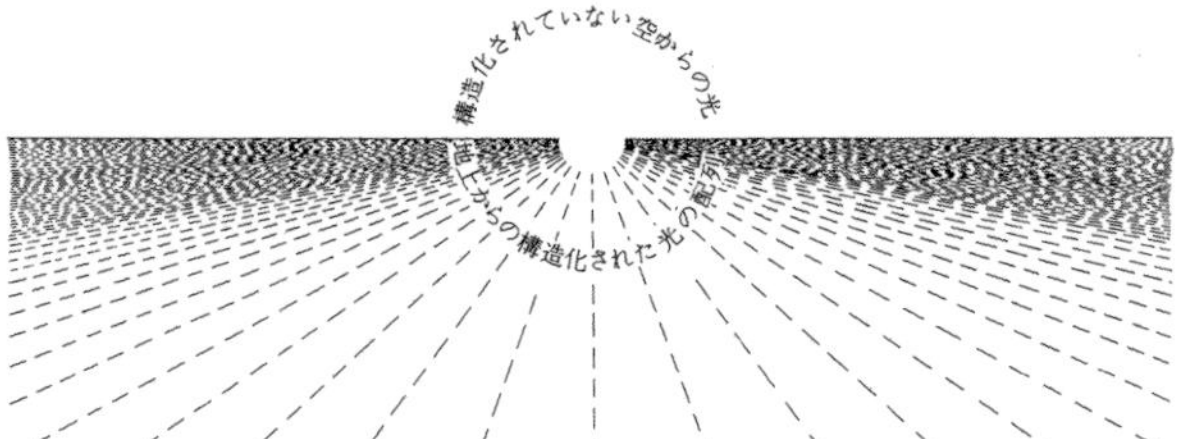

図2…地面のキメと空を投映している包囲光配列

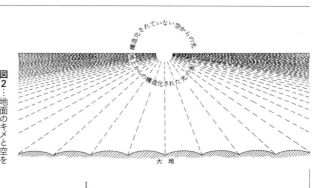

入れ子、インクルージョン（抱摂）

［図3］には、包囲光の球を埋めるひとつひとつの立体角の境界が、投映されたサーフェスの輪郭を延長する線（包絡線）として示されている。絵を見ることに慣れているわたしたちは、立体角の配列は、対象の輪郭を「図」に、背景が「地」になるかたちでできていると考えたくなる。しかし包囲光をつくるひとつひとつの立体角のかたちは、それが投映しているサーフェスのレイアウトには対応していない。なぜなら「物の後ろには、ほかの物が隠れている」、つまりサーフェスの背後には、ほかのサーフェスがあるからである。（六六頁）

この図では立体角が集まってつくる扇形が、ある観察点での包囲光の球の全体を埋めているように見える。しかし、ひとつの立体角には、ほかの立体角が埋め込まれている。だからすべての立体角を足し合わせると球を超える。そのことは重要である。包囲光配列は平面に描かれた絵ではない。透明な膜や殻と同じで、包囲光配列は線で区切られていない。……包囲光配列は完全に満たされている。包囲光をつくる立体角は、より小さな立体角からできている。立体角がどんなに小さくなっても、その立体角の境界には別のかたちがある。（六八頁）

たとえば森を歩く時、周囲の樹々、枝、葉、地面の草などのサーフェスに包囲される。前に見える樹木の後ろには、たくさんの樹木が隠れている。深い森では、どれだけの数の樹木

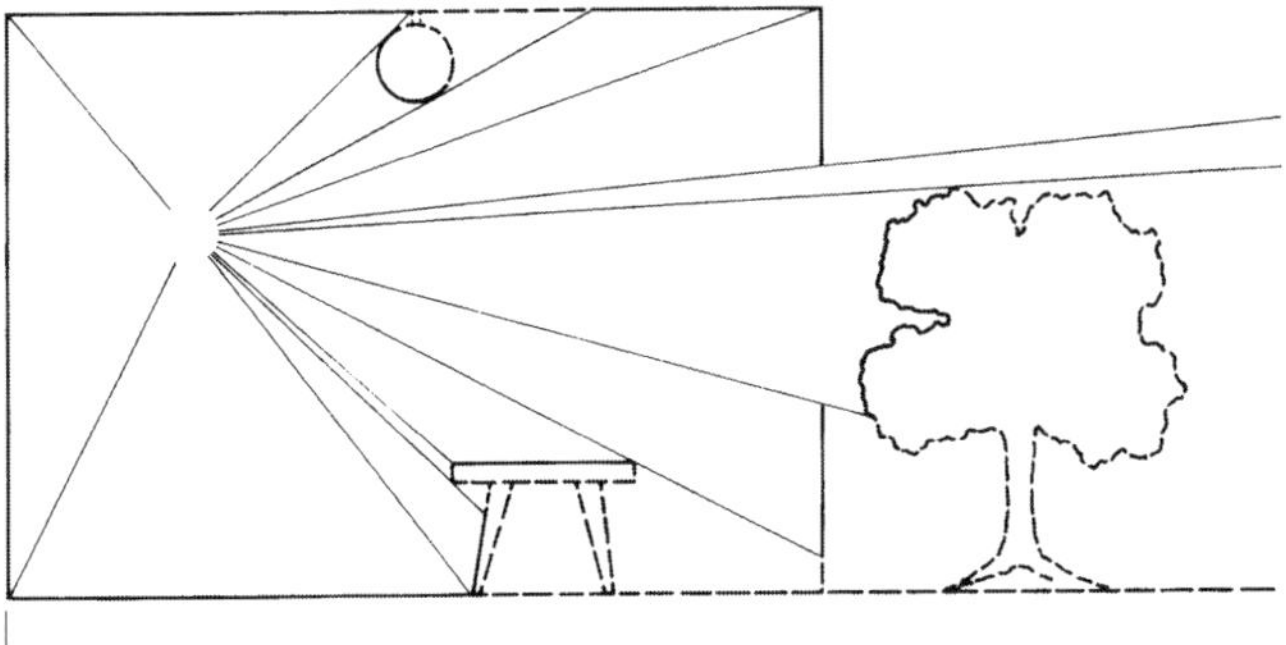

図3…部屋の中の観察点の包囲光

が、いま見えているこの樹木の後ろに隠れているのかは想像できない。一本の樹を越えて歩いて行けば隠れていた樹々がつぎつぎとあらわれる。森の端にたどりついても、隠れているものをじょじょにあらわにする移動は終わらない。森は、その背後に谷を隠しているかもしれない。その谷のさきに、川が隠れているかもしれない。地上の移動では、隠れたものをあらわにしていくことが限りなく続く。

立体角がつくり上げる包囲光の境界に、別のかたちがあることは、このようなごくふつうの経験と連続している。生態光学は、移動によって隠されていたものがあらわれてくるという、動物が生きている限りの長さで続く、環境での経験をそのまま基礎にしている。包囲光が投映しているのは、サーフェスの隣合いが限りなく続く環境そのものである。サーフェスのレイアウトは「入れ子(ネスティング)」である。そのことが包囲光の変化にあらわれている[図4]。

包囲光を限りなく探る経験は、絵画や写真やコンピュータのディスプレイや、映画館のスクリーンにはない。絵や写真やディスプレイやスクリーンには、ここで終わりというところがある。それを越えるサーフェスを誰も探そうとはしない。表現の画面のレイアウトには、視覚の終了点がある。しかし環境の視覚にはそのような区切れ目がない。環境を見ることはどこまでも終わらない。

ギブソンは、包囲光を埋めている立体角どうしの関係を「抱摂(インクルージョン)」とよんだ。抱摂とは、隣合うサーフェスの入れ子に起こることである。眼は奥行きの深さを測量しているわけではない。ただ、隣合うことに生じることを探っている。

エッジ（縁）、オクルージョン（遮蔽）

さて、これまでの視覚論の謎に答える準備ができた。環境のレイアウトには、観察点に投映されているサーフェスはもちろん、まだ投映されていないサーフェスが含まれている。わたしたちは観察点に投映されているサーフェスだけではなく、環境のレイアウトの全体を見ている。物はまるごと見える。物は、ほかの物の前にあるように見える。どうしてこのように見えるのか。いま正面にあるサーフェスだけではなく、それが隠しているサーフェス、つまりレイアウト全体についての情報があるからだ。何が情報となるのか。……それは包囲光配列の構造が変化することで、時間を掛けて明らかになることである。わたしはその情報がサーフェスとサーフェスをわけるエッジ（縁）に、エッジに起こることを特定している光に埋め込まれているといいたい。エッジが、隠しているサーフェスと隠されているサーフェスの両方を同時に示す情報なのである。（七七頁）

包囲光に構造をつくる立体角をわけているのは輪郭線ではない。ユークリッド幾何学は線を「長さがあって幅のないもの」と定義した。しかし環境には「幅のない線」がない。サーフェスとサーフェスをわけるのはエッジである。エッジは、その背後に無数の立体角を埋め込んでいる、サーフェスとサーフェスの境目である。

見えないことが見える、といっているわけではない。……いま見えないサーフェ

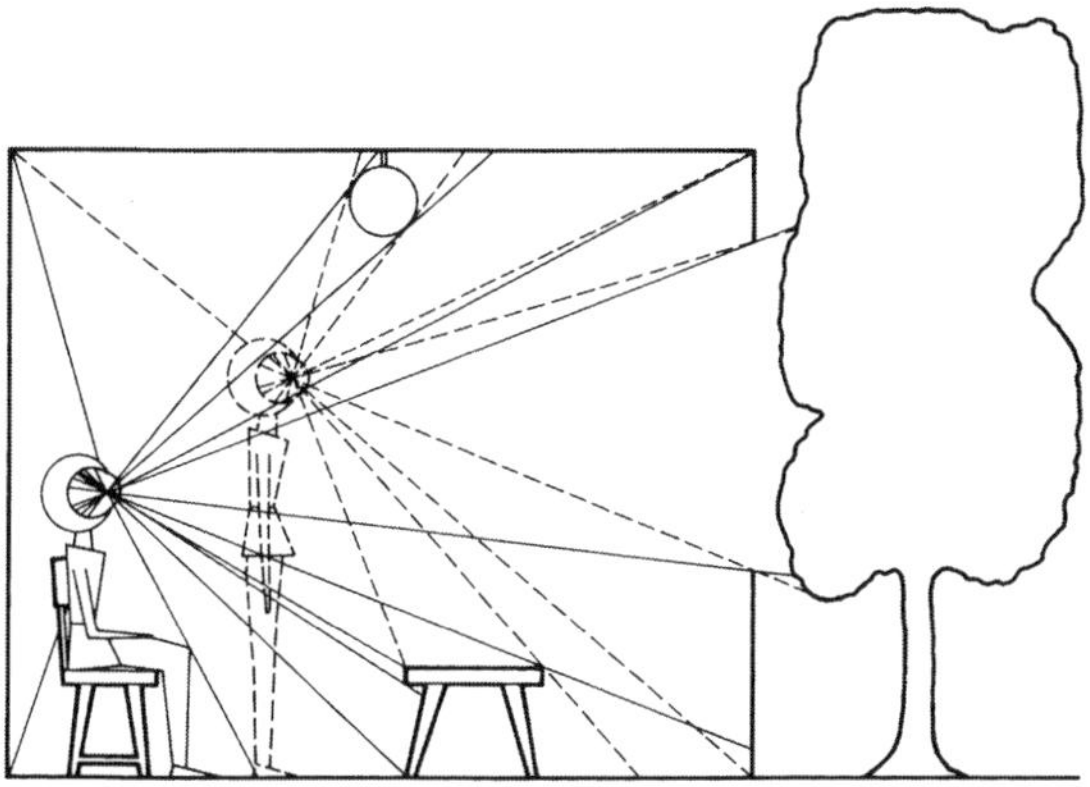

図4…観察者が動くと包囲光の構造が乱れる

スも、いずれは見える。……見えないサーフェスは、動けば見えてくる、反対方向に動けば、また見えなくなる。このことは重要である。ある方向に行き、そして戻れば、見えなくなったものが、また見えてくる。見ていたものは、見えなくなる。……この原理は、ほんの数センチの動きでも、数キロの移動でも同じである。わたしは、これを「可逆的遮蔽の原理」とよぶ。……わたしたちは奥行きを見ているのではなく、ある物がほかの物の後ろにあることを見ている。

（七六―七七頁）

見えないことを見るためには、想像して思い浮かべるのではなく、ただ移動すればよい。隠れていたことが、サーフェスとサーフェスのエッジに見えてくる。エッジから、隠れていることがあらわれてくる。

包囲光のエッジには、見えているサーフェスと隠れているサーフェスのつながり、ふたつのサーフェスのつくるレイアウトの不変なすがたを見ることができる。移動がふたつのサーフェスのつながりを明らかにする。

（八六頁）

物の移動を、「図」が「地」の上を動くことのようにいうのは間違いである。なぜなら包囲光配列は周囲のレイアウト全体を投映する立体角で満たされているので、立体角のひとつが、何もない空間をスーッと動いて行くようなことはありえない。包囲光で起こるのは「構造の乱れである」。

（一〇三頁）

情報は、サーフェスとサーフェスをわけるエッジにある。エッジでは、隠しているサーフェスと隠されているサーフェスの両方が見える。崖に近付くと絶壁の端のかたちが見える。崖の先端が尖っている時には、包絡線の変化は鋭い［図5左］。丸い時には、変化はゆるやかである［図5右］。

すべての物はサーフェスのレイアウトである。物が動くと、物のレイアウトをつくるひとつのサーフェスが、ほかのサーフェスを隠していく。近くのサーフェスが、じょじょに遠いサーフェスに変わる。［図6左］のような多面体では、いま見えているサーフェスの幅がじょじょに縮小し、細くなる。逆方向に動けば、反対のことが起こる。［図6右］の球では、円形の遮蔽縁は変わらないまま、円の内側でキメの構造が変わる。

あるヒトの顔を見る。どこから見てもよい。ひとつの顔とは、顔をつくり上げているサーフェスどうしの隠し方がユニークなレイアウトである。顔をつくるサーフェスの相互の隠蔽が、その顔を見せている。そして、顔は顔よりも大きなサーフェスの前に位置している。顔のサーフェスは、その後ろにあるサーフェスの一部を遮蔽している。顔が動く時、あるいは顔を見るヒトが動く時、顔のサーフェスどうしの相互遮蔽と、顔による背景の遮蔽が同時に起こる。そこに、どの顔が、どこで、どう動いているのかが見える。

エッジで起こるキメの隣合い構造の乱れが、正確にいえば、サーフェス先端でのキメの消え方と後端でのキメの付け加わり方が、もののかたちと、背後にあるサーフェスの情報になる。

図5…段差のエッジ
段のサーフェスのレイアウトが尖っている時には、包絡線の変化は鋭く(左)、曲面の時にはゆるやかである(右)。

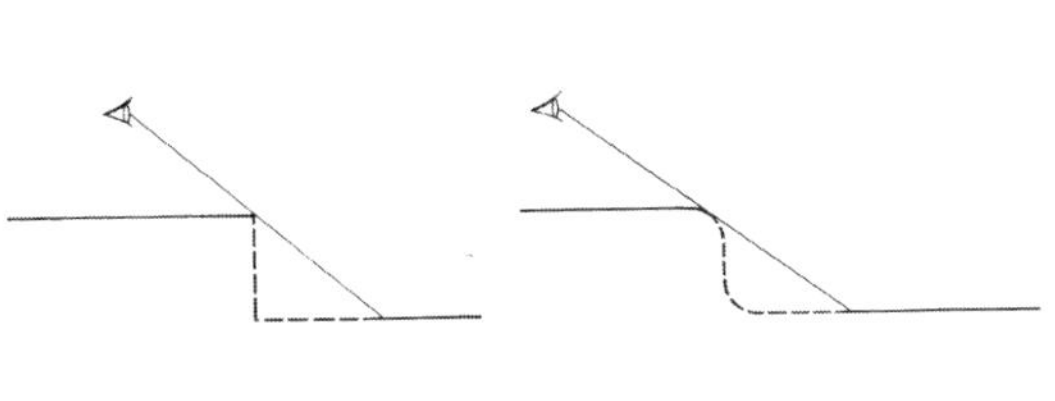

図6…地物のサーフェスどうしの自己遮蔽と背景の遮蔽
多面体(左)ではサーフェスの幅が小さくなり、やがて線へと変化する。球(右)では遮蔽縁は変わらず、内側のキメの構造だけが変わる。

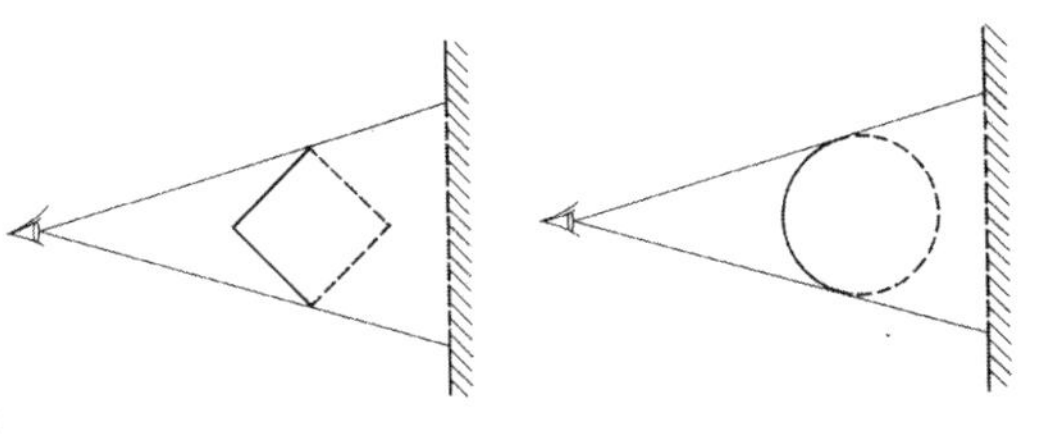

どんなに長くても短くても、動物が動くことが視覚をもたらしている。

止まって休んでいる時ではなく、移動中に環境を見ることはたしかだ。立ち止まっている時よりも動いている時の方が、おそらくよく見える。静止したイメージはカメラだけに必要なものだ。わたしたちは毎日歩いている道から見ている。この道を、無限個の連続瞬間での、無限個の隣接点などとして扱う必要はない。それは、遠出や旅や航海のようなひとまとまりの動きである。……ひとつの物や住んでいるところの全体は、どこにも固定していない観察点から見ることができる。（一九七頁）

どの視覚も環境の不変なこと、その全体を探っている。果物のレイアウトを見るのも、動物のからだを見るのも、部屋の散らかり具合を見るのも、散歩で街を見るのも、同じ視覚である。不変を知ることは、どこかに止まらないで見ることである。視覚は、一つの種類の持続ではない。見ることは、見ることがある限り、見ているあいだ続いている。視覚には時間がない。タイムレスである。

動かない観察者が、ひとつの固定した観察点から世界を見て、遠近法に気付くことはたしかである。また動きまわって世界を見ている観察者が、世界を固定したどの観察点からも見ていないこと、厳密にいえば、遠近法などに気付くことがないことも真実である。この意味は根本的である。世界を、移動する観察点から、十分に長い時間を掛けて、十分に長い経路で見ることで、まるであらゆるところに同時にいるように、世界をすべての観察点から見はじめる。あらゆるところに同時にいることは、隠されていることが何もないように、まるで神のようにすべてを見ることである。物はすべての方向から見え、ある場所では、そばの場所とのつながりが見える。世界は、遠近法で眺めるところではない。変化する遠近法構造から不変があらわれている。（一九七頁）

❖1……Gibson, J. J., *The Ecological Approach to Visual Perception.* LEA, 1979. →Houghton Mifflin Company, 1979.〔邦訳〕J・J・ギブソン『生態学的視覚論――ヒトの知覚世界を探る』古崎敬他訳、サイエンス社、一九八六年。（）内は原著の頁数、引用は筆者の抄訳である。

ジェームズ・ギブソン James J. Gibson（一九〇四—一九七九）

アメリカの知覚心理学者。オハイオ州に生まれ、プリンストン大で哲学を専攻し、新実在論のホルト（Edwin Holt）らから影響を受けた。スミス大時代の一九四一年から空軍心理テスト部門でパイロットの空間定位テストを作成し、「地面が視覚の基礎である」という発想を得て最初の著作、『視覚世界の知覚』（一九五〇）を書いた。一九四九年からコーネル大に勤務、一九六六年には、基礎定位（姿勢）、触覚、聴覚、味覚、嗅覚など、すべての注意のシステムについて検討した『生態学的知覚システム論』を書いた。中年以降の聴力低下の中で、生涯のテーマであった視覚について、生態光学を中心とする『視覚への生態学的アプローチ』をまとめた。そこには斬新な生態心理学の構想が示されている。伝記に、妻の発達心理学者エレノア・ギブソン（Eleanor Gibson）の『アフォーダンスの発見』（岩波書店）、生態心理学者エドワード・リード（Edward Reed）の『伝記ジェームズ・ギブソン』（勁草書房）がある。

II

アウェアネス——意識と想起の自然

第3章

意識の横にある無意識

マイクロスリップ

錯誤行為——これらの現象の原因がいずれも、完全には抑圧されていない、つまり意識からしりぞけられてはいるが、表面に出てくる能力をすべて奪われてはいない心理内容に由来する。

（フロイト『日常生活の精神病理学』❖1）

1　意識S、意識L、意識●

ここでは意識をわたしたちが環境に投げている網のようなものだと考える。意識は、漁師が海に放つ投網のように周囲に向かっている。意識の投網はどうやらひとつだけではない。以下にまずふたつの意識を示す。どちらも、すぐに思いあたる意識の種類だろう。

第一の意識のキメは細かい。網もおそらく小さい。

たとえば、線画に細部を書き加える。鏡に映るまぶたにアイラインを入れる。開けにくいプラスチックパッケージの縁を両手先で掴んで引き裂く。ワイシャツの胸に跳ねたソースの小さなシミを濡れナプキンで拭い取る。書類の小さな枠内に住所と名前を書く……。

これらの出来事では、扱っているモノに起こる変化と手の操作の経過のすべてが見えている感覚がある。化粧では皮膚の縁やキメを凝視する。パッケージにある皺と、そこをつまむ両手の親指と人差指の力が袋にあたえるダメージに注意する。一部始終がかなりクリアだ。注意は狭く、時間もそれほどは長くない。だから、出来事の全体感がある。

この意識を「意識S(small)」とよぶことにする。

大きな意識の網もある。こちらはキメも粗そうである。たとえば移動の意識である。ドライブやサイクリングの意識。徒歩でもよい。景色はたしかに見えているが、そのどれくらいを注意しているのだろう。見えはどんどん変わる。流れる風景のすべてを追うことは到底できない。周りを歩くヒトの動きや表情、前や横を行く車に、ちゃんと注意を向け続けることはできない。どちらも、何となくその存在を感じる程度である。ぼんやりと全体を見て、所々の、要所では注意する。そんな感じだろうか。それでもコツを掴めば、全体と部分の両方をうまく逃がさないで、かなりさきまで広がる「ドライビングゾーン」が見える。しかし、F1ドライバーでもなければ、車での移動の意識が、さきに述べた意識Sのようなクリアさになることはない。おそらく意識の質が違う。

この、環境を大きく掴んでいる感じを「意識L(large)」とよぶ。

意識Sと意識Lはかなり違う。ふたつの関係はどうなっているのか。意識の網は、周りの環境や出来事に合わせて大小長短たくさん「意識の格納箱」に用意されていて、そのつど使い分けられているのだろうか。それとも網はひとつだけで、その大きさやキメが用途に合わせて自在に変わるのか。ドライブをしていて、危険な時、急に意識Sモードになることはある。伸縮自在説(多意識の入れ子説)が正しいのかもしれない。しかしたしかめるのは難しい。

意識Sと意識Lには、もうひとつの、見逃せない違いもある。意識Lの場合は「いまここにはないこと」が浮かんできて、いまここの意識Lを邪魔することがある。アイラインを描きながら、昨日テレビで見たサッカーを思い浮かべることはおそらくないが、移動中には、そんなことがよく起こる。意識Lではいろいろなイメージが意識に介入してくる。「いまここにないこと」への意識を「意識●」と表記することにする。●であらわすように、この意識は捉えどころがなく、語りようもない。時に、頭の中で以前に聞いた曲がリフレインすることもある。これも意識●だろう。意識●は自分の手には負えない。こういう想念は、移り行くこころの気象のようなものだから積極的にほうっておけとアドバイスする臨床家もいる。まとめると、意識には大きさやキメの粗さに違いがある。また意識●を含むものと、意識●をほとんど含まないものがある。

2 ベースとしての身体

ただし、どの意識にも共通性が在る。

それは意識が身体に乗っているということである。意識の土台はまちがいなく身体にある。一九三〇年ぐらいからロシアの生理学者ベルンシュタインが、意識を支える身体についてかなりのことを明らかにした。❖2

ひと言でいえば、ベルンシュタインは身体にたくさんの自由度(動きの可能な方向)が埋め込まれていることを指摘した。自由度というのは、いまは使っていないが、待機している動きの数である。たとえばヒトの頭部と体幹は約三〇の脊椎骨でできた柱に支えられているが、その結合部分は、曲り、反り、捩《よじ》れる。つまりただの棒のようなものではない。腕は、全方向に動く球状関節で胴体にぶらさがっている。結合部である肩甲骨は骨に付着せず、筋だけで両腕を吊り下げている。手は二七の骨でできた寄木細工のようなものである。手の骨には一九の関節がある。だから手は自在に変形し、どんなモノにもはりついて、そのかたちに合わせて掴む。

このように動きの可能性を潜在させた部分をつないだ身体全体の動きはきわめて複雑である。わたしたち脊椎動物の身体には、もうひとつの、制御を困難にする性質がある。筋という素材である。骨に張り付いている筋は、互いに絡み合わず、(心筋以外は)よくとかした長い髪のように並行しており、ゴムのように伸縮する。やわらかい筋では骨を引けるが押せない。

意識Sも意識Lも、おそらくほかの意識もすべてのこの制御しにくい身体に乗っている。意識はこの身体をもとにしている。

この根本的な不確定性は身体にとってただ不利益だったわけではない。決まらなさのおかげで身体運動は、硬さを素材にして自由度1でつくられた機械とはまったくことなる柔軟な動き方を獲得してきた。

自転車やスケートのようなバランスの取りにくいもののほうが速く移動できる。身体も同じ原理を使っている。多自由度身体だから、いまわたしたちがやっているような、多様な動き方が可能になった。身体の「やわらかさ」が、すべての行為を可能にした。

周囲の細部にこだわる意識Sも、坂をマウンテンバイクで駆け下りる時のように景色を大きく掴む意識Lも、この身体の「ぐにゃぐにゃ」の達成である。

意識の背後には膨大な身体のつながりがある。

たくさんの骨や関節、そしてやわらかすぎる筋を、うまく地面や床やイスにのせて動かし、空気の流れを掴みバランスを取り続ける。そして身体の先端の手でモノを丁寧に扱う。身体では多くのことが同時に解決されている。この協調する身体が意識のベースである。

弓道、アーチェリー、射撃の熟達者などが、眼は的に向けて、意識は身体のつながり方に向け続けていることはよく知られている。彼らは的の見えにくさが、身体の揺れ方でもあることを知っている。身体につぎつぎと起こる小さな揺れの波を感じて、波を打消すような動きをつくることをひたすらやっている。空気に全身をうまく乗せる方法を探っているスキージャンプの競技者も、地面からの力に応え続けている陸上の走者も、全身の筋にテンションがどのようにあらわれてきているか、そのつど探っている。

これは、わたしたちが毎日の食べているごはんやビールの一口に、渾然と混ざっている「体調」を知るようなことだろう。

環境にトラップを張る意識には、この身体の意識がかならず埋め込まれている。外界に見えること、聞こえること、ふれること、味わうことは、ベースとしての協調身体とひとつのことである。外への投網としての意識は、身体に根付いている。

この身体の感じを、意識●だと考えているヒトもいる。身体にまつわることはたしかに意識●のようにわかりにくい。ただし、わかりにくくても、身体のことは意識●のように「いまここにない」というわけではない。身体のリアルは、いまここにある自然の一部である。

意識の構造が少しわかってきた。

取り囲む外界と身体が分かれていない、そんなシステム。それが意識である。どこかに投網の起点があり、そこに網を投げ放つ者がいて意識が動く、というよりは、この世界に誕生した時から意識では、環境と身体がひとつながりである。

3 意識M

さて、本題に入る。意識M(intermediate、Mと略す)のことである。

MはSとLのあいだくらいの大きさを指している。意識Mはだいたい両手で操作するくらいの広さのところにある。ここではテーブルの上で起こることを考える。食卓での手の動きをしばらく観察して、意識Mの性質の一部を見たように感じている。

誰かの食事をよく見ると、肉眼で、つまりビデオのスロー再生など使わなくてもわかる特別な動きが発見できる。

食器や調味料などのあいだをスムースに動いていた手が「停止」する、動きの「方向を変える」、「軽くモノにふれる」、モノに向かう「手のかたちが変わる」などである。どれもきわめて短い動きで素早く終わる。

四種の動きをドキュメントすると以下のようなことである(【図】の左から)。

・ペンを掴みにいった手が、ペンの直前でほんの少しだけ止まって、またすぐに同じ動きを続けてペンを掴む。停止といっても長くは止まらない(躊躇)。
・コップに向かっている手が、急に軌道を変えて、すぐそばにある別のコップを持つ(軌道の変更)。
・コップを掴むことになる手が、その前に、横にあるコップの縁にほんの少しだけ軽くふれる(無意味な接触)。

・コーヒーカップの把手に向かう手が、その途中で急に大きく広がり、カップ上部の丸い縁をわし掴みするようなかたちにいったんなるが、すぐにその手のかたちはしぼみ、結局最初に向かっていた把手を握る(手のかたちの変化)。

この動きはマイクロスリップとよばれている。食事中には、誰の手にもマイクロスリップが起こっている。これらの手の動きのわずかな変化を観察した結果、いままでに以下のことが明らかになった。❖3

・食卓でインスタントコーヒーを入れる時、大人だと平均で(一〇名観察した)一分間に約二回マイクロスリップが起こる。

・卓上に置くモノを倍くらいまで増やすと(加えたのはコーヒー入れに関係ないモノばかりである)、マイクロスリップの数は一分あたり三回程度まで増える。

・コーヒーを入れはじめる前に、入れる本人に使用するモノの配置を自由にアレンジしてもらうと、一分あたり一回まで減る。

・コーヒー入れを何度も繰り返してもらうと、最初、一分あたり三回あったマイクロスリップは、二度目では分あたり一回に減り、三度目以降も分あたりほぼ一回で推移する。繰り返してもマイクロスリップが消えてしまうことはない。

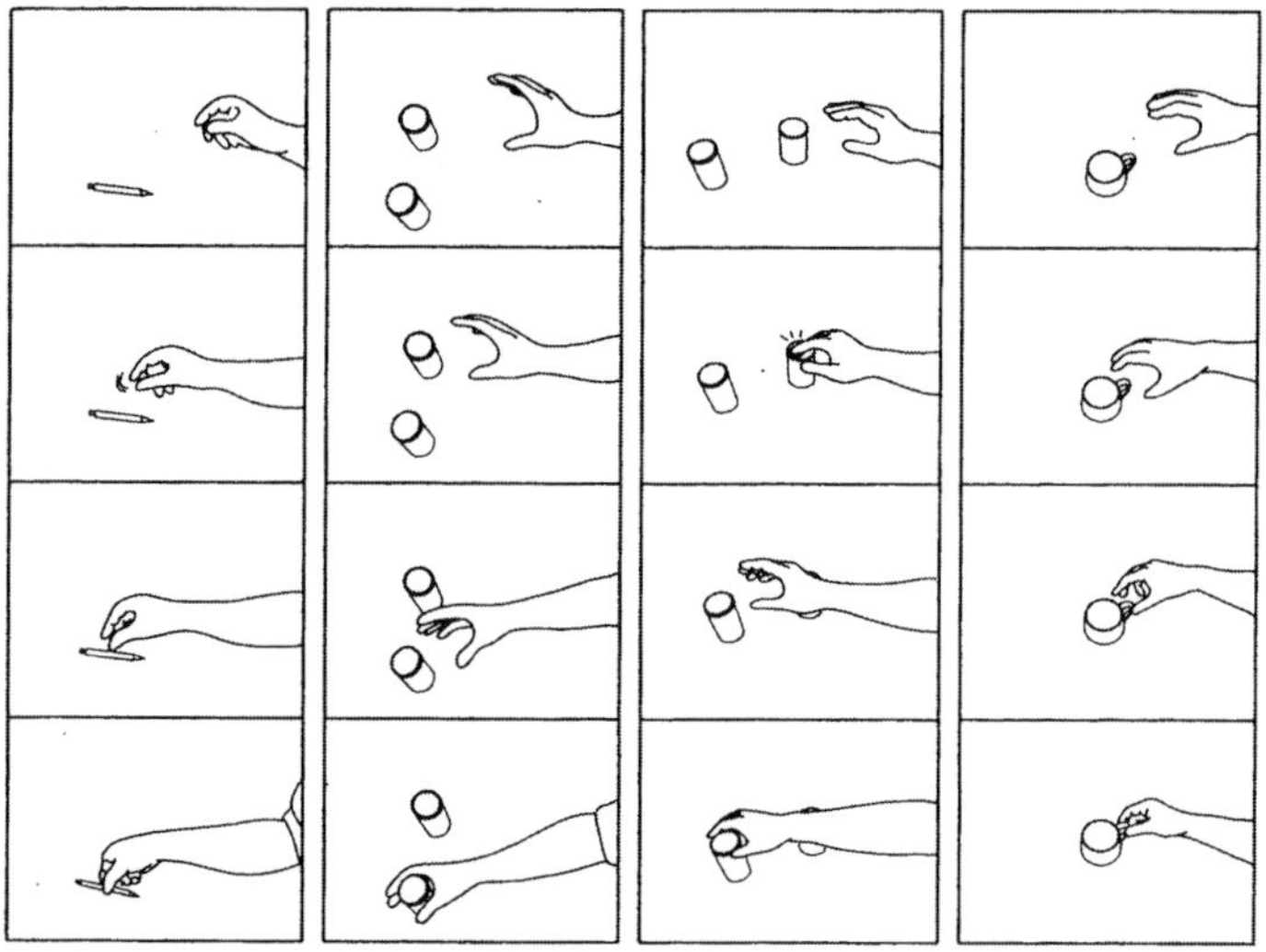

a．躊躇　b．軌道の変化　c．接触　d．手の形の変化

・コーヒー入れは、インスタントコーヒーの粉をカップに入れる→砂糖を入れる→湯を注ぐ、と進むが、じっさいの行為はそれよりも一段階細かなレベルで進行している。たとえばコーヒー粉を入れるは、コーヒー粉をスプーンですくう→粉をカップに入れる、という行為で進むが、マイクロスリップがあらわれるのは、大部分がコーヒーの粉入れを終え、砂糖に移る時である。砂糖入れを終え、湯に移る時のような行為の大きな区切りのレベルであり、行為の系列を構成しているより小さな行為のあいだ(スプーンですくう→粉をカップに入れる、のような)にはほとんど見られない。つまりマイクロスリップは、行為が扱うモノが変更する時に起こっている。

・ふたりのあかちゃんの食事場面を長く継続して観察した。二歳半くらいからマイクロスリップがあらわれた。

・リハビリテーション病院で七〇歳代の脳梗塞患者の方が同じようにコーヒーを入れるところを観察した(この方の手には重い麻痺はなかった)。発症直後の段階では、マイクロスリップは一回だけ見られた。この時期には、湯を注ぐことを忘れるなどして、コーヒー入れを最後まで完遂できなかった。数ヶ月たって症状が落ち着きコーヒー入れを最後までやり切れるようになった頃に、同じ場面で一回のコーヒー入れにマイクロスリップが二一回もあらわれた。

観察をまとめると、卓上のマイクロスリップは、乳幼児の頃に見られはじめ、卓上のモノが多いと増加し、同じモノを使って同じことを繰り返すと減る。脳の障害では、障害を得た直後にはいったん消え、症状が回復してくるとまたあらわれる。

食卓の手、意識Mには、このように小さな動きが宿っている。

4 フロイトの「しまちがい」

一九〇一年に公刊されたフロイトの『日常生活の精神病理学』には「度忘れ、言い違い、為損い（しまちがい）、迷信と思い違いについて」と副題が付いている。すべては日常生活でわたしたちが行う「錯誤」である。フロイトが蒐集した錯誤は一二種に分けられて、考察されている。「しまちがい」は八番目である。

フロイトが例にあげた「しまちがい」は以下である。

①頻繁に往診していた患者の家のドアの前で、ノックするかベルを押すべきなのに、ポケットから自分の家の鍵を取り出す。
②三階に行くはずだったのに四階まで上る。
③患者の家へ出掛ける際に、診察用のハンマーのつもりで音叉をポケットに入れる。
④インク壺の大理石の蓋を床に落として割ってしまう。
⑤男女の道の譲り合い。あちらこちらへと身をかわすが、それが相手と同じ方向で、結局、向かい合って立ち止まる。
⑥年老いた女性患者の眼に、点眼薬の代わりに、後で注射するために用意していた薄いモルヒネ液を注《さ》す。

フロイトはこれらの「しまちがい」の理由を考察している。前記の例で彼が得た解答は以下の通りである。

①患者の家への「敬意」から自分の家と間違えた。
②階段を上る際、功名心に満ちた空想を抱いていた。
③音叉は以前に知能の劣るこどもを診療した時、そのこどもが音叉を気に入り、なかなか放そうとしなかった。この日、治療に向かう街には多発性硬化症をヒステリーと誤診したことのある患者が住んでいたことがあった。またその街に向かう自分に対して「まぬけな馬鹿野郎。今度はしっかりしろ」という意味で知能の劣るこどもを想起させる音叉を選んだ。
④訪れた妹が、このインク壺はこの部屋には似合わないといったから。
⑤道の譲り合いは性的な行為である。
⑥「年老いた女(母親)を犯す」ことを意味する行為、すなわちエディプス・コンプレックス。

ここに示されている「しまちがい」の理由のように、フロイトはあらゆる錯誤の原因となっている「意識」が何かを、執拗に考えた。

彼が熱心に錯誤の蒐集と分析を行った背景には、当時主流になりつつあった「心理学」への反駁があった。

5　心理学と双子の無意識

一九世紀に、物理学と化学から方法を学んで、医学は急速に実験化した。「心理学」は医学部の実験室で誕生した。❖4

神経伝達の仕組み、中耳の音伝道、血液の凝固、顕微鏡下での乳腺や唾液腺の微細解剖学などについて研究し、「研究室医学」とよばれるトレンドを創始し、ベルリン大学教授になったヨハネス・ミュラー(一八〇一―一八五八)が感覚研究についてのひとつの教義をあみ出し、それが「心理学」の誕生を導いた。

ミュラーは実験から、「神経興奮の原因は外界からの刺激である。刺激は視覚や聴覚、触覚などの感覚に、それぞれ異なる感じを引き起こす。この各感覚特有な感じは感覚神経の質にもとづいている」と結論した。

あたりまえのようにも読めるが、よく考えると、わたしたちが感じているのは、神経の特殊な状態に過ぎないという大胆な主張である。「特殊神経エネルギー説」とよばれ、長く影響力を持つことになったこの考え方では、世界を感じることを、「感覚神経の質」に還元している。

当然だろうが、膨大な豊かさに満ちた世界についての感じが、微小な感覚神経だけに由来するというのはおかしい、という反論があった。そこでミュラーは教義を追加した。要約するとそれは、末梢の感覚神経のさきにある中枢神経が、感覚神経がもたらす感じに関与している。脳すなわち精神が、外界の刺激を受け取る感覚器官を特定のものに限定しており、精神はさらに観念によってそれを解釈する。中枢が感覚に直接影響し、それを強めたりすることもある、ということが追記された。つまり、精神が刺激に対応する感覚神経の区分けや、強さに影響し、感覚神経の質を意味付けている、というわけである。

こうして感覚についてのひとつの教義は、こころの働きのすべてに拡大することで「心理学」となった。

ウイルス学者で医学史家の川喜田愛郎によれば、ミュラーは「明らかな生気論者」で、「有機体の中の機械的なものに充分な権利を与え」つつも、有機体だけの独自な生命現象を支配する「生命力」の存在を認めていたという。ミュラー生理学の真意も、「部分が全体の目的にかなった法則的はたらき」をすること、局所の神経過程が、生命力の全体構想をもたらす、という主張にあったのだという。このように一九世紀生理学の泰斗ミュラーは、厳密な感覚についての実験事実に、たやすく「生命力」すなわち「精神」を足し合わせた。ニュートン流の物理・生理学的な感覚研究に、このように「精神」を継ぎ足すアイデアは現在まで続く「心理学」の母型になった。

感覚に継ぎ足される「精神」にもじつにさまざまな候補が登場した。

評判がよかったのが、イギリスのジョン・スチュアート・ミルの「合理的無意識」という精神の本性についての提案であった。[5] ミルは「無意識的なこころは意識的なこころと同じ心的な原理に則って働く」、「意識されない心的過程は、推論したり判断したりする（意識的な）心的過程と同一である」とした。つまり、ミルによれば、意識●と意識○（○はここでは、いまここにあることへの意識を指すことにする）はロジカルである点では同じだ、というわけである。ミュラーの後継者だった、実験心理学の創始者ヘルマン・フォン・ヘルムホルツは、ミルを援用して、感覚に継ぎ足される精神を「無意識的推論」とよんだ。[6]

ミュラーは「すべての意志的神経の原初的な繊維は脳の表面にあり、意志の影響を受け取るために脳内に広がっている。われわれは、それらがこころという器官の中に並んでいるさまを、われわれの思考が演奏するピアノの鍵にたとえることができる」、「思考がひとたび脳の『鍵』を叩いたならば、遠心性の神経に『電流ないし振動』を生じさせ、それらが筋肉の運動を引き起こす」と書いた。これは現在でも通用している「運動の中枢指令説」である。

おそらくフロイトは、同時代に流行し、いまでは「精神（心理）物理学」とよばれていること。「心理学」の創始者たちがつくり上げた、合理的な「無意識的推論」に、こころの働きから運動制御まで、すべてをゆだねるトレンドが気に入らなかったはずだ。

無意識が、まるで論理式のように合理的であり、その過程が、白日の下で、だれでもが吟味できるようなものであるはずがない、というのがフロイト無意識論の主張だろう。だからフロイトは熱心に、運動や行為の中枢指令説に反証する、意図と行為がズレる事実を探して、錯誤がヒトの振る舞いのどこにでも発見できることを示した。行為の背後には、決してロジカルではない、隠された意図としての無意識が存在するといい続けた。

6 選択と意識

マイクロスリップに戻る。

マイクロスリップは錯誤ではない。結局は間違っていないのだから、フロイトの蒐集した「しまちがい」のようなミステイクではない。食事中に手が一分間に一回程度スリップしても、食事は支障なく進む。

しかし、マイクロスリップは「しまちがい」に似ている。フロイトの無意識を、「いまここに無いこと」への意識、つまり意識●のように扱う議論もあるが、フロイトの無意識は意識●のように出どころ不明ではない。フロイト自身が探し当てて見せたように、彼の無意識には特定できる原因がある。だからフロイトの錯誤は、隠されていて、いまはみえないが、探せばどこかに発見できる意識に繋留している。

一方、マイクロスリップはモノに繋留している。

どのスリップも卓上の、じっさいには使われることのない食器がもたらしている。マイクロスリップとは、意識Mが卓上のふたつ以上のモノの性質に注意を分散しているせいで起きたものである。

特定できる原因があるところは、フロイトの「しまちがい」とマイクロスリップは似ている。どちらもいま進行中の意識が「選択」であることを示している。

マイクロスリップを発見し、観察を開始したエドワード・リード[7]は、フロイトの「錯誤には特定の原因がある」という主張は正しいとした。ただし、リードはその原因を無意識とよぶべきなのかどうかには疑問があるとして、むしろ意識は「競合する環境の資源とともに存在し、意識には環境の資源を捕獲する探索的な過程が含まれている。」と考えるべきではないかといった。彼は、フロイト流の錯誤とマイクロスリップはどちらも、意識にある選択の本性のあらわれなのだと考えた。

意識は錯誤に至らない選択を含んでいる。この意識は、即座に外界に付着してしまう投網ではなくて、ぶれながら着地点を探している。

意識Mではフロイトが無意識とよんだことが、おそらく意識の横にあるのである。

おそらく意識Mにこのような性質があらわれたのは、食卓にたくさんのモノがあるからだ。たいがいの家には食器がかなりの数ある。毎日、食器棚から一部が運ばれてきて、また戻されている。つまり食事という行為の意識は、いつもたくさんのモノたちに埋め込まれている。

家の中を、オフィスを見渡せば、キッチン、デスクなど、両手がよく動くところには、どこにもモノがあふれている。こどもは二歳前くらいになると、床に大量のブロックなどを散らかしては並べる。積んで、崩して遊ぶ。飽きずにたくさんのモノのレイアウトを変更することに熱中している。

大人ではレイアウト変更にかまける対象が変わる。本章はここまでで、九千を越える文字を使っている。これも文字のレイアウトを変え続けた結果である。家事とよばれることのすべて、料理、掃除などはどれもたくさんのモノのレイアウト変えである。

意識Mはこのように、ヒトとよばれる動物に特徴的な「習慣の意識」でもある。

意識Mの観察をきっかけに、モノの配置に絡む意識の性質について考えてきた。では意識Lや意識Sはどのような意識なのか。いずれはそれについても考えてみたい。まずは意識全体をひとつのこととして語るのではなく、それらが出会っている周囲とともに慎重に区別することが必要だろう。

付記

本章での意識S、M、L、つまり意識○を英語でいうとアウェアネス、意識●はコンシャスネスである。意識○を周囲への注意だとしたのはジェームズ・ギブソンである。彼は心理学はまず、アウェアネスについて明らかにすべきだ、意識●のことはその後にしておこうといった。ふつう心理学ではふたつを混同しているからだ。本章はその流儀にしたがってみた。

❖1……『フロイト著作集 第四巻』懸田克躬他訳、人文書院、一九七〇年。

❖2……ニコライ・A・ベルンシュタイン『デクステリティ 巧みさとその発達』佐々木正人監訳、工藤和俊訳、金子書房、二〇〇三年。

❖3……マイクロスリップ研究をはじめたのは、Reed, E.S., Palmer, C.F. & Schoenherr, D. On the nature and significance of microslips in everyday activities.『生態心理学研究』二〇〇九年、四(一)、五一―六六頁(『生態心理学研究』の四号はマイクロスリップ特集で、関連する六論文が掲載されている。「日本生態心理学会HP」参照)。本稿に紹介した事実については、鈴木健太郎「行為の推移に存在する淀み――マイクロスリップ」(佐々木正人・三嶋博之編『アフォーダンスと行為』金子書房、二〇〇一年、四七-八四頁)に詳しい。

❖4……川喜田愛郎『近代医学の史的基盤 下』岩波書店、一九七七年。

❖5……Johannes Müller, M.D., *Elements of Physiology*, Vol. II., Translated by William Baly M.D., London: Taylor and Walton. BOOK V. Of the Senses. Preliminary Considerations, 1842, pp.1859-1887.

❖6……Reed, E.S. *From soul to mind—The emergence of psychology from Erasmus Darwin to William James*, 2000.〔邦訳〕エドワード・S・リード『魂から心へ――心理学の誕生』村田純一他訳、青土社、二〇〇〇年。

❖7……Reed, E. S., Palmer, C.F., & Schoenherr, D., 'On the nature and significance of microslips in everyday activities'. *Ecological Psychology*, vol.4, 2009,pp. 51-66.

第4章

誕生し、消え去り、復活する

想起の「自然」についての覚書

人間の持つ時間は、いかに短いことか。そしてそのため、人間のつくり出したものは、〈自然〉が全地質時代をつうじて集積してきたものと比較してみたとき、いかにまずしいものに過ぎないことか。こういうことを考えたとき、われわれは、〈自然〉の産物は人間の産物よりもはるかに〈本物の〉性質をもつはずだということ、また自然の産物はもっとも複雑な生活条件にたいして無限によりよく適応しており、明らかにはるかに高度の技能の刻印をもっていることを、うたがうことができるであろうか。

（チャールズ・ダーウィン『種の起源』）[1]

1　ナヴィゲーションの想起

想起、つまり思い出すとはどのようなことなのだろう。ナヴィゲーションの場面でしばらく考えてみる。場所は東京・池袋の地下街。地図［図1］を示す。このルートを矢印の方向に、ひとりの男子大学生（二一歳）が目隠しをして、友人にガイドされ、まず一度歩いた。

その日、学生は、指示された待ち合わせの場所、地図にある場所から百メートルほどはなれた地下街のはずれに、友人たちとやってきた。そこで、その日の課題が「目隠しをして地下街を歩くこと」だと告げられた。誰かとふたりで一組になるようにいわれ、彼は友人のひとりと組んだ。役割の決定のためにジャンケンをして、ガイドする方ではなくて、目隠しをして歩く役割を選んだ。

役割が決まるとすぐに、その場所で目隠しをされ、ゆっくりと、地図の出発点に友人に腕を引かれて来た。そこがルートの出発点であることを告げられた後に、友人のガイドで終点まで歩いた。一度ガイドされて歩いた後に、今度はガイドなしで、自力で、何度かこのルートを歩くことになるのだが、そのことについては、はじめの移動の前に彼には何も告げなかった。

ちなみに、彼は池袋の地下街を通学などで、日常的に利用していない。この地下街の構造についてはあまり知らない、といった。もちろん、このように目隠しして地下街を歩くことははじめての経験だった。

いまあることを語る

彼のナヴィゲーション体験の全体がどのようなものだったのか。種々の方法で記録できるだろう。その過程を行為の変化などで定量的に示すことができれば説得力のあるデータになる。しかしその方法でナヴィゲーションという行為、とくに本稿が考えてみたい、そこにあるはずの「想起」についてふれることは難しい。それは今後の研究にゆだねることにして、ここでは彼の行為がどのように進行したのか、その一部を知らせてくれるデータとして、彼が移動中に話したことを記録したプロトコルを使うことにする（以下のプロトコルはこの実習に参加したTK君とTM君から提供された）。

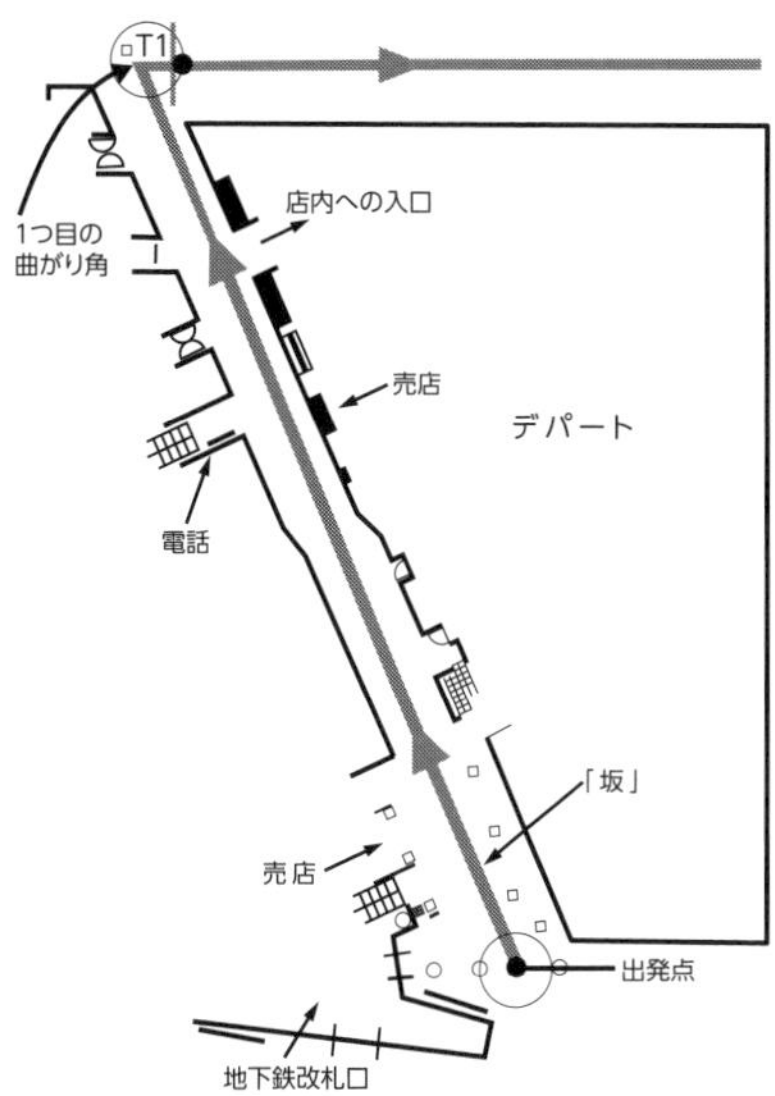

図1…池袋地下街のルート

一度目の移動から、彼にはただ目隠しをして歩くだけではなく、その時に聞こえたこと、ふれたこと、嗅いだことなどのすべてを、できるだけことばにするように求めた。発話を記録するためにマイクを胸に付けた。以下に示したのはその発話の一部である。移動をガイドした友人(もちろん目隠しはしていない)は彼の発話にうなづいたり応答している。それについても( )内に示す。ここではふたりの会話については分析しないがのせておく。

あー何か、お金を……の音がする(あ、そうそう)

あの、あれかなあ？　切符買うとこか何かかなあ？　何かそんな感じだよ(あ、そうかもしれない。もうちょっと速くでいい？)

あ、何かちょっと涼しいっていうか、匂いが変わった(うんうん)

坂を上っている感じがする(うん)

あ、平地に戻った(ふんふん)

風がちょっとでてきた。左前方から何か音楽が聞こえてくる(うん)

右から風が吹いてきた(うん)

上から何か音が聞こえるなあ。ドラムか何かの音かなあ。ゴォーツって音がするねー(うん)

ちょっとあったかくなってきた。あ、ゴォーッって音が後ろに下がってきた。ビーツって音が聞こえる(うーん)

あーまたドラムの音が左の上の方から……。クーラーの音みたいな音が クーラーでもな……飛行機の音みたいな……あ、またドラムの音だ。あれ？　曲、消えた……あ、何かここは……冷房がほとんど効いていないような感じがするなあ。でも、外じゃないような気がするんだよねぇ(じゃ

あ、ここで曲がります）

出発地点から終点まで、四枚の写真を示した。

プロトコル最後の「ここで曲がります」というのは地図のひとつ目の曲がり角のことである。一度目の移動で、コインの音、独特な涼しさ、匂い、坂、平地、風、音楽、ゴオーツっていう音、ビーツっていう音、クーラーの音などが語られた。これら語られたことから、彼が移動しながら周囲にあってその時に出会ったことを識別しようとしていることがわかる。彼は種々の音を聞いている。それが何であるのかを同定し、命名しようとしている。すぐには識別できないこともある。でも床や、空気の変化や匂いに知覚したことを、話している。このプロトコルでは、いま周りにあること、いま知覚していることが語られている。

かつてあったことを語る

わずかの休憩の後に、彼は思いがけなく、もう一度、今度はガイドなしの自力で（衝突をふせぐためのガードは付く。ガード役の学生は移動者と腕を組んでわずかに遅れて横を歩く）、もちろん相変わらず目隠しをした状態で、同じルートを目標の地点まで歩

出発地点

歩き出しの坂

風の吹き出し口

終点に近づく

くことを求められた。　以下は、彼がこの二回目の移動中にひとつ目の曲がり角にいたるまでに語ったことである。

（目隠ししたままで、さっき歩いたルートを、自分でたどってください。大きくそれた時だけちゃんというから。じゃあ、今度は君が引っ張るかたちで）

ああ。最初の方向はこっちでいいのかな？（うーん、どうだろう）

それがだめなら……えーとねー、こっちのような気がするんだよなあ（何か話しながら行こう）

あーそうか。さっきねぇ、左から……あのー……お金の音がしたん、あれ？（うーん、どうだろう）

お金の音が聞こえる。あっそうか。あれおつりが出ないとやっぱり、ふふっ。

うーん、改札口がここだかー……ん、風がどうなっていたかなあ。こっちからかな？　あー、この風の感じは、何となく。あらっ？　何だこれ？　あー、何かのパネルだなー。あれ？　また何か戻ってきたような気がし……あーれっ？　待てよ。さっきのあんまおぼえてねんだよなー。

よしっ（どんどんしゃべりながら。思う方向に行ってください）

また何か、これは何だろう？　これも看板みたいなもの……あれ、ちょっと待てよ。さっきの感じを全然思い出せないんだよなー。右行ってるから、あの音にちょっと近付いてみようかなあ。さっき、坂を上がった……坂を上がった記憶があるんだよなー、さっき坂を上がった記憶があるんだけど、そこまで全然行き着かないし。ちょっと待てよ。なかなかこりゃ難しいねえ（何を思い出してんのかな）

うんとねえ、とりあえずねえ、あれ、これは何？……これは何？……これは丸いやつか（何だろうね）ええー、あのっ（どういうふうな感じのことで）

ちょっと待って。うーんうーんうーん、ごつごつしたのは、けっこう後だったしなー。とりあえずいちばん最初は、あれしかおぼえていないんだよなー（うん、何おぼえている？）

あの、何だっけ、切符売り場の音（ふん？）

切符売り場の音（あっそうか、そうか）

あれがねぇ（じゃあ、あの、ちょっとそれ過ぎたから、もう一回、あのそれたところに戻します）

はい（ここが、さっきそれはじめたところです）

はあー……うん？（何感じる？）

いやあ、お金の音がするんだよね。こっちに行こうかな（あーどういう感じがする？）

何か、匂いが、変わったんだけどいまもそんな感じ。で、風がまた、あってきたなー。うん、この感じはおぼえているんだよなー。たぶんこっちでいい（きっと、合ってる？）

ここまでは、いいような気がするんだけど（ここまではいいような気がする？）

こっからがほぇ。あっこの音楽は聞きおぼえがあるなあ（聞きおぼえがある？）

こっちかな？　ん、何かさっきこういう音楽聞いたような。何かあるなあ（ん？）

あれーっ？　階段かー。二段目にー。あれーっ？　と、するとーさっき音楽は、どっから聞こえたかなぁ？　ちょっと待って。うーんあやしいなー。音楽が左から聞こえたような感じがしたん……。あっ、右から……（じゃ、どう行こう？）

こっちかな？　あれ、でも何か……何かあるし（何かあるね）

あ、この坂かな、さっき上がったのは（この坂におぼえがある？）

うーん。さっき上がったのはたぶんこの……あー、長さもこれぐらいだったような気がする。いまんとこはたぶん合ってるなあ。音楽が、あーいま左から聞こえた。さっきちょっと聞こえなかったんだよ。で……あー、さっきゴーっていう音がするって……いま、何の音かな、これ？
　これはもうちょっと行くと、たぶんなくなるんだよね(それ、おぼえてる？)
うん、何か、もうそろそろドラムの音みたいのが聞こえてきたから、あーこれだ。いま真上から聞こえる。あー、また聞こえてきた。この感じまでは大丈夫だ。このさきがほぼ。あー、このカタカタって音、聞きおぼえがある。カタカタはねぇ、左手に聞いていったような気がする。でも、固定されたものなのかなあ？　あ、あたった(うん)
　ということは……(何か感じるかな？)
あー、何？　……電話のテレフォンカードの出る音？(はー、はー、)
あー……あーだんだんあったかくなってきた。さっきの……でも何か戻ってくるような気もするんだけど(戻ってる？)
　そう、ふふん(どうだろうね)
うん、何かおかしい。まあいいや、このまま行って坂があったら戻っているんだろう。うん、いまいちなあ。おかしいなあ。何か近付いてくるような気がしないでもない……このへんはちょっと情報が少ない。あれっ。あーこれ、ドラムの音だよね。

　この時にはまだひとつ目の曲がり角にもたどり着いていないが、ここまでにしておこう。目隠しをすると、自力で歩くことは大変に困難になる。注目したいのは、傍点をつけた、一度目の語りにはなかった特徴である。そこで彼の発話は、「いま」ではなくて、もっぱら一回前の移動の経験にふれている。

　その発話にはいく種もの過去の参照のしかたを見ることができる。

ひとつは「さっきねえ、左から……あのーお金の音がしたん」、「風がどうなっていっていたかなあ」、「さっきのあんまおぼえてねーんだよなー」、「さっきの感じを全然思い出せないんだよなー」、「さっき、坂を上がった……坂を上がった記憶があるんだよなー」、「うーん、ごつごつしたのは、けっこう後だったしなー」、「(何おぼえてる?)あの、何だっけ、切符売り場の音」のような、「さっき」ということばが語頭に用いられる語りである。これらは「かつてあったことが、いまここでは知覚できない」ということを語っている。つまり「かつてあったことでいまはない」ことが語られている。

もうひとつの種類は「あー、この風の感じは、何となく」、「何か、匂いが変わったんだけど、いまもそんな感じ。風がまた、あってできたなー。うん、この感じはおぼえているんだよなー」、「あっこの音楽は聞きおぼえがあるなあ」、「あ、この坂かな、さっき上がったのは」、「あーこれだー。いま真上から聞こえる」、「あー、このカタカタって音、聞きおぼえがある」のような語りである。これらの発話では「かつてあったことが、いままたある」ことが語られている。だからふたたび何かを発見したことの喜びを示す感嘆の「あー」が語頭に多用されている。

このふたつ、つまり「かつてあったことでいまはない」ことと、「かつてあったことがいまもある」という語りが傍点部の「かつてあったこと」についての発話の大部分を占めている。

このふたつのカテゴリー以外にも、「たぶん、こっちでいい」とか「たぶん合ってるなあ」、「この感じまでは大丈夫だ」、「うん、いまいちなあ。おかしいなあ。何かが近付いてるような気がしないでもない」のような内容の語りがある。これらではかつてあったものを見付けて、それが本当に同じものかどうかについて吟味している。したがってこれらも「かつてあったこと」と関係している。

以上の三種類の発話は、内容から、「かつてあったこと」と関連していることが明らかな語りである。

二回目の移動時に語られたことには、これ以外にも「はじめて知覚したこと」についての語りがある。たとえば「あらっ？　何だこれ？　あー、何かのパネルだなー」、「あれーっ？　階段かー」、「音楽が、あー、いま左から聞こえた」などである。これは一度目の「いまあることについての語り」に類似している。しかし、「なんだ」などの意外さをあらわすことばが付け加わることからも示されるように、語りはそれらが思いがけなくあらわれたことを示している。「あらっ、あれ、あー」は一回目の移動時にあったことを再発見して喜ぶ、感嘆の「あー」とは異なり、発見の「あっ」であろう。しかしただの発見ではなく、一度目の移動では知覚しなかったことがいまはある、という発見である。その意味で、これらの発話も「かつてあったこと」と関係している。

以上のように考えてくると、二度目の移動時に語られたことのほとんどすべては一度目の移動の経験と関係した発話であることがわかる。つまりこれらの発話では移動が「二重化」している。目隠しをしてはじめての場所を歩くなどということは稀な経験である。そんなことは一生経験しない人もたくさんいる。ふつうの経験ではない。ましてやひとりだけの事例である。それをもとに多くを語ってはいけないのかもしれない。しかし、ここにあらわれた一連の変化は、わたしたちがふつうに経験している「想起」に共通する、いくつもの特徴を無理なくあらわしている部分もある。以下ではそこを利用して考察してみる。

2　オリジナル

まずいえそうなことは、想起することがいつかどこかではじまるということ、おおげさにいえば「想起は誕生する」ということである。

ここではルートをたどるという行為が同一の場所で何度か行われた。厳密には一度ガイド付きのナヴィゲーションを行った後に、今度はそれなしのナヴィゲーションが何度か行われた(二度目以降のナヴィケーションについては後で述べる)。わたしたちが想起とよぶ、「かつてあったこと」と「いまあること」との両方が重なる独特な発話がその時にあらわれた。

この移動者は、ここでは、おそらくこの時はじめて想起を介して環境と接触した。二度目の移動中に想起はじわじわとではなく突然にあらわれた。このことは、はじめて何かを見る、というようなオリジナルな知覚体験があるように、想起という行為にもオリジナルがあることを示している。「オリジナルな想起」があるということについては、おそらくあたりまえ過ぎるせいなのだろう、これまでの想起研究ではあまり問題にされていない。たとえば「記憶の痕跡理論」を批判して、「想起研究」という、記憶研究のジャンルをひらいたイギリスの心理学者フレデリック・バートレットは、ひとつの材料を特定の個人が何度も反復して想起する反復再生法」と、ひとつの材料を特定の集団がリレー式に受け渡すように想起して行く「系列再生法」という手法で、個人内と個人間を連鎖していく想起に起こる変遷を抽出することに成功した。[2] しかし彼は想起が誕生することであるという点にはあまり注意をはらっていない。バートレットは想起を「能動的に発達する」と述べ、想起を「生きもの」のように扱った。しかし、この「生きもの」がどこで生まれるのか、ということは問題にしていない。それはおそらく彼が想起を自明のこととしてすでに発見していたからだ。バートレットだけではないだろう。たいがいの想起研究でも、想起を必然のこととして、それの起源については無頓着であった。

しかし、あたりまえのことであるとはいえ、事例に見たように想起は「いつかどこか」で生まれる。想起はある時に忽然とあらわれる。「オリジナルの想起」ということがある。

3　ふたつでひとつのこと

想起は夢のそれのようにまったく偶然に生まれるわけではない。では何が想起を準備するのか。

これもあたりまえ過ぎるけれども、想起の誕生の条件にまちがいなくあげなければならないのは、ある行為が「続けて行われている」ということである。さきの事例では、ナヴィゲータは一度ガイドされて移動したところを何度も自力で移動することが求められた。行為は数時間、持続して環境との接触を続けた。その時に想起が誕生した。この「行為が持続している」ということが想起の誕生のもっとも基礎にある条件であろう。しかし、この世界に「持続しない行為」などというものはない。だから行為の持続というのはあえてことばにする必要のない想起の条件かもしれない。

ただ行為が持続していれば想起が生まれるというわけではないかもしれない。おそらく「行為の持続」という想起の条件はつぎのようにいい換えられるべきだろう。

[図2]を見て頂きたい。これは前項で述べた「想起の誕生」を描いたものである。斜線が、ある時あるところで突然誕生した「想起」を示している。この図では、ただ行為が持続すると、ある時に何げなく想起があらわれるように描かれている。たしかにこのようにただ忽然と想起があらわれるということは日常の自覚としては多い。というよりはわたしたちはこのような突然の想起を、想起らしい想起と考えているふしがある。しかしさきのナヴィゲーション場面での想起の開始には、想起者の自覚の有無にかかわらず、もうひとつの条件があった。それは、行為が、かつて行為したところで、「ふたたび行為する」ということであった。このことは**[図3—a]**のように描ける。持続する行為がある場所との接触を体験する。いったんその場所をはなれる。そしてふたたびかつての場所にたち戻る。その時に想起が誕生する、ということをこの図は描いている。

このように行為がふたたびある場所に立ち戻ることを、ふつうは行為の「反復」などとよぶ。「反復」といういい方は「同じ場所で同じことを繰り返すこと」という意味に誤解されるので、ここでは、ふたたびある場所やヒトなどに出会うことを体験の「二重(化)」とよぶことにする。

[図3－a]では行為がかつてナヴィゲーションした場所と一度出会っている。ナヴィゲーションで行為が二度出会うのは場所である。想起が誕生する時行為が二重に出会うのはヒトでもよい。[図3－b]はある者が誰か他人の行為と二度出会う時に誕生するだろう想起をあらわしている。バートレットの想起研究がもっぱら仕組んだのは[図3－b]のような他人との二重の出会いであった。

[図3－a]のように物に、[図3－b]のように他人に二度以上出会う時に、想起が誕生する。いかなる意味でも体験が二重化する時に想起が誕生する。

出会いの二重化は厳密な反復、つまり同じことの繰り返しである必要はまったくないだろう。[図3－b]のような場合、持続している行為が出会うヒトは、過去において文字どおり出会ったそのヒトでなくともよい。はじめて出会うヒトであっても、想起は誕生することがあることをわたしたちはよく知っている。ただしその場合は、想起が誕生するためには、出会うヒトが、じっさいには体験を共有していない過去の出来事の存在を、つまりある時にどこかで何かが起こっ

図2…想起の誕生(////が想起をあらわす)

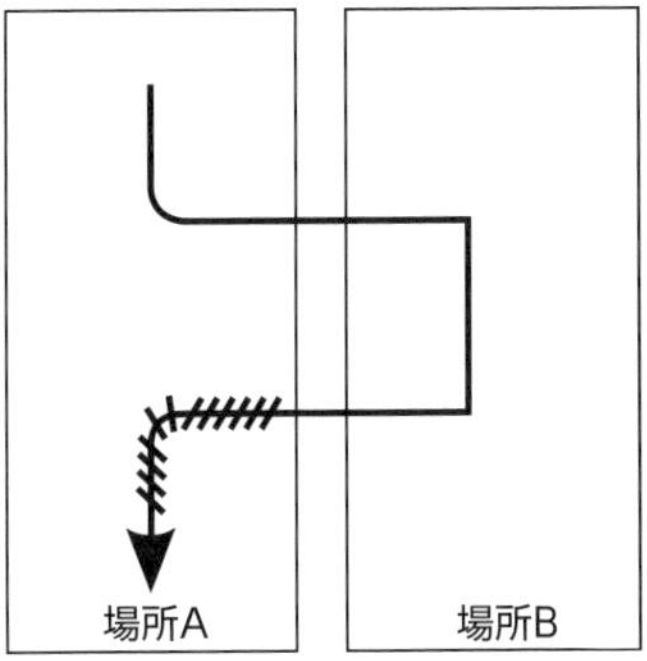

図3－a…場所と再開

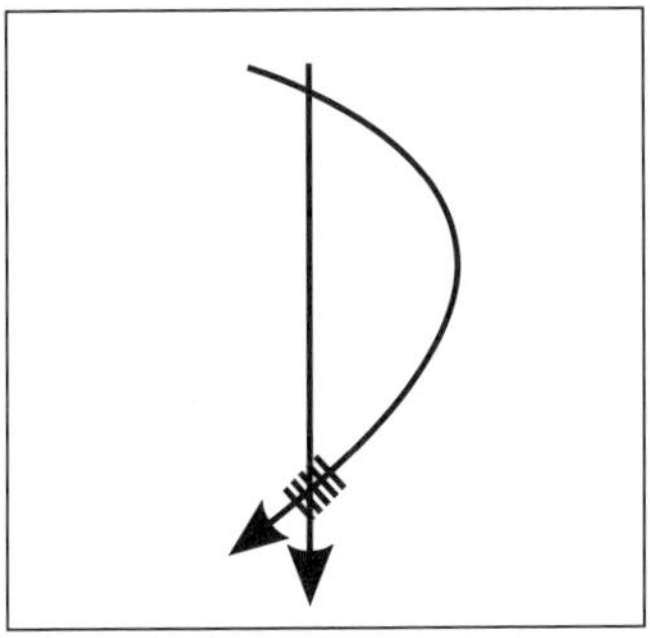

図3－b…人との再会

ていたということを、その内容の詳細については知らなくても、「あったこと」として認めている必要がある。それがなければ想起は架空の物語を語ることと同じになる。同様に、場所とふたたび出会うといっても「同じ場所」である必要はない。かつて体験した場所と「似ているところ」に行って想起の誕生を待つというようなことがよくある。裁判においても、記念の行事でも、このような疑似的な「再会」の方法をよく使っている。

[図4]を見て頂きたい。この環境には物も場所も他人も、もちろんわたしも、ひとつの自律する持続として存在している。わたしたちが住んでいるところにあることはこのように多数の持続することである。物は行為はしない(移動させられることはあっても)が、ある期間、そこにあり続ける。ヒトも同じである。その大部分は出会うこともなく、出会いが二重化することもなくただそこでじっと持続している。そして持続の一部どうしがいつか出会う。さらに出会いを二重化することがある。図で平行している線どうしが関係する。その時に想起が誕生する。

持続、出会い、出会いの二重化などというと、何かこの世界にあることや、起こっていることを抽象的に語っていると思われそうである。そうではない。わたしたちの日常の行為が出会いであるということ、出会いの大部分は二重化する宿命を持っているということはただのあたりまえのことである。抽象ではない。

毎日まったく新しいところばかりを移動したり、新しいヒトと出会ってばかりいるヒトなどは決していない。わたしたちが生活でしていることの大部分は、特定の場所の中の同じようなルートの移動の繰り返しである。どこに行っても、太陽は毎日それほど違わない時間に東に上り、西にしずむ、季節も循環している。あらゆる出来事は二重の出会いを準備している。

わたしたちが自然に手を加えてつくり上げた文化とよぶ出来事の入れ子は、どれも特徴ある出会いを繰り返す仕組みである。この世界に起こるあらゆる出会いは「再会」を予期するようにされている。そうすることで未知の「変化」を待機している。

わたしたちの生活そのものが、必然的に想起を誕生させる仕組みになっている。想起が誕生するのはわたしたちの生活がこのようなことに囲まれて営まれているからである。生活することは、それが行われているところで持続することに、再会の可能性を最大限に保証するということのしかたでもある。したがっておそらく想起することと生活することは重なり合う。おそらく想起することとわたしたちの生活のしかたとは、そのもっとも基部に同一の水脈を持っている。

想起についての議論の困難さは、じつは想起のこのような「自然」に由来している。想起をそのありのままの姿で議論しようとすることは、文字を書いている手の動きを語るような違和感がある。だから、つい想起が志向し話題にした内容や、誰かが記録して知っている「事実」との対比や、想起に特有なコミュニケーションだけで想起を語ってしまう。想起をただの行為として扱うことは困難なのである。

しかし想起には想起にしかない「自然」がある。それはいまここにある環境と持続して接触するだけのこと、つまり「知覚の自然」とは違う。

生態心理学者のエドワード・リードは記憶を「内的な状態の活性化ではなく、環境に出会う特別な形式」と定義した。❖3 これは「想起を環境と接触する行為として考えてみよう」という本章の主張と一致する。リードも想起が「二重性(duality)」という特徴を持つという。ただしリードは「二重性」が想起だけの特徴なのではなくて、世界との接触のもうひとつのしかたである知覚の特徴でもあるという。つまり「二重性」を持つ点でふたつには共通性があるという。しかし知覚と想起の「二重性」は決定的に異なっているので混同されることはないと

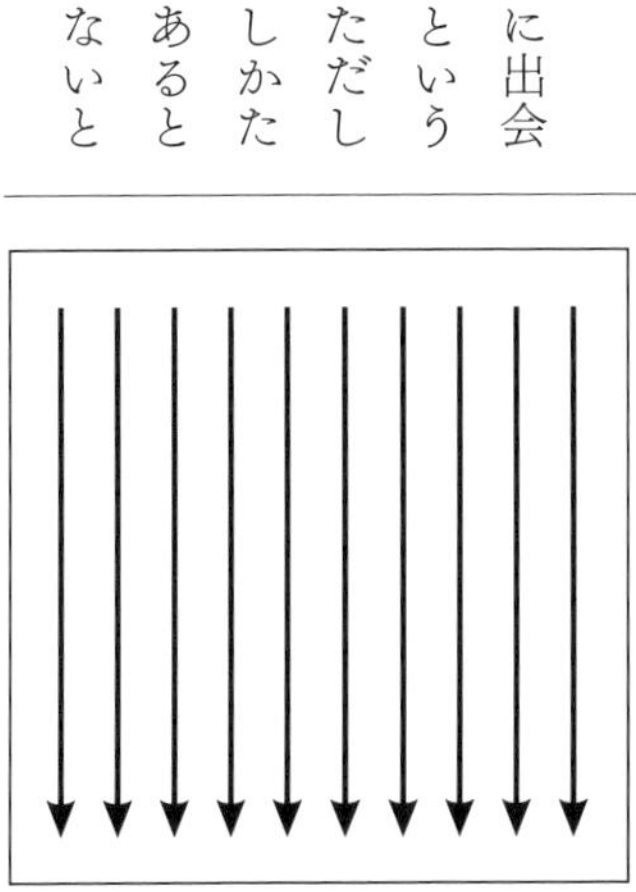

図4…持続

いう。

知覚の「二重性」とはジェームズ・ギブソンがアフォーダンスの定義で述べる知覚行為と環境の「二重性」である。環境の見えは、動物の移動の速さや姿勢の変化の見えでもある。あらゆる物の見えは、それが片手で掴めるものか、両手で持ち上げられるものか、どれくらい移動すれば手にできるか、どれくらい力を掛ければ割れるかなど、行為についての見えでもある。この意味で知覚とは環境についての見えであると同時に、知覚者の行為についての見えでもある。知覚においてこのふたつは分離不可能である。このように知覚はその本性において緊密に「二重」である。

リードは、あらゆる想起にも「二重性」があるという。知覚のそれが環境と行為との「二重性」であったのに対して、彼は想起の「二重性」が「過去」と「現在」の「二重性」である、という。

想起が「二重」であることをわたしたちに自覚させてくれる好例としてリードがあげているのは、たとえば「後悔」というような体験である。「後悔」とは「現在の自己」が、「過去の自己」のことをくやんでいる状態である。現在と過去の「二重」の自己は「後悔」という体験において絶対に分離できない。知覚において「自己の知覚」と「環境の知覚」が絶対に分離できないように、後悔におけるふたつの自己も絶対に切りはなせない。分離できないが、「後悔」ではふたつの自己がはじめからひとつではないことも明らかである。ここだけは知覚とは少し異なる。

リードは想起者の体験に焦点を当てて、想起の「二重性」について述べた。わたしたちが何かを想起する時に、それがたとえ「後悔」のような特別な自覚的体験をともなわないとしても、そこにあることはリードがいう意味での何らかの「二重性」であるだろう。

大部分の想起では出会いの「二重性」はただあたりまえのこととしてあるのみである。通常の想起において想起にしかない「二重性」は、知覚においての「二重性」が自覚されることがないことに似て、想起者に自覚されることは稀である。おそらく冒頭の事例でも、ナヴィゲータは二度目のナヴィゲーションの時に、知覚という二重性と想起という二重性を無理なくスムースに移行したはずだ。知覚と想起はナヴィゲーションという持続の中で混合(融合ではない)している。現在進行中の環境との接触は、この二種の二重性のせめぎ合う場である。というか知覚はいつも活動しているわけであるから、「想起の二重」が、「知覚の二重」に介入する機会をいつもうかがっているといった方がよいだろう。

「後悔」のような特徴ある自覚はいつも想起にともなわないが、あらゆる想起はリードの述べる意味で原理的に「後悔」のようなことだろう。この独特な「二重性」にこそ想起の本質がある。だからあえていえばさきのプロトコルに見たのはナヴィゲータの「後悔」のようなことなのだろう。

4 探索

しかし、知覚と想起が混合し、二重性に満ちているはずの日常行為で、わたしたちはそれほど想起を頻繁にしていることを自覚しない。だから出会いの二重性が想起の誕生の条件であるといわれてもそれほど説得力がない。毎日生活しているところでは、そこでの過去の行為が想起されることは稀である。厖大な過去は沈黙している。想起というとつい「ふっと浮かぶ」ような特殊な体験だけに眼がいってしまう。それはおそらく出会いの二重性だけでは、想起のすべてを語ることができないからである。

さきの事例には出会いの二重性以上のことが起こっていた。それは過去に許されていた環境との接触がいまは不可能になったということである。具体的にいえば、一度目の移動時にはあった友人のガイドが二度目ではなくなった。そのことがナヴィゲーションをまったく変質させた。ガイドがなくなることは、当然、移動者と地下街との接触のしかたを変化させただろう。そこで想起が誕生したのではないか。

では環境との安定した接触のしかたが持続して可能であったら、想起は登場しないのだろうか。どうやらそういってもよさそうだ。

以下に示すのは、さきのルートと同じところを、まったく同じ手続きで移動した別の移動者の発話である。このルートを目隠しをして移動したこのもうひとりの者は生まれながらの盲人である。二〇歳の女性だった。さきの学生の事例では、目隠しした移動者に、二度目のガイドなしのナヴィゲーションで、各種の想起が豊富にあらわれた。以下に示した盲人のデータも、同じく、二度目のガイドなしでのナヴィゲーションの発話である。ふたりが体験したことは手続きとしては同じである。ただし盲人の場合には、日常、白杖を使って単独で歩いているので、二回目の移動時にも特別なガード役(男子大学生では友人が腕を組んで横を歩いた)をつけなかった。したがって発話はコミュニケーションではなくモノローグになっている。

足元が変わりました、坂になっています。ちょっと段差がある
風が吹いてきました
右側に壁があります
人が左側を通っています
いま右側の壁が切れました
いま左側を人がすれ違っています
右側、壁がなくなりました。またあります

機械のような音がしています
ここも何か音がしています
電話か何かがあるようです
いま右側があきました
ごうごう音がしています
右側あいて風が吹いています
ここも右側が開けました

繰り返すが、これはガイドされての一度目の発話ではない。自力ではじめて移動した二度目の発話である。語りの内容がさきの目隠しをした大学生の二度目とは、まったく違う。二度目なのにあらゆる種類の想起が生まれていない。

このような特徴は、この発話記録がモノローグであることにもいくぶんかは原因があるだろう。しかし、この想起のない語りを、何よりも説明すると思われるのは、盲人と目隠しをした大学生の二度目のナヴィゲーションのしかたに見られた差である。盲人は二度目から目隠しをされた大学生が示したような困難なしにルートをたどれた。この差は不思議ではない。盲人には何の困難もない、いつも楽々とこなしているたぐいの課題が与えられただけである。いくらはじめてのルートだといっても、転回点がたった三つで、それほど長くないルートをナヴィゲートすることは彼女にとっては容易なことである。これは、もし男子大学生が、このルートを目隠しなしで(つまりいつも彼がやっているように見ながら)歩いた時のことを想像すればよい。その時には大学生は盲人の女性と同じように、一回目のことを想起しないかもしれない。想起は誕生しなかったかもしれない。

ここから、たとえ行為と場所との二度目の出会いであっても、持続する行為が、そこでのナヴィゲーションを可能にするために必要な「何か」に容易に接触できる時には、想起があらわれない、あるいはあらわれてもわずかであるという可能性が示唆される。

だからといって盲人がこのような条件でいつも「想起」しないなどといっているわけではない。つぎの発話記録を見て頂きたい。

（どうですか？）たぶん……。ああ、さっきのところですね。さっきのところ、たぶん……
あ、たぶんていうか、何だろう。えっとえっと何ていうか。ある、えーと、さっきの場所は、（はい）
たぶん、何ていうのかな。起点からこんなふうに来ましたよね（はい）
で、右に曲がって真っ直ぐ行きましたよね（はい）
その、何ていうか、行く途中っていうか、その道の、何ていうの、最後の方、最後の方っていうか（うん、最後の方ね）
あ、あの、っていうか。まず、あの、改札とか自動販売機とかがある辺にあって……（音がした？）たしかこの辺にあったんじゃなかったっけな、っていうのがあって……（中略）で、曲がってみて、で、こっち曲がると、けっこうさっきもそうだったんですけど、けっこう人通りが向こうより少ないっていうか、けっこう静か、静かじゃないんですけど、何ていうか、あの、人通りが少し減るっていうか何ていうか（うん）
えへ、空気が違うっていうか。何ていうか

この発話は、さきと同じ盲人女性のほかの条件での発話である。この記録には「かつてあったことについての語り」が豊富に見られる。彼女のような視覚を用いないナヴィゲーションの熟練者に、このように多数の想起を誕生させたのはどのような条件だったのか。

この場面で彼女は、あるルートでのナヴィゲーションに習熟した後に、ルートからいったん引きはなされ、ルートのあった地下街を方々へと歩かされた。池袋の地下街は多数の込み入った通路でできている。この発話の前に、彼女は現在歩いている通路とすでに学習済のルートとの関係がわからなくなるまで、つまり「いまどこにいるのか」がわからなくなるまであちこちに移動させられた。ようするに強制的に迷わされた。その後に再び彼女をさきに歩いて知っているルート上のある場所に連れ戻した。そこでその場所がルート上のどこであるのかを彼女に聞いた。そこはすでに何度も歩いて知っているルートにある場所であった。しかしそこにいつも来るしかたとは異なる方法で、まして、「いまどこにいるのか」という意識はあいまいなままの状態で来た。当然そこがどこかはすぐにはわからなかった。彼女は歩き回り探った。その時の語りが前述の記録である。

「いまどこにいるのか」を安定して知覚させている環境との接触から強引に引きはがされた時、視覚以外の情報だけでナヴィゲーションすることに熟練しているはずの彼女にも想起が誕生した。

この例は、想起の誕生が出会いの二重性とともに、ナヴィゲーションを可能にしている環境にある「何か」を「まだ見つけていない」こととも関係していることを示している。想起はナヴィゲーションのための「何か」を環境に探すこととも関連しているようだ。

想起の誕生を用意するのは、この世界で持続する行為にかならず起こる出会いの二重性である。想起の誕生にはそれに加えて、二度以上の環境(他者、場所、物)との接触が、それらとの十分に接触するための「何か」を「まだ見付けていない」、その「何か」をまだ探している途中であるという条件があるようだ。つまり想起とは一種の探索のしかたでもある。知覚も環境の探索のしかたである。想起は知覚と違って環境と二度以上の接触の時にだけ起こる特別な探索のしかたである。

これまで接触を回数で表現してきた。想起は二度以上の接触が誕生させることであると述べてきた。しかし厳密にいえば行為が持続である以上それは回数(これは「反復」を数える時にふさわしい単位だろう。だから想起にはふさわしくない)ではなく「持続の長さ」で語られるべきである。「持続の長さ」ということをいい換えれば、環境との接触が不十分になった時に、「現在」とよばれるような比較的短い持続の一部としてではなく、より長い持続の一部として環境が探されはじめる、ということになる。目印にしていた建物がなくなった朝、いつもの出勤のための移動は、これまでのいくつかの出勤のための移動とつながる。持続は入れ子になっている。「現在」とわたしたちがよぶ持続は、「過去」まで拡張したより長い持続にいかようにでも入れ子化する。想起という探索はこのより長い持続の中で「何か」を探す行為なのである。

いうまでもなくこの環境で知覚が探索することも、想起が探索することも限りがない。知覚することや想起するということは、じつは「何か」の最終的な発見にいたり、どこかで終了することではなくて、ただ限りなく探索し続けるということでしかない。探索は限りない。この探索の限りのなさも想起がいつも生まれるものであることを保証している。想起がいつもどこでもあらわれるのはわたしたちの行為がいつもどこでも「何か」を探し続けているからである。

5 発達

出会いの持続の中で、想起という環境の探索のしかたはどのように姿を変えるのだろう? さきの大学生が三度目以降のナヴィゲーションで何を語ったのかを見てみよう。

◈三度目

あのねえ、スタートの時の……ん、お金の音が……(そうだね)

どっから聞こえたかを……(思い出してる?)

だいぶ忘れてるんだよね(これはどうしてこっちに行きはじめた?)

えっ? 勘だよ、勘。あはは(勘で?)

うーん、だ……わかんないんだもん。(もう、もうわすれちゃってるよね)

あれ、ちょっと待って、いやいいんだ。坂は上がったんだよ(この坂は上がった気がする?)

何かね、この坂かどうかはわかんないけど、坂は一回上がったんだよ(何か坂は上がった)うん……あれ、またあの音楽が聞こえてくるわ、ここで(これは……)

あれっ? でも、何か速いな。さっき音楽が遅くて……(速過ぎる?)

あ、でもごーっていう、音とか、あったかくなってくる感じとか、それはさっ……最初の時とすごい似ている(そっか)

この辺までは割りとあたっているような気が……(あってる気がする?)

うん……あ、このビーンっていう、音にも聞きおぼえがあるんだ(このビーンに聞きおぼえがある?)

うん、で、上からドラムみたいな音が聞こえてくるんだね

◈四度目

ああ、いままた坂を上がったな。これはちゃんと……ああ、すいません(ああ、これね)
あたってる。あたったんじゃねえ。ちゃんとした……ちゃんとした道(うん)

あー、この音楽の感じもさっき……(聞きおぼえがある?)

でー、この音楽聞いてー、まだ大丈夫なんだけど……(まだ大丈夫?)

もうしばらく行ってー、たしか右に曲がんないといけないんだよ。それがどの辺りかっていうのも……(ちょっとわかんない?)

うん、でも、まだあんまり……(まだ違う? それはどうして?)

ゴーっていう音が右からねぇ、聞こえてくるんだけど、それがまだ、聞きおぼえがあるから……、何の音かわかんないんだけど。まあ、何の音でもいい。ビーっていう音も何か聞こえてくるはずだけど、まぁ、聞こえないこともある……あっ聞こえた(ビーって音?)

ああいま、真上に(いま、ビーって音ね)

で、そろそろだぁという……

三度目と四度目の語りにも想起はあらわれ続けている。しかしそれは、二度目でのそれとはやや性質を変えている。特徴として指摘できるのはかつてあったことについての語りの内、ひとつの語り方が減少していることである。減ったのは、さきに「かつてあったことがいまはない」ことについての語りとよんだことである。三度目と四度目にこの種の語りが皆無というわけではない。「いやいいんだ。坂は上ったんだよ……この坂かどうかはわかんないけど、坂は一回上ったんだよ」「さっき音楽か遅くて……」(三度目)などの語りは、一度目か二度目に経験したことで現在はない(かもしれない)ことについて語っている。しかし、二度目に比べてこれら「かつてあったことで現在は発見していない」ことについての語りは少ない。ひとつの環境と接触を重ねると、語りの大部分は「かつてあったことがいまもある」という種類になって行くと考えていいようだ。

ルートにあってナヴィゲーションを支えていたいくつかの「何か」ごとに、この傾向を少し詳しく見てみよう。

ひとつは「坂」である。このルートは【図1】にあるように、地下鉄の改札口を背にして出発して、すぐに傾斜角のそれほど大きくない五メートルほどの上りのスロープになる。この「坂」との出会いはナヴィゲーションがその冒頭の部分で正しいコースに入ったことを示してくれる。「坂」は四度の接触で以下のように語られている。

◈一度目

坂を上がってる感じがする(うん)

あ、平地に戻った(ふんふん)

◈二度目

さっき、坂を上がった……坂を上がった記憶があるんだよなー、さっき坂を上がった記憶があるんだけど、そこまで全然行き着かないし。

(中略)

あ、この坂かな、さっき上がったのは(この坂におぼえがある?)

うーん。さっき上がったのはたぶんこの……あー、長さもこれぐらいだったような気がする。いまんとこはたぶん合ってるなあ。

◈**三度目**

だいぶ忘れてるんだよね(これはどうしてこっちに行きはじめた?)

えっ? 勘だよ、勘。あはは(勘で?)

うーん、だ……わかんないんだもん(もう、もうわすれちゃってるよね)

あれ、ちょっと待って、いやいいんだ。坂は上がったんだよ(この坂は上がった気がする?)

何かね、この坂かどうかはわかんないけど、坂は一回上がったんだよ(何か坂は上がった)

◈**四度目**

ああいままた坂を上がったな。これはちゃんと……ああ、すいません(ああ、これね)
あたってる。あたったんじゃねえ。ちゃんとした……ちゃんとした道……(うん)

「坂」の発見と再発見についての四つの発話を見てみると、坂が「かつてあっていまはない」こととして探されているのは二度目(つまり一度目の自力ナヴィゲーション)だけである。三度目以降は「ないことを」探すというような方法で「坂」は探されていない。三度目では「坂」にさしかかってその坂をかつて上がったことを思い出している。「坂」の方向は「勘」で選ばれたと語られている。四度目ではまた坂を上がったな」と当然のように「坂」と出会い、それがかつての坂であることを「あたってる」と述べ、それが「かつてあっていまもあるものである」と確認している。四度目ではこの充実した接触感が「ちゃんとした道」という表現で報告されている。このように探せるようになることはおそらくナヴィゲータにとってルートが「ちゃんとした道」になるとでも表現するしかないことなのだろう。

「坂」はこの道と接触する中でこのように発見されていった。いまはないものとして探されるのではなくそこにあることがあたりまえの何かとして探されるようになった。おそらくさらに接触が続けば「坂」を探していることが自覚されることもなくなるだろう。

もうひとつだけ「何か」を見てみよう。それは「坂」の少しさきにあるいくつかの「音のつながり」である。各接触でそれがどのように表現されているかを示そう。

◈一度目

上から何か音が聞こえるなあ。ドラムか何かの音かなあ。ゴォーツって音がするねー(うん)ちょっとあったかくなってきた。あ、ゴォーツって音が後ろに下がってきた。ビーツって音が聞こえる(うーん)

あーまたドラムの音が左の上の方から……。クーラーの音みたいな音が……クーラーでもな……飛行機の音みたいな……あ、またドラムの音だ。あれ? 曲、消えた……

◈二度目

で……あー、さっきゴーっていう音がするって……いま、何の音かな、これ? これはもうちょっと行くと、たぶんなくなるんだよね(それ、おぼえてる?)

うん、何か、もうそろそろドラムの音みたいのが聞こえてきたから、あーこれだ。いま真上から聞こえる。あー、また聞こえてきた。この感じまでは大丈夫だ。このさきがほほ。あー、このカタカタって音、聞きおぼえがある。カタカタはねえ、左手に聞いていったような気がする。でも、固定されたものなのかなあ? あ、あたった(うん)

ということは……(何か感じるかな?)

あー、何……電話のテレフォンカードの出る音?(はー、はー)

◈三度目

あ、でもごーっていう音とか、あったかくなってくる感じとか、それはさっ……最初の時とすごい似ている(そっか)

この辺までは割とあたっているような気が……(あたってる気がする?)

うん……あ、このビーンっていう音にも聞きおぼえがあるんだ(このビーンに聞きおぼえがある?)

うん、で、上からドラムみたいな音が聞こえてくるんだね

◈四度目

ゴーっていう音が右からねぇ、聞こえてくるんだけど、それがまた、聞きおぼえがあるから……、何の音かわかんないんだけど。まあ、何の音でもいい。ビーっていう音も何か聞こえてくるはずだけど、まあ、聞こえないこともある……あっ聞こえた(ビーって音?)

ああいま、真上に(いま、ビーって音ね)

で、そろそろだあぁという……

あまり説明する必要はないだろう、発話記録は想起の変化をここでも明瞭に示している。二度目では「たぶん〜だった」などと「いまはない」ことであった音が、「聞きおぼえがある」、「あたっている」と報告されるようになる。環境との接触を「予期」するしかたが「ないことを探す」ことから

「あることを探す」ことにここでも変化している。

この探し方の変化に関連する心理学の研究をひとつ紹介しておこう。

認知心理学者のウィリアム・チェイスは一九七〇年代の後半に、アメリカのピッツバーグでタクシードライバーを対象にナヴィゲーションの研究をした。[4] まず熟練したドライバーが初心者に比べて、幹線道路以外のより細い道をたくさん知っているなどということを確認した。アメリカの都会ではすべての道に名前がついていることが稀ではないのでこのようなことが確認できる。つぎに大学の研究室から市内のある地点に行くとして、最短のルートはどのような道をたどることかをドライバーに聞いた。タクシー乗務経験一年以内の初心者、一～一〇年の中堅、一〇年以上の熟練者(どの群も五名)、すべてが道名をつなげてルートを指示できた。そこでじっさいにその場所まで車を運転してもらった。

じっさいに行く過程で、ドライバーは現場で新たに道を発見した。初心者では約五五パーセントが研究室で事前に指示した道を利用した。残りの約四五パーセントの道は事前のプランにない道を現場で見付けた」ケースであった。後で検討してみると初心者の場合、この新たに選ばれた四五パーセントの内の半数の二四パーセントは事前にプランしていた道よりも目標に到達するための近道であったが、残りの二一パーセントは遠回りであった。

中堅者では約三七パーセントのルートが現場で変更され、その約三分の二はより近道になる修正だった。熟練者でも二六パーセントが現場で変えられ、彼らの場合は修正のすべてがプランした道よりも近道だった。

チェイスの発見したことはこういうことだろう。街でのナヴィゲーションを職業にする人は、そこをはなれてしまうと他人につたえられない道の知識がある。その知識は道と出会うことでしかあらわれない。街には、このたぐいのナヴィゲーションの知識が潜在している。その知識はナヴィゲーションを介さなければ、つまりそこを移動しなくてはあらわにならない。ナヴィゲーションに熟練するとは、この、ルートに潜在する知識を利用する接触のしかたがうまくなり確実になることのようである。顔についての知識なども想像してほしい。これは知覚の知識とよべそうなことと一般にいえることかもしれない。

「かつてあっていまない」ことの想起を、記憶研究では「再生」といい、「かつてあったことがいまある」という想起を「再認」とよんでいる。「再認」だけで移動できるようになって行くことがナヴィゲーションの熟練なのである。

タクシードライバーと学生の事例には類似がある。それは環境との接触が繰り返される内に、「かつてあっていまはない」ことが減る、そして「かつてあっていまもある」ことが増えるという点である。想起のひとつのしかたが、もうひとつのしかたに「淘汰」されて行く。想起が起こるとしても、ひとつの想起だけが「選択」されていく。持続する探索の中で、ナヴィゲーションがナヴィゲーションを可能にしている環境にある「何か」(「坂」や「音のつながり」のようなこと)にしっかりとふれられるようになった時には、おそらくわたしたちはこの「かつてあっていまもある」という想起すらもしなくなるだろう。そのことを「勘」や「あたった」というプロトコルにあるいい方が暗示している。想起を介する行為はこのように多種の探索のせめぎ合う場、種々の環境と接触するしかたのあらわれ、消える場である。

いつも歩く道が想起のような独特に二重なことで支えられていることを自覚するヒトはいないだろう。ナヴィゲーションが持続すると、それは想起を介さない、ただのはじめての「知覚―行為」のいとなみのようになる。

ナヴィゲーションが繰り返されると、それは場所にしっかりと「根付いた」ものになっていく。そこにある「何か」だけで可能になる行為になっていく。ナヴィゲーションは場所と「一体」になり、そこに埋め込まれていく。これがあらゆる行為のそして想起のたどる発達の運命だろう。あらゆる想起には「誕生」がある、が消えること、つまり「死」もある。しかしその「死」は文字どおりの消滅ではない。想起は行為が環境との接触を不安定にしか行えなくなった時にはいつでも復活するだろうからだ。

まとめよう。

1——想起にはオリジナルがある。
2——想起には、想起にしかない二重なことがある。それは知覚とは異なる二重である。
3——想起は知覚とは異なる環境の探索のしかたである。想起はより長い持続に入れ子化した環境の探索である。
4——想起は発達し、いつかは消える。そしていつでも復活を待機している。

以上は本稿が観察した想起の「自然」の一部である。

❖1……チャールズ・ダーウィン『種の起源』(上)八杉龍一訳、岩波文庫、一九九〇年、一一六頁。
❖2……F・C・バートレット『想起の心理学——実験的社会的心理学における一研究』宇津木保・辻正三訳、誠信書房、一九八三年。
❖3……Reed, E.S., 'Perception is to self as memory is to selves', Neisser, U. & Fivush, R.(Eds.) *The remembering self: Constraction and accuracy in the self-narrative*, Cambridge Univ. Press, 1994, pp.278-292.
❖4……Chase, W. G. Spatial representations of taxi drivers, In Rogers, D. & Slobada, J. A.(Eds.), *Acquisition of symbolic skills*. New York: Plenum, 1983, pp.391-405.

第5章

森俊夫×佐々木正人

すべてを使う

ミルトン・エリクソンと方法なき方法

ぼく自身はそういう時にジェームズ・ギブソンの心理学に出会って、ぐれないで心理学をやっていく方法もあるんだと知ったのですね。

今日は森さんに、ブリーフ・セラピーのじっさいについて伺うと同時に、ブリーフ・セラピーの源のミルトン・エリクソンという人について伺いたいと思います。まず、エリクソンについてですが、エリクソンが催眠誘導するビデオを見せて頂きましたが、彼は患者さんと対面する時にフレームを持ってないというか、事前に決まっている手順で催眠誘導するというよりは、その場でふっと何かを掴むような感じではじまります。それがもしかして「方法を持たないという方法」だとするとそれは大変なことなわけですよね。エリクソンはどういう人だったのですか?

森　エリクソンの伝記的なものはいくつかの書物で紹介されています。ひとつは『ミルトン・エリクソン　子どもと家族を語る』(原著一九八五年、訳書二〇〇一年)という本の最終章。

ミルトン・エリクソンとブリーフ・セラピー

佐々木　人間の振る舞いは捉えどころがなくて、見れば見るほど難しい。それで大概の場合、心理学の問題設定は、それをどのようにわかりやすく説明するかということに力がはらわれているわけです。それは、かならずしも全部だめなわけではない。ぼくは二〇代で心理学を学びはじめて、はじめにスキナーの「強化の随伴性」、つまり行動が起こった後に与える報酬のタイミングで、行動の頻度をコントロールできるということをはじめて知った時には、こんなに簡単に人のことがわかるのかという印象を持ちつつも、ある種の喜びを感じました。

だけどその喜びは長くは続かなかった。心理学者としてなのか人間としてなのかよくわかりませんが、成熟してくると、それだけでは現実ばなれしているということにだんだん気付くわけです。理論とじっさいのズレに悩む時期があって、たいがい心理学者は一〇年もやればぐれちゃう(笑)。

エリクソンが五六、七歳の頃に、ジェイ・ヘイリーのインタビューに答えて自分の人生を語っています。後にはロッシ、ライアン、シャープという三人がエリクソンの伝記をまとめていて、『Healing in Hypnosis, Vol.1』(一九八三年)という本で紹介しています。それからさきほどのヘイリーがエリクソンの論文をいくつかピックアップしてつくった選集があって、その中にも伝記が紹介されています。

　エリクソンの個人的な特徴をいいますと、まず先天性の障害をいくつも持っていた人だったということです。これはひじょうに重要なことかもしれません。障害のひとつはまず色盲です。そして読字障害(ディスレキシア)、それから失音調症(トーン・デフ)です。だから眼、耳、そしていわゆる認知機能に障害を持っていて、さらに一七歳の時にはポリオになって、いったん全身麻痺になった、つまり体感覚もすべて失った。リハビリして歩けるようになったんですが、五〇歳を過ぎてから彼はもう一度ポリオになって、そこからは車椅子の生活になっています。人生を通じて調子のいい時と悪い時はあるわけですが、常に何らかの痛みとかしびれ、麻痺と闘い続けてきた人です。

　じっさいに彼のやってきたことを見ると、感覚や認知がとんでもなくすぐれているんだけれども、素因ということでいえば、逆に感覚器官や認知について障害を持っていた。そこを彼はたぶん、何らかのかたちでどんどん鍛えるというか補完するというかたちでやっていって、その過程で逆に人ができないようなこともやれるようになっていった。たとえばディスレキシアに関していうと、彼は小学校中学年になるまで「3」と「m」の区別がつかなかった。また高校になるまで辞書がアルファベット順に並んでいることを理解できなかった。文字をちゃんと認識できない。トーン・デフでいえば、音楽はもちろんそうですが、ことばを発音する時でも難しい発音は、どうしてもちゃんとその通りにはできない。

佐々木　ビデオを見ているとかすれた声で、とてもゆっくりしゃべっている。口も眼も首も、かなりゆっくりと動く。晩年ですね。

森　あれはポリオの麻痺によるものだと思います。六三、四歳の頃のビデオですね。二度目の障害の後です。二度目は五一歳の時でした。そのほか、アレルギー疾患もあって、彼は重度の花粉症でした。

佐々木　彼は運動に障害があって、そばにいる赤ちゃんが運動を獲得する過程を観察することで、自分の運動を回復していくわけですよね。あれは家の中で兄弟を観察したのでしたね？

森　ええ。エリクソンは九人兄弟の上から三番目で、いちばん下の九番目の妹がちょうど立ち上がる頃に、彼はポリオからのリハビリをやっていた。それなりにからだが動くようになってきて、今度は立つとか歩くとかいうステージになろうとした時に、いちばん下の妹がまさしくそういう時期で、じーっと一日、それを観察していた。

佐々木　それを自分のからだでおそらく、なぞるようなかたちで運動を回復した。その後の臨床でも、その観察力というか他者の動きへのセンシティビティが臨床に生かされた。世界を微分して見ているようなすごい感覚です。他者の動きに、発話を含めた全身の動きで介入していたわけだけれど、彼の見ているものはものすごく濃密な出来事ですね。どの臨床家にも、こういうキメの細かな意識はありますか？

森　もちろん、あります。ただ、何を観察するかというのはそれぞれの臨床家によって得意分野があるでしょう。たとえば心理臨床の中でもわりとからだをよく使うタイプのアプローチだったらからだに関するセンシティビティはやはりすごいです。われわれの仲間でもとくに動作法をやっている人たちはからだに関する感受性、それは働き掛けることもそうだけれども、それにはとてもじゃないけどかなわない。ブリーフ・セラピーの学会でも、彼らは一体、からだの何を見て何をキャッチして何に働きかけているのかということが、シンポジウムなどでひじょうにしばしば議論になるんですが、動作法をやっている連中はそれをちゃんとことばでは語ってくれない。語れないでしょうね。もちろん、何かを捉え、何かに働き掛けているんだけれども、それを言語で記述するということは無理でしょうね。たぶん。そこまで言語が発展していないというい方もできるかもしれない。それをあらわすためのことばを、言語の方が、持っていない。

佐々木　理論の枠組みに頼らないことになると、自分の眼に頼るしかない。ぼくは仲間と一緒に、頚髄損傷で肩から下が麻痺した方がリハビリで靴下を履くところを半年くらい見たことがあるけれども、すごく大変でした。何をしているのかはじめはさっぱりわからない。肩から下、手も全身もあんまり動かないけれども、不思議なことに一回目から履けてしまった。すごい。すごいというのはわかったけど、ではそれをどう記述するのか。いま、履いたということをどう記述するかとなると難しい。

それで、保育園にいって五歳くらいのこどもたちが靴下を履くところを見てみた。そうしたら、靴下を履く時にいちばん大事なことは転ばないことで、みんな床に座って靴下を履いていた。まずは転倒しない状態を保ちつつ、からだの先端である足先と靴下の入口を開く手先の関係をつくる。転ばない、手先を足先に持って行く、靴下の入り口を開く、そして履くという、四つのサブゴールの時系列で起こることの関連付けとした靴下履きの記述をやったのだけれども、観察を開始してから四、五ヶ月は靴下を履くって何なのか、皆目、検討がつかなかった。その時の記述だって、仮の枠組みなわけです。

エリクソンのやったことが複雑に推移する動きを見ることを、一気に可能にするようなことだとする。そしてブリーフ・セラピストがその後継者たちだとして、方法を持たないで患者さんと対面するセラピストたちは、突然やってきた人をどうやって見て、どうするのですか(笑)？

森　まず、エリクソンが何をしているのかに関してもっと深い理解を得たいと思ったことは実はわたしは一度もないんです。ただ、エリクソンのやっていることを見て、あこれは自分にも使えるなとか、あるいはこれに類したことをやったことはわたしにもあるなとか、あるいはたくさんの症例を彼は記述しているから、新しく出会う患者さんに対してエリクソンはこんなことを試していたなというふうに、エリクソンの書いていたことを思い出すことはあります。本当にそういうやり方でうまくいくのかなと思って試してみる、ひとつの材料にするわけです。そういう意味で、エリクソンというのはわたしにとっての大事なものなのですが、でもエリクソンがやったことをわたしが理解したいという枠組みでエリクソンを見たことは、たぶん、一度もないと思います。

ブリーフ・セラピーにおけるモデルの意義

佐々木　方法がないというのはおそらく過激過ぎるいい方で、エリクソンのことばで森さんが引用されていたのだと、「アンコンシャス・アウェアネス」というのがありますね。

森　変なことばですよね(笑)。

佐々木　それはぼくのことばでいうとパーセプション、知覚なんです。パーセプションというのはおそらく方法を持たない。方法はもちろんあるんだけれども、それはただリアリティに付き従うということだけです。パーセプションというのは、そういう風に受動的に進化したシステムだと思うんですけれども、それと臨床というのがどんなふうに関連しているのか。

森　個々の患者さんとやっていく時はパーセプションの

部分でやるしかたぶんないだろうと思います。ただ、パーセプションは教育できないから、後進を育てていく時にはある種のひじょうにわかりやすいモデルを提供しないと育って行かない。それぞれ個人の才能に任せてやっていればいいという部分はあるけれども、ただ、これだけ社会的なニーズが高まってくると、それなりの能力の人をある程度の数そろえて世に送り出して行かないといけないわけですよね、こっちは（笑）。そうした時に、一体、何を教えるのかという時には、やはり簡明なモデルが必要になる。

佐々木　それは後輩が学びはじめるきっかけとしてですか？

森　途中からでもいい、いままで自分が実践をやってきて、いまいち伸びていないなと自分で感じている人がいたとして、どうやったら伸びるのだろうかというモチベーションでわれわれのところに来る人はたくさんいるわけです。それは心理臨床専門の人たちだけではなくて学校の先生も多いんですが、こどもたちと一体、どうかかわって行けばいいのか、保護者とどうかかわって行けばいいのかということを学びに来られる方はすごくたくさんいます。その人たちは教育の方だから、心理臨床、臨床心理学についてはそれほどやっていない。それが本当に基礎なのかは置いておいて、いわゆる臨床心理学でいう基礎知識を持たない人に対して、明日からの実践を豊かにするためにこちらは何をお教えするのがいちばんいいのかということになると、これはパーセプションではだめなんですよね。

そうした時に、モデルが必要になってくる。ブリーフ・セラピーというのは基本的に教育のための簡明なモデルをつくってきたとわたしは理解しています。ほかの人の理解はどうかわかりませんが。ブリーフ・セラピーのモデルはそのためにあると思います。そのモデルが本当のことなのかどうか、あるいは自分の実践を的確にあらわしているかどうかはちょっと別の話です。

佐々木　モデルと実践の関係についてですが、森さんがお書きになっているのを見ると、いわゆる精神分析のようなもの、あるいは行動療法のようなもの、そのどちらにも距離を置いていますよね。精神分析には間接性に重点を置くパーセプションのセオリーがあるし、行動療法にはパーセプションの理論はおそらくないと思いますが。

森　認知とパーセプションはまったく違うものだということをおっしゃっているんですか？　認知だったら、いまは認知行動療法というわけだから、入ってきますよね。

佐々木　ぼくがパーセプションといっているのは、リアリティと接触するという意味です。精神分析や行動療法はどちらかというと、そこよりは、そこの不十分さをどう補うかという議論ですよね。精神分析は無意識の推論過程みたいなもので補い、行動理論の方は接触の確率過程というか、反復の構造みたいなもので補う。リアリティとの接続面そのものを扱うという感じではない。

そういう観点からいうと、森さんがおっしゃるブリーフ・セラピーのモデルというのは、頭をからっぽにしてダイレクトに対象と接続するような感じがありますよね。飯を喰う時みたいな感じ。でも、「おれが飯を喰ってるところを黙って見ろ」ということではだめだとおっしゃるわけですね、教育に関しては。でも、ブリーフ・セラピーだったらおれの胃の中を見ろとか、一分間に何回食べたかを見ろではなくて、どこかでダイレクトな食い物と口の接触があると思うんですけど、どうですか？

森　たとえば徒弟制度だったら師匠のやっていることをじーっと弟子たちは見て、そこから盗んで弟子たちはやっていくと思うんです。

佐々木　徒弟制度ってパーセプションだけで、伝統的な芸の世界はある意味でモデルを拒否していますよね。

森　ええ。エリクソン自身が弟子たちを教える時にもそのスタイルを採ったんですね。エリクソンは弟子たちに対して理論やモデルは何も提示しなかった。ただ患者さんとの面接をどんどん見せる。あるいは普段のかかわりの中でいろんな問答のようなことをやる。そうやって弟子たちを育てていった。

ただ、ブリーフ・セラピーはあまりそういうスタイルは採らない。ブリーフ・セラピーはもっときちっとした簡明なモデルを多くの人たちにパブリケーションする、提供するというかたちで人びとの教育をしようという考えです。どちらがいいかということになってくると、やっぱり効率性から考えるとブリーフ・セラピーのとっているやり方の方がわたしは正しいと思う。エリクソンのやり方は効率が悪い(笑)。全世界の人びとがエリクソンのもとに行って、エリクソンのしていることをじーっと見ているわけにはいかないわけです。だけど、あるひとつの簡明なモデルが提示されればいろいろなメディアを使って全世界の人びとにそのサービスは提供できる。そしてその中で学べることは、そのモデルが優秀であれば、エリクソンの横に何年間もかばん持ちして見る以上の効果がもっと短期間にあらわれるだろうと思います。

だから、自分の実践を見せて弟子たちを教育するというのも善し悪しなんですね。それをやるとものすごく弟子の能力に依存するかたちになる。師匠の能力ももちろんそうだけれども、弟子の方もちゃんと師匠のやることを見て、しかも師匠の真似ではなくて自分のやりかたを開発するという能力がかなりすぐれていないと、いいものを見たからといって人びとがみんな伸びるかといったらそんなことはない。

佐々木　問題は、森さんがおっしゃるモデルっていうのが何なのかということだと思う。たとえば森さんが『現代思想』にお書きになったものの中に、「未来完了進行形」ということばが出てきますね。ふつう、心理学のモデルというのはスタティックで、行為とマインドが両方入っている構図を描いて、それだけで説明したがる。何かが起こった時にその枠組のどこに問題があるかを探るのがモデルで、心理学者はそれを頭の中とか本の中に持っていて、それと出来事を対照して考えるわけです。

そういうモデルに対して、「ゴール設定」とか「外在化」とかいろいろなキーワードで語られるブリーフ・セラピーのモデルというのはちょっと違っている。扱わなければならない患者さんにアプローチするためのプロセスをセラピストに促すようなモデルなんじゃないか。あてはめる、じゃなくて。そんな印象があるんですけれど、どうでしょうか？

森　おっしゃる通りだと思います。ブリーフ・セラピーといってもいくつかのモデルがあるんですが、われわれの「解決志向モデル」というのは、完全に、現在から未来の部分に焦点を当てることに重点があります。それから現在あるいは過去を見る時には、それは少なくともパソロジーを見るのではなく、資源、リソースの観点から現在、過去を見て、そこで引き出してきたリソースを使って未来をどう構築していくかということに完全に焦点を絞る、そういうモデルです。エリクソンのことばを使えば「ユーティライゼーション」ということにつながる。エリクソンが心理療法の領域に貢献をしたことはいろいろあるけれども、中心的にはユーティライゼーションという概念であり、方法論です。それまでの臨床心理学はすべてパソロジーを見てきた。でも彼はパソロジーではなく、それをどうユーティライズするかを見る。ユーティライズする材料として現在と過去を見ている。パソロジーとして見たら、これをどう取り除くかという方向に動くんです。

佐々木　何を排除するかですね。

森　そうです。エリクソンはここにあるんだから使いましょうと。これを使ったらどんなことが起こりますかというふうにして彼は患者さんと接触する。患者さんがここに持ち込んできているものはすべてユーティライズするもののネタ、材料。何も取り除かない。全部使う。それがわれわれから見たエリクソンのモデルといえばモデルです。そこをもっと簡明にあらわしているのが解決志向ブリーフ・セラピーのモデルなんです。エリクソンでなくても見つけられるし、そしてそういうふうに人を見ることができるし、人とかかわることができる。エリクソンを語ってしまうと、それはエリクソンだからできたことでしょうという話になるんだけど。

実践の事例から1——夜中にトイレに行く

佐々木　リソースについてわかりやすい比喩でいうと、たとえば相撲を取る時に、相手のお相撲さんの何かがなかったらおれは勝つぞと思わずに、相手のお相撲さんの動きとか得意技をしっかり見て、それをうまく使って相撲を取る。それは相手をリソースとして見るということですよね。

森　そうですね。からだが大きい、体重が重い力士とやる時には、そのからだの大きさ、体重の重さを利用して相撲を取る。ぼくは小さいから勝てない、というのではなくて。

佐々木　あらわれたものは全部使える材料として見えてくる。でもそれはすごく大変だと思う。ふつう立ちすくむというか、圧倒されると思うんですね。その時に、弟子よ、立ちすくむなと。これがなかったらいいのにとかあれがなかったらよかったのにとか、何でこんなに、と考えずに、全部使え。そこまではいいですけれども、なかなか大変ですよね。森さんはどうしてますか？　リソースの発見について伺いたいんですが、さっきの靴下履きだったら、転ばないというのが発見されるべきひとつのリソースだと思うんですが、森さん自身のケースで何か具体的な話を伺えますか？

森　ワークショップなんかでよく話すのは一〇歳の少年の話です。彼は夜尿症の治療のためにわたしのところに来たんですね。彼は夜がこわい。そのために夜、おしっこに行けないということで夜尿症が続いていたんだけれども、ほかにも彼はたくさんこわいものがあって、歯医者さんもこわい。でも彼の奥歯は虫歯ですごく痛い。だからいますぐにでも処置を受けたいんだけれども、歯医者さんがこわくて行けないものだから、かれはじっと痛みに苛まれながら毎日を過ごしている。そんな少年です。

佐々木　まず、おねしょはどうやって治したんですか？

森　彼のおねしょは二パタンあるんですね。ひとつはいまいったみたいに、夜がこわいから、尿意で眼が覚めても金縛りになっているんです。ベッドの横にバケツを置いて、トイレまで行かないでいいようにセッティングしているんだけれども、そこまでも行けない。それで、結局、もらしてしまうというパタンがひとつ。もうひとつは、朝、気がついたらベッドが濡れている。彼のおねしょには「例外」がなくて、つまり毎日、しかも一〇年間ずっとそうなんです。ある時から夜尿症になった子ではなくて、赤ちゃんの時からずっとそうなんです。

それで、まず「夜の何がこわいの?」と聞いたら、「おばけはこわくない。だっておばけはいないから」って。「ぼくがこわいのは宇宙人だ、宇宙人はいるもん」。彼はちょっと前まで天体望遠鏡にひじょうに凝っていたんですね。自分の好きなものに対してはものすごい勉強力と集中力で、凝りまくるんです。宇宙のことも勉強した。なぜ宇宙人がいるのかに関して理屈できちっという。地球に来て牛の血を抜いているとか、チップを人間の体内に埋め込んでいるんだという部分はたしかにこどもっぽいかもしれないけど。いずれにせよ、夜に宇宙人に出会ってしまったらぼくはさらわれて人体実験の材料にされてしまうんだと。それがこわくて全然動けないというわけです。

彼の両親は芸術家で、彼自身、芸術的な才能にひじょうにすぐれていた。それが彼のリソースでもあって、ファンタジーの世界にひじょうに親和性が高くて、それでいてひじょうに科学的で理屈っぽい。これらすべてがリソースです。わたしが彼にしたのはすごく単純なことで、「『ET』を見たかい?」と聞いたら、「見た」と。「主人公は何ていう名前だったっけ?」と聞いたら即座に「エリオットだよ」。「彼は何歳だった?」「一〇歳くらいじゃないの」「そうか、そうだったね、君と同い年じゃないか」って。それで、『ET』はどんな映画で、一〇歳のエリオットはETとどんなふうに出会ったか、大人たちはその時、どんなふうに動いて、最終的にはどうなったたかという話を、もう一度ふたりでしていったんです。

結論からいえば、一〇歳のエリオットはひじょうにまっしろな気持ちでETと出会い、ETを理解し、ETを保護し、周りの大人たちからETを守り、最終的には宇宙に返してあげた。それに反して大人たちは何をしたかというと、ETの捕獲作戦をやって、彼を捕えよう、ETを研究しよう、あるいは戦争になった時にそなえて防衛や攻撃の準備も進めた。一〇歳のエリオットがやったことと、周りの大人たちがやったことは全然違う。「もし大人たちの動きに任せていたら、結末はどうなったと思う?」と聞いたら、彼は「戦争になったんじゃないの」と答えた。「そうだね、そうかもしれない。戦争になったらどっちが勝つと思う?」「そんなのETに決まってる、科学力が全然違う。ETが勝つに決まってる」「そうだよね。ということは、エリオットはETを守ったんだけれども、彼は地球をも守ったんだよね。大人に任せていたら、地球は滅んでいたかもしれない。だけどね、大人たちがああいうふうに動くのはしかたがないんだよ。大人というのはETを見たら捕獲、実験、攻撃、防衛。このことしか頭に浮かばない。すべての大人がそう。そしてそれは絶対変わらない。一〇歳のエリオットのような動きには絶対にならない。だからあれは一〇歳のこどもだからできたこと。大人はだめ。大人に任せていたらどんなことになるのかっていうのはよくわかるよね。だから今度君がETに出会ったら、君が何をすればいいのか、君はよくわかるよね」って。そうしたら彼はこっくりとうなづいて、そして最後のだめ押しのことば、「いいか、地球の運命は君にかかっているんだ」(笑)。この一回のセッションで、彼は夜に眼が覚めさえすればひとりでトイレに行けるようになった。

佐々木 ETに会えるかもしれないという感じになった?

森 ETに会えるかもしれないというよりも、少なくともこわくなくなった。一回目のセッションが終わってから一週間半くらいたってから彼は二回目のセッションに来たんですけど、すごく喜んで、「先生、おねしょは半分治ったよ」って。少なくとも夜に眼が覚めさえすればもうしない。でも朝、気が付くと濡れてるということはあると。「先生、どうすればいい?」って聞く。実は一回目のセッションで、『ET』の話をしたのは後半の一〇分か一五分くらいの話で、全体の八〇パーセントは何の話をしていたかというと、フライ・フィッシングの話だった。

彼は当時、フライ・フィッシングにすごく凝っていたんですね。釣り自体も好きだったし、マイ・フライ、フライづくりにも、ものすごく凝っていた。いろいろなフライ・フィッシングの話をずっと彼といろいろしていたんですが、こちらが何に力点を置いていたかというと、どうやってフライを目標の一〇メートルさきの魚がいるところに正確に飛ばすことができるのかという話だったんです。わたしは釣りをやったことがなくて、彼は手取り足取り、フライが空中でハの字を描くようになった時に最終的に投げるんだけど、こういうふうに投げちゃったら、先生、だめなんだよ、ここでからだの動きをぱっと止めて、そうするとフライがすーっと飛んで行くんだと。方向や何かは腰の動きの「かべ」みたいなのでつけるんだ、ということを彼は一生懸命教えてくれる。そんなことをずっとやっていた。

それで二回目に彼が来た時に、「この前、何の話をしたっけ？」「フライをどうやって飛ばすかって話をしたじゃない、先生」って。「でもあれって不思議だと思わない？　手に持ったボールを一〇メートルさきのスポットに正確に投げるだけでもめちゃめちゃ難しいのに、フライ・フィッシングになっちゃうと、だいたいフライって一・五グラムとか二グラムくらいの軽いもので、しかも毛がいっぱい生えていてすごく空気抵抗があって、一体、どんなふうにとんで行くかを予測することすら難しいのに、それが一〇メートルから一五メートルの長さの糸のさきについていて、しかもその糸は二、三メートルある釣り竿のてっぺんから出てる。それを、釣り竿の根元を持ってフライを正確に飛ばすなんていうことは考えれば考えるほど不可能だ。でも、君は上手なんだ。こうやって飛ばすんだよって、この前、いろいろ教えてくれたよね。でも、フライ・フィッシングやってる時に、どこの筋肉をどう使ってどのくらいの力でどの角度でやるとかここで止めるとかいろいろ君は教えてくれたけど、フライを投げるその瞬間は君はそんなこと頭では考えていないよね。君が何を考えているか、当ててあげようか？　〝あそこに落ちろ。あそこだ〟。このことしか君は考えていない。あそこに魚がいる、あそこにフライが落ちる。あそこに飛ばす。そのことだけに集中している。後のからだの動きは全部自動的に動いている。どこをどうしようなんて、君は何も考えていない。たぶんそんなことを考えている時はうまく飛ばない。君があそこだというスポットに集中して、ほかのことは何も考えていない時はからだはひじょうに上手にそれに見合った、それに必要な動きをオートマティックにやってくれる。実に見事にフライはそこに落ちる。おねしょも同じじゃないの？　夜、君が寝ているあいだに膀胱の尿量を測定し、ある閾値を超えた時に膀胱の筋肉をどうやってきゅっと締めるのかという方法論について君は知る必要は何もない。大体、君は寝ているんだから、そんなことがわかるはずがない。でも、わからなくたってまったく問題ない。そんなことはぜんぶからだが自動的にやってくれる。君が頭で考えなきゃいけないことはたったひとつ、狙いをつけることだよ」って。「君、朝は何時に起きるの？」「六時半」「夜は何時に寝るの？」「一一時」「じゃあ、一一時になってベッドの前に行って、手を組み、そして狙いを定めろ、つぎは六時半にピュ」（笑）。「ここに集中できている時にはすべてのことはからだがオートマティックにやってくれる。集中できていない時にはだめだろうね」って。要するに気合いだと(笑)。気合いを入れて寝ろと。

佐々木　うーん、すごいねえ。

森　ここでも彼が持っているリソースを使ってやっている。わたしがつたえているメッセージなんて、ETの話にしても膀胱の話にしてもすごくシンプルです。とくに膀胱なんて、気合い入れて寝ろですから(笑)。だけど彼は理屈でもわかっているけれども、理屈だけじゃなくて、そういうふうにからだは自動的に動くものだということを「知っている」んですね。フライ・フィッシングが上手だというリソースの中で、そのことは自明の理として彼は「知っている」。それがリソースです。『ET』の映画を見たことがある。これはリソースです。ETの話でわたしがもっとも強調して使った彼のリソースは、彼が「一〇歳」であること。一〇歳のこどもだから宇宙人がこわいんだ、ではなくて、君は一〇歳であるからこそ、宇宙人とうまくやれるというメッセージを使っているわけです。もちろん、大人の援助を必要にする何らかのほかのやり方でも治ったでしょうけど、それよりは彼が自分ひとりで夜にトイレに行けるようになることのほうがわたしはうれしかったし、そっちのほうが本当の改善だと思った。大人はだめだ、こどもだからこそ君はできるという話で、一〇歳という年齢を最初から使おうと思っていました。

実践の事例から2――歯医者に行く

佐々木　じゃあ、歯医者さんがこわいという話は?

森　歯医者さんに行くという話ですが、第一回のセッションの時にお母さんが、「この子は授業中ぼーっと外ばっかり見ていて全然授業を聞かない。自分の世界に浸り切っていて、うちの子は頭は悪くないと思うんだけど、ぜんぜん授業を聞いていないし黒板も見ていないからこれじゃできないですよね」っていう話を何かの話の中でしていたのを思い出したんですよ。彼が自分の世界の中に入るその入り方はたしかにすごくて、担任の先生がさすがにちょっとキレて、「こらーっ」と黒板消しを彼に投げ付けたんですね。それが彼の頭にあたった。でも彼は気が付かない(笑)。あるいはやんちゃ坊主が同じクラスにいてコンパスを投げたこともある。刺さりゃしなかったんだけど、彼はそれにも気付かない、そのくらい、浸っているんです。

それで、どうやったら歯医者さんに行けますかと彼が聞いてきた時にそれを思い出したので、「ひとつ、すごくいい方法があるんだけどね。でもすごく難しい。先生にそれをやれといわれても先生もはっきりいってやれるかどうか自信がないくらい難しい。でも仮にこれができたとすれば、君は歯医者さんに何の恐怖も感じずに行けるし、もしかしたら麻酔を掛けなくたって、何の痛みも感じないで君はすべの歯の処置を終えることができるだろう。どういう方法かというと、君は歯医者さんに行くよね。椅子の上に座るでしょ。そうすると椅子が倒れるでしょ、そうしたら、君は自分のからだは椅子の上に置いて、君はどこかに行くんだ。君の『からだは歯医者さんの椅子の上』にある、だけど『君はそこにはいない』、どこかに行っている。フライ・フィッシングでもいい。秋川渓谷かなんかに行って、大物を一匹釣り上げるまでそこで頑張る。途中でたぶん、チェーンソーの音みたいなのが聞こえてくると思うけど、君はいままでフライ・フィッシングをやっていてチェーンソーの音が邪魔になって集中できなかったことはある?」「そんなことはない」「チェーンソーの音は君のフライ・フィッシングを邪魔しはしない。それどころかそれが聞こえてくるとますます君のイメージは高まってきて、これはたしかに森の中だ、渓谷の中だと、イメージがふくらみこそすれ邪魔になったりしない。いろいろな音がするだろうけど、渓谷の中だって無音ということは絶対ないよね。その中だっていろいろな音がする。雰囲気を高めてくれるだろう。その音は君の釣りに何の邪魔にもならない。その音は君の釣りに何の邪魔にもならない。そして秋川渓谷の中で大物を一匹釣っておいで。一匹釣ったら、君のからだのところに戻ってくればいい。その頃にはすべての処置は終わっている……ってなことを仮にできるとすれば、君は歯医者さんをこわがる必要もないし、たぶん痛みも何も感じないだろう。歯の処置を受けているのはからだであって、自分は釣りに行っているんだから」って。それで、「無理だよな、こんなことできないよな」といったら、横にいたお母さんがすかさず「この子、毎日それ学校でやってるんですけど」って(笑)。わたしもおおげさに驚いた振りをして、前に座っている彼に「えっ、そうなの?」って聞いたら、彼はニッコニコして、「先生、そんなの簡単だよ。ぼくは毎日やってるよ」って。「そんなことができるの?」「うん、簡単だよ」「それはすごいね。じゃあ、毎日学校でやっていることを歯医者さんでやってみれば」っていったら、「うん、わかった」。彼は翌日、歯医者さんにいったんですね。そして見事、大物一匹釣り上げて……(笑)。

お母さんはわたしに対して、彼にはこんな「問題」もあるということでその話をしたんですね。だけどこれはわたしにとってはもっとも重要なリソースだった。その話を聞いた時点では、わたしは彼からどうやったら歯医者さんに行けるかというような質問がくることは知らないんだけれども、お母さんがその話をした時に、この話は絶対どこかで使えると思ったから記憶の棚にしまっていたんですね。

病理（パソロジー）ではなく、リソースとして

佐々木　たいへん驚きました。まえにロボットをつくっている方たちと議論したことがあって、どんなロボットをつくれば画期的なのかということについて話したんです。ゴミ、それも床に落っこちている小さなゴミを拾うロボットはもうあるわけですけれども、そうではなくて、だんだん部屋が乱雑になってくると、ある日、ぼくらは片付けをはじめるでしょう。つまり片付けなければいけない、というレイアウトが見えてくる。そういう意味での乱雑さみたいなものを見て、そこに住んでいる人が片付けたくなるような時に片付けはじめるようなロボットができたらいいなと。これはアフォーダンスの話で、物がいっぱいあるけれども、たくさんの物が「あるレベルで乱雑なレイアウト」になった時にそこに片付けのはじまりが見えればいい。しかし物のレイアウトの意味というのは家によって違う。どんなに汚くても片付けない家もあれば、ちょっとレイアウトが変わっても片付ける家もある。家ごとの片付けのアフォーダンスを住んでいる人と同じように知覚するロボットがいたらいいんじゃないか。これはやっぱりリソースの知覚だと思う。

いま、森さんの話を聞いていて、ああすごくこの例に近いなと思ったのは、一〇歳の人間の「散らかり」の見方というか、彼の一〇年間の生き方の中で彼なりに発見している周囲を見る様式が、複雑であってもパーセプチャルなものだとしたら、使えると。それをリソースにする。それでリソースというと単体とかひじょうに素朴なものと思われがちだけど、森さんのリソースというのは、その人のウェイ・オブ・ライフの中心部分ですよね。そこをつまみ上げていくわけですね。

ふつう、発話から何かを読み取る時に、ぼくたちは実はその人の知覚世界を見ているはずですよね。でもふつうは、他者の発話というものを内容のレベルで聞いてしまう。森さんの聞き方というのはその男の子のパーセプションのしかたを見ている。その男の子がどんなふうに日々を生きてるのか、そういうのが見えてくる。そういうものとして発話を使うというのは、すごく新鮮な気がしました。

森　わたしはその時はそういうふうにしたし、また別の治療者が別のシチュエーションで彼と出会った時には、そ

の人は別のやり方で夜尿症を治すだろうと思います。わたしのやり方が唯一でも正解でもない。たまたまその時はそういうことが起こっただけの話ですが、教育的なサイコセラピー・モデルの話となれば、ポイントはやっぱりリソースの話なんです。さき程のケースでは、病理は何も扱っていない。過去もほとんど扱っていない。たしかに映画を見たという過去は使っているし、教室でぼーっとしているというう、その過去から現在の流れを使っているかもしれないけれども、病理を形成しているものとしてこちらには捉えられていない。

けれどもこの核家族、あるいは彼の人生を病理の観点から見ると、家族病理にしても彼の個人病理にしてもかなり複雑なんですよ。大体、お母さんがわたしの患者さんだったんだから。従来の心理療法モデルだったらそこから入るんですね。お母さんのパニック障害も二回のセッションで治ったんですが、わたしが彼に対してやったことというのは病理の部分には何も突っ込んでない。でも治るでしょって。そこの部分を多くの方々にわたしはつたえたいんです。

当時のわたしは相手が小学生だとインフォームド・コンセント能力がないからビデオは撮らないというポリシーを持っていましてて、このケースはビデオに撮っていないんですが、その面接室の中心一部始終をちゃんと撮って、その面接の中で何か起こっているのかを記述すると、これはすごく複雑なことになってくる。いまの話だって、わたしと彼とお母さんがいて、実はもうひとり、セラピストがいて、四人でやっている。その中のさまざまなインターラクションそのほかを含めて、そこの中で起こっていたことの、たぶん、一万分の一もいま、わたしは説明していない。

だけど、それを記述することはほとんど不可能だし、仮にそれができたとして、それに教育的な意味があるんだろうかとわたしは疑問に思うんです。それが精密であれば精密であるほど。網羅的であれば網羅的であるほどね。だって、そんなシチュエーションは再現性がないですから。まったく同じものをすべてそのディテールまで再現する必要もないし、大体、そんなことはできない。ほかの人がセラピストの役割で入ってきたら、それだけでコンテクストが違う。じゃあそこまで精密に現象を記述する必要が、教育的な意味としてあるのかといったら、やはりないと思う。

セラピストになるとはどういうことか?

佐々木　心理学全体としても、いまの流れはフィールドへ、でしょうか。徹底的に現場に行って、じっさいに起こっていることをその場で見て、という。たとえばエスノメソドロジーではまさに徹底的にディテールにこだわるような発話の分析がされている。森さんの話を伺っていて、発話の中にパーセプションを探っているんだなという感じを受ける。森さんの話は実は、一〇歳の少年のパーセプションの流れに着目している。そういう意味では現場的だけれども、でも少なくともそこで起こったコミュニケーションに何かの解を求めるというのではなくて、彼の発話を信用して、意味のユニットをピックアップする、そういう方法だろうと思うんですが。

森　そうですね。でも言語だけではないんですけどね。

佐々木　表情とか応答のしかたとかを含めて彼についてはさっきのようにサマライズされたわけですね。

森　そうです。おそらく言語の方はわたしはあまり重視していないんです。たとえばわたしは歌を聞いていても、歌詞というのは何度聞いてもおぼえられないし、大体、何の歌だっていう興味もないんです。ボーカルという人の声もひとつの楽器としてしかほとんど認知していない。よっぽど歌詞に注目しようと思って聞かないと、歌詞は聞こえて来ない。でも、一度聞いただけで歌詞をいえる人は世の中にたくさんいて、わたしにとってはすごく不思議な世界なんです。ああ、そうやって歌を聞く人がいるんだと(笑)。

佐々木　歌詞のメッセージがいいからという人はたくさんいますね(笑)。

森　芝居を書いていた時でも同じだったんです。台詞を書きますが、そこにある意味にあまりこだわっていない。ただ、この台詞はどんな音を奏でるかということはかなり意識して台詞をつくっていました。

佐々木　どんな役をつくるかは意識していますか。

森　しません。音だけです。音と、あとは舞台のビジュアル・イメージです。こんな空間の中で、こんな音があって、そこに音楽が重なってくるわけですが、あるいは人の動きによっても音は出る。それによってどんな音の世界ができるかということの方がおもしろいんです。台詞の中身のメッセージとか意味は、もしなければないほうがうれしい。そういう芝居もけっこうあるんだけど、ただ、それをやるとお客さんがつまんなくなっちゃう。意味を理解したいと思って来る客はけっこう多いし、だからある意味ではそれはサービスみたいなもので、あんまり話がわけがわからないと疲れる人がたくさんいるでしょう。それを楽しんでくれる人ばっかりだったらいいんだけどね。ストーリーにそれ以上の意味はわたしにはないんです。

面接していても、たぶん、それと同じようなことが起こっていると思うし、面接をするようになって以来、わたしは意味に対してこだわりを強くしたかというと、ちっとも自分ではそういうことを思わない。だからあんまり意味の世界にはいないです。たぶんエリクソンもそうだったんじゃないかとわたしは思います。

佐々木　さっきの話だと、男の子がどんな楽器かという、そういう感じですかね。

森　その時に頭で考えていたことというのは、彼が「宇宙人がいる」といった時に、「そうだよね、絶対いるよね」という、この路線を外してしまったら絶対失敗するということ、これはわかっている。まずここからはじめる。あとは、彼が自分はできるんだと思えればいいわけですから、その時の材料に何を使うかといった時に、ETの話を使おうと。これは誰にも思い浮かぶことだと思うんです。ETを持ち出して、君は子どもで、子どもであることが素晴らしいんだ、という話に落とさないと失敗するなということはわかっている。それでもうストーリーはOK。枠組みはこれででき上がった。あとはライブでどんなふうに展開させるかというのは、ここは考えていてはできない。構成していく話になっていくから。

佐々木　二重なんですね。この話で行くぞというところと、じっさいにコミュニケーションを扱うところが不離不即でふくらんでいる。それを外から見て全体を語るとさっきの話になるけれども、じっさいにはそれがふくらんでくる過程がそこにあったのだという、そんな感じがする。

森　ストーリーをつくるというのもあまり必要な作業ではないんですね。わたしはわりとシナリオをつくりますけど。いまくらいのシナリオですけどね。こう持っていって最後はここで落とすぞと。「いいか、地球の運命は君にかかってるんだ」(笑)。このくらいは考えるんだけど、同じブリーフ・セラピーの黒沢幸子さんなんかになると、それもない。やって行きながらこういうふうになっちゃったと。それで落ちを考えて行くんだから。ストーリーの枠組み全体を最初に考えておくことは心理療法にとってとても大事なことなのかというとそうでもない。なくてもできる。ストーリーをつくっているのはわたしの趣味です(笑)。

いずれにせよ、心理療法をどうやるのが患者さんやクライアントさんのもっともいい援助になって、未来を構築するのにもっとも役に立つコミュニケーションになっていくのかというのは、いまの解決志向ブリーフ・セラピーがかなり簡明にあらわしているし、じっさいにそれは役に立つ。

佐々木　それで未来完了進行ですか。未来が完了したものとして進行する。

森　でもなぜそれがよいのかの理屈付けは難しいでしょうね。自分ではそこを理屈付けしたいとも思わないので、誰かがやってくれればいいなと思ってます。

佐々木　セラピストの森さんがこの方法を身に付けるには時間が掛かりましたか？

森　ミルトン・エリクソンと出会う前は、わたしは治療成績がすごく悪かったです。

佐々木　何をもって悪いというんですか？

森　それまでに自分がうまく治せた、それも短期に治せたケースがあったかというと、たぶん、数例くらいしかなかった。

佐々木　それまではどんなセラピストだったんですか？

森　どちらかというと分析系でした。周りがそうだったから。

佐々木　分析系の人は、患者さんと一生付き合って行きますとかって（笑）。ひとつ間違うと正しいセラピストだなと思っちゃったりするわけですけど。

森　一九八八年にはじめて本を読んで、それからいろいろなビデオや論文を集めて、アメリカにも行って弟子たちにも会ってワークショップに出たりしたんです。でも、その中で新しく教わったというよりも、それまで、それ以外に知らないから分析系でやっていたけれども、これって絶対おかしいよなというすごい違和感を持ちながらやっていた。その違和感とか、こっちのほうが正しいんじゃないかと思っていたことを、エリクソンは全部、言ってくれているという、そんな感覚だった。ほら、やっぱりそうじゃないかと。それで自分が考えていたように、自分の思うままにやったほうが絶対に成功するなというふうに自分のやり方を変えたんです。だから何か新しいところに自分が行ったというよりも、本当の自分のやり方に戻してくれたのがエリクソンだったという感覚です。

佐々木　エリクソニアンになったというよりは森さんになった。

森　そうです。それまでのわたしのリソースは演劇くらいしかなかったんですが、演劇空間の中で起こりそうなことと、エリクソンが面接室で起こしていることがすごく近いという感覚があるんです。これって舞台そのものじゃんっていう感じですよね。それまでもわたしは患者さんと会う時に、部屋がひとつの舞台、演劇空間だというかたちで捉えてずっとやっていた。そのスタンスそのものはOKだった。ただ、エリクソンを知ることで、そこにテクニックのバリエーションが増えたし、しかも自信を持ってその目的のためにテクニックを使うことができる。そういう意味ではエリクソンはわたしにすごく大きな影響を与えた。でも、未知のところにわたしを連れて行ってくれたという感覚はない。

佐々木 ということは、腕のいいセラピストになるということは、ある意味で自分が元来、培ってきたリソースを知覚したり、それをユーティライズすること、自分の知覚の方法を少し自覚的にすることだと考えていいですか？

森 そうそう、そうです。徒弟制度で弟子を置いて、「見て学べ」ということになった時に、駄目な弟子は真似をすることが大事なんだと思っちゃう。そういう弟子は伸びないんですね。

佐々木 お師匠さんがどんなふうにその人なりのリソースを使っているかというところがわかればいい。

森 そうそう。自分はこんなふうで、自分の持っていることはこれだよな、じゃあこれで行こうと、自分のリソースにちゃんと降りて来られる弟子だったらいいんだけど。そしてそれを使えるようになればね。

佐々木 じゃあ、ブリーフ・セラピーといっても本当に千差万別なんですね。

森 もちろん、そうです。基本的な考え方は解決志向ブリーフ・セラピーですけれども、じっさいの面接の展開のさせ方は人によって全然違います。わたしは意味にあまり頓着しないといっても、まだことばとか音ですが、さき程の黒沢さんなんかはビジュアルの世界の人だから、すべてがビジュアル的に構成されている。

佐々木 方法なしの方法に戻りますけど、こうしなくちゃいけないんじゃないかというのをやめたら、何かがはじまるんですね。

森 そうです。でもエッセンスはあるんです。

佐々木 世の中はしかし逆行していて、いまは臨床の資格化がどんどん進んでいるわけですが、それに対してはどう考えますか？

森 わたし自身は領域が医学系なので、臨床心理士の資格に関してはかなり距離を置いています。でもまあ、好きにやってればという気持ちもある。ただ、臨床心理に関するある種の資格をきちんと整備することは大事だと思います。大事なことだけど、その時に教育カリキュラムの中に、何を盛り込まなければいけないのかというところは、もっともっと議論を詰めて発展していかないといけない。いまの教育プログラムでは、現場に出ても、たぶん、やれないでしょう。

佐々木　ブリーフ・セラピストというのは「無知の人」ですよね。無知を教育するって難しいですよね。

最後にお伺いしたいんですが、たくさんのクライアントと付き合い、出会ってきたことは、どういうかたちで森さんの経験の発達とか変化に影響を及ぼしているんですか？　たとえば今日は一〇歳の少年の話をされましたが、そういうことがたくさん、あの濃いレベルであるわけですよね。セラピストである限りは日々クライアントの「凝り」をぐっとつかまえて、ねじり倒したりして（笑）、でもねじり倒しながら、新しく来る人には、新しいマッサージをしなければいけないわけでしょう。それは難しいと思うんですけどね。

森　難しくないですよ。楽しいですよ。患者さんは皆変わっているし、おもしろいし。変な人が来れば来るだけ、今日はええもん見せてもらいました、みたいな感じですよね（笑）。たまにお会いしていろいろ話を伺う分には、こんなにおもしろい素材はないという人はたくさんいる。早く治してしまわないとずっと付き合うことになるから、それは勘弁してほしいけれども。でも、すごく新鮮です、ひとりひとりの患者さんが。金太郎飴ということは絶対にない。みんな違うものを持ち込んでくるから。それがなければたぶん、続けていないでしょう。

ルーティンの仕事をずっと毎日毎日淡々と同じことを繰り返す、それが臨床だという人もいるんですけどね。特にこの解決志向ブリーフ・セラピーの中では。毎日毎日コロッケを揚げている職人のようなものだって、日本に解決志向ブリーフ・セラピーを紹介された名古屋の白木孝二先生はおっしゃるんですね。コロッケもその日の状態で、簡単なようでも同じ味をつくり続けるのはそれなりに難しいことで、来る日も来る日も油の温度や素材の状況を見ながら、みんなに気に入ってもらえるおいしいコロッケを揚げ続ける、そういう地味な作業が臨床なんだと。それはそれでとてもよくわかるんですが、わたしはコロッケ屋さんではなくて、もう少しおもしろい仕事をしたいなって（笑）。でも、クライアントさんはたいてい、もう少しおもしろい話を持ってくるからね。そして、こっちがそれをおもしろいと思える限りは臨床をやるでしょうね。それがおもしろいと思えなくなったら、わたしはやらなくなるでしょう。

佐々木　昔のことは忘れられますか？　それまでのクライアントさんのことが投影したりしませんか？

森　しますよ。そしてそれはすごく役に立ちます。

佐々木　経験の連続性というのはあるんですね。

森　それは絶対にあります。新しい患者さんを見て、わたしは昔の誰を思い出すのだろうかという作業はかならずやっていると思います。それはひとつのアイデアを出す時のヒントにはなります。本当にこんな人、見たことがないと、そう本当に思ったとしたら、やっぱりわたしもどうやったらいいのか、たぶん、わからないでしょうね。そういう意味で、経験ってすごく大事ですよね。その過去のものをひとつのヒントとしてセッションをつくっていくわけだけれども、そしてそれをテーラリングしていくわけですよね、その人に合うように。その両方で成り立っている話だと思うんです。

佐々木　テーラリングしていくところでその人がいま面前にいる意味がわいてくるわけですね。

森　だからある意味で経験とか知識はあるに越したことはない。無知でいる、というふうにおっしゃいましたけれども、わたしの場合は、ある意味でおさらいしておくみたいなことをやってから面接に入ることの方が多いかもしれません。だから場合によっては、新しいケースで面接がはじまる前に今日はこういう人が来るだろうからこういうふうに面接しようというシナリオができていることさえあります。じっさいに会って見てそれを書き換えたり総取り替えすることがあるかもしれませんが、わたしの場合は、そういうことがないと書き換えることもなかなか難しいんです。どこか基点があれば、これと一八〇度変えればここにくるというふうになるけれども、わたしは頭の中を真っ白にして面接には臨んでいない。最初のシナリオ通りやることはほとんどないんだけれども、最初に何かあった方がこちらも落ち着いてできる。ここは間違えたなと思ったら、どう変えたらいいか、じゃあこんな感じで入ろうと、すぐに反応できますからね。

佐々木　なるほど。型も技も完備した無知であると。長時間、ありがとうございました。

ミルトン・エリクソン　Milton H. Erickson(一九〇一—一九八〇)
アメリカの精神科医、心理学者。催眠療法を革新した。一七歳の時、ポリオで全身麻痺になり、回復までの長期間、家族を観察し続けた。そこで呼吸とそれ以外の身体の動きにユニークな関係があること、ひとつの発話には複数の意味が埋め込まれていることなどを発見した。これら意識と身体の動きの複合的する性質をそのまま扱うことで、患者とふつうに会話しながら催眠に導入する自在な技法を身につけた。エリクソンに

学ぶ心理療法を短期療法(ブリーフ・セラピー)という。

森俊夫　もりとしお(一九五八—二〇一五)
日本のブリーフ・セラピスト。元東京大学大学院医学系研究科助教。KIDSカウンセリング・システム研究会を主宰し、日本のブリーフ・サイコセラピーに貢献した。

III

ブラインドネス
視覚障害

第6章 遮《しゃ》蔽《へい》をこえる

一〇年くらいのあいだ、光の感覚の無い視覚障害者に付いて歩いた。対象は一〇名を超えた。はじめに住居や職場を訪ねてインタビューをする。つぎに、いつもの慣れている場所で歩いてもらい、ビデオで記録する。さらに、わたしたちが設定したルートを歩いてもらい、気になった点を分析することも行った。

ここでは観察時に二六歳だったTさん（女性、以下Tと略す）の記録を紹介する。小学一年までは光と色の感覚があり、眼の前五センチ程度なら示される指の数を識別する視力があり、停車中の車は視覚で避けることができた。いまは両眼とも視力〇で光の感覚もないとのことだった。

はじめのインタビュー

以下はTへの最初のインタビューの一部である。筆者及び伊藤精英さん（本書第8章の対談者）からの質問に対する、Tの答えを「　」内に示す。

――歩行に環境音（周りに聞こえる音）**は使いますか。何か狭い感じとか、物がある感じはわかりますか。**

「何となくわかります」

——ぶつかる前に、ああ、壁だとか、塀だとか、大きな柱みたいなものだとかわかりますか。

「ええ、大体。でも柱とか車だと、日によって止まれる時と……」

——調子があるんですか。体調みたいなものが。

「そう。調子のよい時と悪い時が」

——そういう手掛かりというのは、もう随分前から使っていましたか。いつごろからかおぼえていますか。

「そういうのは完全に見えなくなってから使っていたというか、そういうのを感じるようになりました。小学校三年生ぐらいかな」

——家並が切れたというのはわかりますか。

「ええ、わかる」

——（部屋の中で）天井が高いとか低いとかは。

「何となくわかる。あと屋根のあるとかないところというのも。ここは外なのに屋根のあるところとか、そういうのはわかります」

——部屋でカーテンが引かれているかどうかはどうですか。もちろん窓は閉まっている場合だけれど。

「自分が使うことが多い部屋だったらわかると思うんですよ。カーテンを引くと音がこもる感じになったりするから。でも、……その部屋の特徴というのを知らないとわからないかもしれない」

——下り階段の終わるところとか登り際はどうですか。

「昔は（段数）をおぼえていたけど、もう階段とかは全然おぼえていません。……おぼえなくても何となく空気の感じとかで、この辺が終わりっぽいというのが、いつも使っているところはわかる」

壁への接近と壁の切れ目についても質問した。

「白杖のない時はけっこう壁を手掛かりにします」

――それは音ですか、触るわけですか。

「ふれたり、人がいてふれられない時は皮膚の感覚です。音もそうなのかもしれないけれど、わたしは眼の下の(皮膚)感覚をよく使っているなと思うんです」

――頬の上のほうですか。

「眼のこの辺(下を指す)です。眼の下の感覚が」

――眼の下ですか。眼の上ではないんですか。

「わたしは上よりも下が感じます。眉毛とかおでことかの辺はよく感じないです。眼の下なんです」

――壁に近付くと、どういう感じに変わるんですか。暖かくなるとか冷たくなるとか、空気がなくなるとか。

「閉鎖される感じですね」

――狭くなる感じですか。

「何か前に立ちはだかっている」

――暖かさみたいなもの?

「そうそう、何か暖かい感じです」

――閉じる感じ?

「壁だと対象物が大きくなりますよね。そうなると全体的に覆われるというか、左のほっぺたとかに。音なのかなあ」

――じゃあ顔を覆ってしまうとまずいですよね。風邪でマスクなどをしたりするとね。

「でもマスクは平気です。ここ(眼の下を指す)が出ているから。眼帯とかは嫌ですよね」

――帽子は。

「帽子は別に嫌じゃないです。帽子はけっこう好きです」

――耳を覆われてしまっても大丈夫ですか。

「耳は嫌です」

壁の「切れ目」については、以下に紹介する東京駅地下通路での実験後にもインタビューした。

――右側で切れる壁、左側で切れる壁というのは、得意、不得意というのは別にないんですか。

「そんなにないです。右の方が何となく得意な気がするけど、そんなに差はないと思います」

――開ける感じというのは、これから開けそうだという未来を予期するような感じでは、あまりないんですね。開けるぞというんじゃなくて。

「ああ、開けたという感じ」

――"あっ"という感じがくるんですね。

「何ていったらいいのか。すごく感覚的な表現で……」

――突然じゃないんですか。何かわからないものに触ってて、ああ、何かわかってきたというふうな感じですか。

「いやあ、そういう感じではないです」

——連続的な変化か、突然の変化か。

「突然です」

——突然なんですね。

「サウナに入って、パッと開けたら涼しい感じがしますよね。そういう感じかな、開けたというのは。……トンネルをパッと抜けた時みたいな感じです。……トンネルというのがいちばんいい表現かもしれないです。ちょっとオーバーにサウナとかいったけど」

——単に音とかだけじゃないんですね。

「絶対、音だけじゃないです。音はたしかによく使ってるけれど」

——空気とかもありますよね。

「気配を感じます」

——空気は軽くなるとか、冷たくなる感じですか、どっちかといえば。

「そうですね、どっちかというと軽くなります」

——冷たくなるね。

「うん」

——ひやっていうか、それが開けるというか、圧迫感がなくなるというかね。

「そうですね。……あとわたしの場合は山道とかを登っていて、耳がツーンとなってそれがパッと抜ける時があるじゃないですか。キーンッてなって聞こえにくくなっちゃったのが、パッと元に戻る時ですね。あの瞬間に似てるかもしれません。……あとわたしは耳をふさぐと、真っ暗になった感じがします。本当に眼が見えなくなったような。わたしがいうと変な表現ですけど、耳を聞こえなくしちゃうと、眼の前が真っ暗になった気がします」

――一歩も動けないみたいな感じですか。

「本当に闇に来たという感じがしてしまいます」

――そういう意味で切れ目は、むしろ明るくなるわけですね。

「そうですね」

壁１：池袋駅地下の通路

最初のインタビューの三日後に、池袋の地下街を歩いてもらった。

四回曲がる、四二〇メートルのルートを池袋駅の地下通路に設定して観察を行った。まず出発地点から観察終了地点までわたしがガイドしてルートを経験してもらう。そこから移動したルートとは違うルートで出発地点までガイドして戻る。そして、今度はガイドなしで、ひとりで杖を使用してゴールまで行くことを求める、という実験の手順である。

自力でのルート移動を二度してもらった。一回目の移動では、四ヶ所の曲がり角（角度は異なる）の内、正確に方向を変えられたのは一ヶ所だけで、ほかの三ヶ所では正しい方向に曲がれず、ルートから大きくはずれてしまった。その時は誘導してルートまで戻った。

二回目では、一回目で失敗した三ヶ所の曲がり角でふたたびルートをはずれた。しかし、周囲を探った後でルートに自力で戻ることができ、その後の曲がり角でも正しい方向に曲がった。やや時間はかかったが、二回目で単独でゴールまで行きつけたわけである。

わずか一度だけの経験で、逸脱したとはいえ正しいルートをたどることができたことは、Ｔのすぐれた移動スキルを示していた。

この日の観察で、「壁の切れ目」付近でのＴの歩行には、見逃せない特徴があることを発見した。

Tは壁や大きな柱の側に近付くと、白杖の振れ幅が、壁や柱のある方向に向かって大きくなった。また杖で床面を叩く力が強くなり、音が大きくなる。叩きのリズムも速くなった。つまり壁際、壁のあるところでは杖で壁があることや、壁との距離を確認しているようだった。聞いてみると、T自身は壁の側で、このように杖の使い方が変わっている自覚はなかった。どの場所でも一定の振り方をしているといった。

また、このルートで壁がからだの右側に長く連続しているところでは、Tの移動は蛇行が少なくなった。壁とほぼ一メートル五〇センチくらいの一定の距離を保ったまま歩いた。その間隔は壁が切れるところに近付くと、壁のそば三〇〜五〇センチくらいまで減少して、そして切れ目になるとさらに壁に接近した。つまりTの移動は直線で歩くところも、曲がるところも、そして止まるところでも壁を使っているように見えた。

壁2：東京駅地下の通路

東京駅丸の内側の地下通路（京葉線への通路）の五ヶ所で「壁の切れ目」の実験をした。ここでは二ヶ所の結果を紹介する。一ヶ所目はからだの右側にある壁。二ヶ所目は左側である。

Tは歩行開始の位置までガイドされて行き、壁から一メートル離れて立つ。壁が切れる所に向かってアプローチして切れ目で停止してもらう。出発する地点とゴールとなる壁の切れ目までの距離は毎回変えた。もっとも短い条件では切れ目まで七メートル、最長で三〇メートルだった。右側で六回、それから左で六回アプローチした。

Tは「切れ目」で止まることができた。

最初のアプローチでは、壁が右側のところでの停止位置は壁の「切れ目」の手前五〇センチから、

「切れ目」を越えた三〇センチの範囲内だった。同じく左側では、手前八〇センチから、切れ目を越えた四〇センチの範囲内だった。

この時左側で見られた壁の切れ目の八〇センチ手前が、「壁の切れ目」からもっとも遠い停止位置だった。ほかの一〇回のアプローチのすべてで停止位置の誤差は、「切れ目」からプラスマイナス五〇センチ以内で、平均の逸脱距離(壁の切れ目と停止位置のズレ)は、約二八センチであった。つまり、「壁の切れ目」は、ほぼ一歩の歩幅内で発見されており、かなり正確だったといえる。

[図1]は壁が右側の、**[図2]**は左側の壁の切れ目までのアプローチの二回分の軌跡である。左右どちらでも、一回目は壁の切れ目から約一八メートルの距離から出発して、切れ目を約二〇センチ越えたところで停止した。二回目では右側は約二七メートルのところから出発し、切れ目を一〇センチ越えたところで、左側では約一七メートルから出発し、切れ目の八〇センチ手前で止まった。

[図1]と**[図2]**を比較するとわかるように、壁が右か左かによってTの壁際の移動の軌跡は違っていた。壁が右側では、出発してからいったん壁に接近し、ついで壁から遠ざかり、そしてふたたび少しずつ壁に近付いている。近付く、はなれる、また近付くという経過である。壁が左側では、一貫して壁からわずかに離れ続けていって、そのまま切れ目に到達した。移動の速度は壁がどちらにあるかにかかわらずほぼ一定

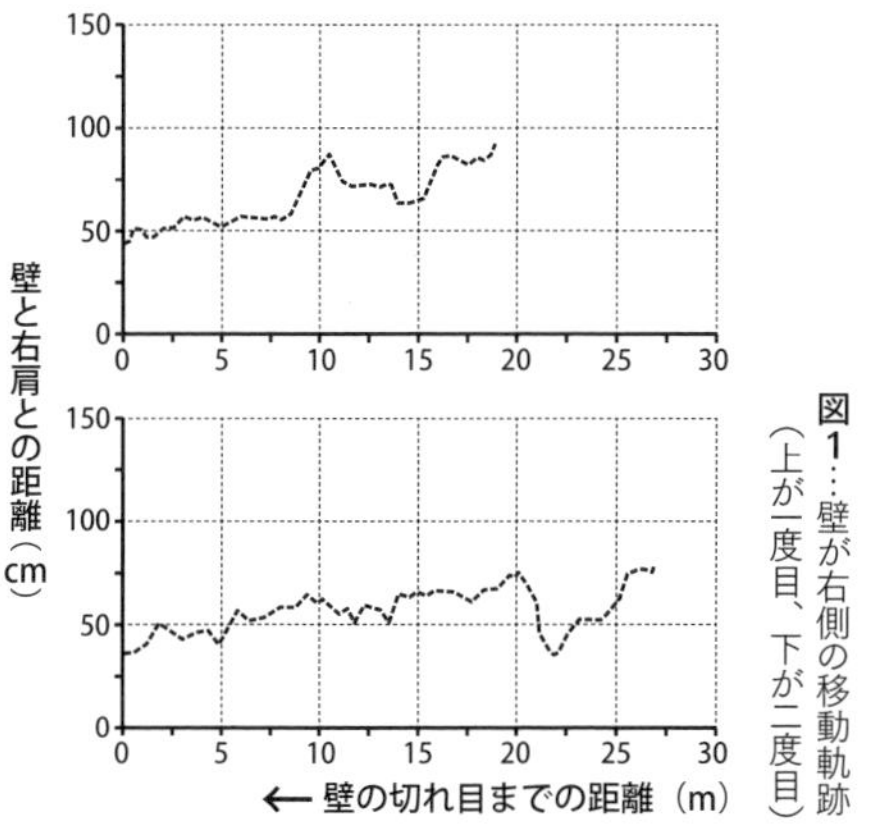

図1…壁が右側の移動軌跡(上が一度目、下が二度目)

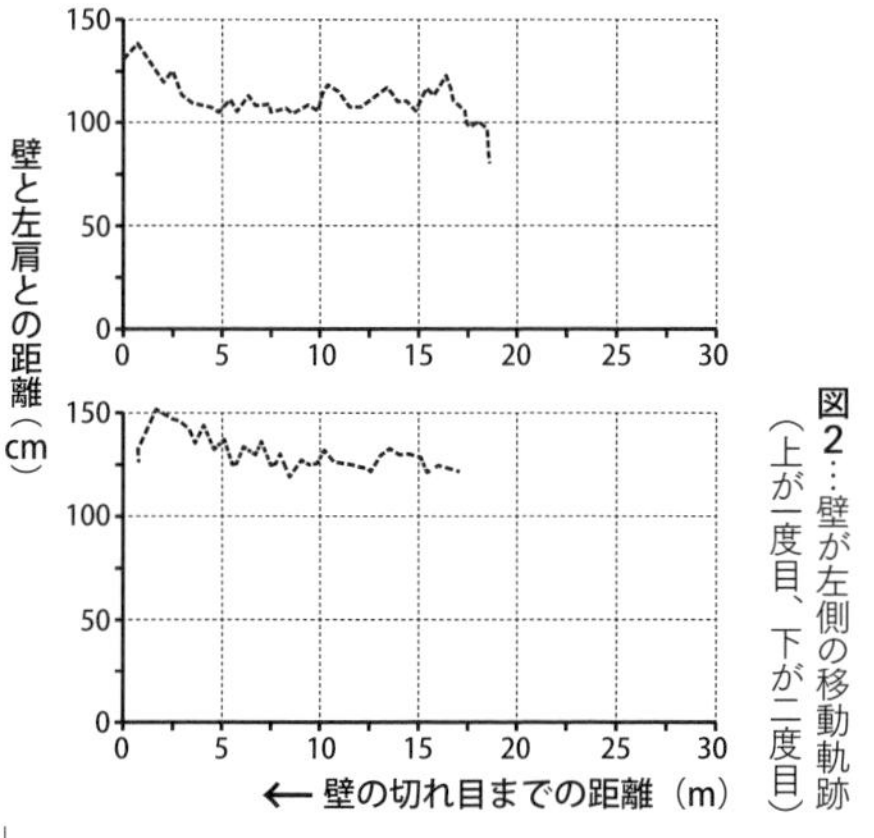

図2…壁が左側の移動軌跡(上が一度目、下が二度目)

で、壁の切れ目への接近にともなう変化もほとんどなかった。

左右の壁での切れ目へのアプローチの軌跡の異なりは、壁の「切れ目」周囲にある音の状況によって部分的に説明できるかもしれない。［図3］にはTが壁を右側にして歩いた場所を、［図4］には左側にして歩いた場所を、そこで聞こえる音に注目して示した。伊藤さんはふたつの場所の特徴について、おおむねつぎのように説明している。❖1

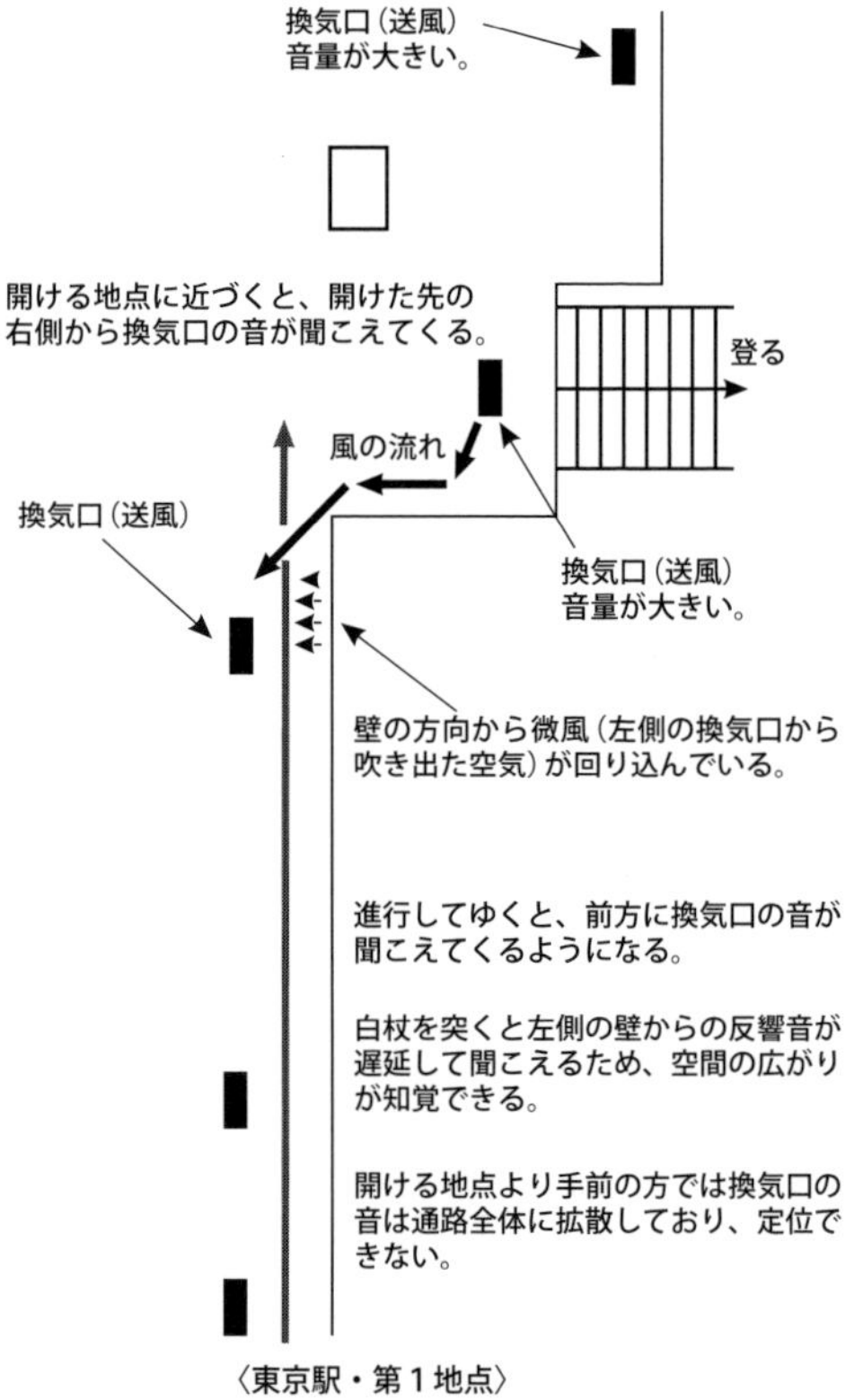

換気口（送風）
音量が大きい。
開ける地点に近づくと、開けた先の
右側から換気口の音が聞こえてくる。
登る
風の流れ
換気口（送風）
換気口（送風）
音量が大きい。
壁の方向から微風（左側の換気口から
吹き出た空気）が回り込んでいる。
進行してゆくと、前方に換気口の音が
聞こえてくるようになる。
白杖を突くと左側の壁からの反響音が
遅延して聞こえるため、空間の広がり
が知覚できる。
開ける地点より手前の方では換気口の
音は通路全体に拡散しており、定位で
きない。
〈東京駅・第１地点〉

図3…壁が右側の場所の音場

右側に壁のある場所では、切れ目周辺部や壁面付近に換気口が複数存在している。その内、切れ目の方向にある換気口はモーター音が大きく、この地点をもっとも特徴付けている。対照的に左側に壁がある場所の切れ目の周囲には換気口が少ない。たとえあるとしても換気口の音量が小さく、場を特徴付けていない。つまりふたつの場所の相違点は、換気口から放射する音の強弱である。壁が右側の場所の壁面付近には放射する音と杖のたてる反響する音からなる音の流れが生じるが、左側の場所の壁の側や、切れ目の付近には反響する音が満ちている。

Tには、すべての実験が終了した後に、壁の切れ目でうまく止まれたことを報告し、「なぜうまく止まれたと思いますか」と聞いた。

Tは壁が右側の場所について、「壁のそばを歩いていると、壁が切れてからでないとわからないのですが、ちょっと距離を置くと風の流れみたいなもので少しわかります。切れる寸前にわかります。音はたしかにそうですね、(壁の)向こうのほうに曲がって(と、右方向を指す)。あとはやっぱり風の流れだと思います。右側に曲がったところに空調の音が聞こえますし、あと人の声とかも何か遠くで聞こえている。あと何となく開ける感じがある。右側にぱっと。覆われているのではなくて」と話した。

左側については、「切れるのでわかる。ここには風はあまりない。開けるというよりも、ああ左が空いているなという感じ。左側の方が杖の音を使ったかも知れない」と答えた。

Tの答えは、左右の壁の切れ目の周囲にある「包囲音の構造」が異なることを示していた。右側の時には、壁の向こう側を注意したことが、壁から「距離を置く」、「音が曲がる」、「覆われているのではなく開ける感じ」というようないい方で示唆されている。左側の時には壁の切れ目そのものに注意が向けられていたことが「(壁の向こうに何かあるのではなく壁が)切れる」、「風があまりない」、「開けるというよりも空い

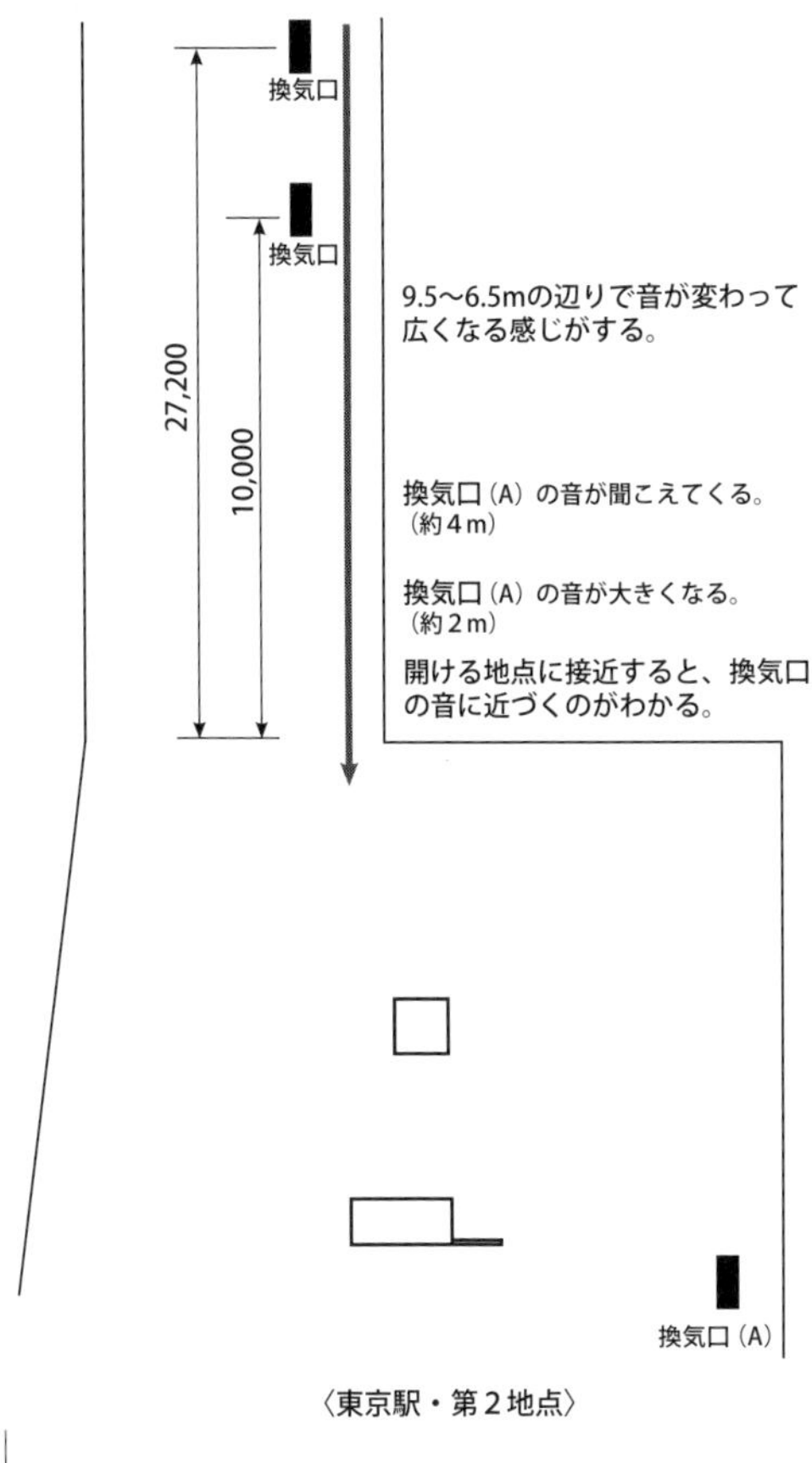

換気口
換気口
27,200
10,000
9.5〜6.5mの辺りで音が変わって広くなる感じがする。
換気口(A)の音が聞こえてくる。(約4m)
換気口(A)の音が大きくなる。(約2m)
開ける地点に接近すると、換気口の音に近づくのがわかる。
換気口(A)
〈東京駅・第2地点〉

図4…壁が左側の場所の音場

ている」、「杖の音（すなわち反響音）を使った」などと説明された。

結果はTの「壁の切れ目」を知る方法について、ひとつの可能性を示唆しているように思える。それはTが「壁の切れ目」を壁がなくなってしまうようなこと、つまり「壁が消えること」として探してはいないということである。もし壁際の移動が、横にあった壁がなくなることを探っているならば、ふたつの壁での切れ目を探すアプローチには、類似する軌跡があらわれたはずである。そこを通過すればもはや壁は横にはないということにおいては、ふたつの壁に違いはない。

しかしふたつの壁の切れ目は異なる軌跡で探された。右側と左側で異なる軌跡は、移動を繰り返しても同じようにあらわれ続けた（ここには示さないが、左右それぞれ六回目のアプローチでの探索パタンに変化は見られず、最後まで、毎回、**［図1］**と**［図2］**に示されたと同じような軌跡だった）。

T自身が、とくに壁が右側の時の説明で述べたように、おそらく壁そのものと、壁の周囲にある音の両方が切れ目の発見に使われていた。切れ目で示された正確な停止は、壁そのものと、壁の向こう側にあることの両方によってもたらされていたようだ。

隣合うこと

いまここにあることだけではなく、ここその向こう側。いまあることと、それに隣合うことでどこかへと行く。Tは最初のインタビューの時にもそう話していた。Tは周囲の人たちが親切に声を掛けてくれることが、かえって移動の妨げることもあるという話をした時に、新宿には「わたしたちにしかわからない手掛かりがある」と言った。

以下のようなことである。

「前に音楽を少しだけならいに行った時に、新宿駅の西口から外に出るルートがあった。そこは視覚障害者の友だちが通う音楽教室で、その人から大体教わって行っていた。わたしたちだけがわかる手掛かりというのがあったのです。見て何かあるというのはわからない。多少迷ったとしても、もう一回元のところまで戻って自分で納得がいくようにはじめから歩かないとわからない。(眼の見える人が)声を掛けてくれて『どこへ行くのですか』とか、『出るんですか』と聞かれることがある。『わかるから大丈夫です』と断って、また戻ったりしていると、見える人は心配みたいで、『一緒に行きましょうか』とか、ずっと見ていていわれる。『本当にいいのです』といって断わる。『いって頂けたら一緒に行きますよ』といわれても、自分にしかわからない手掛かりだからうまく説明できない時があるんです。何て断わったらいいのか大変だったことがあります」

――自分にしかわからない手掛かりというのは、たとえばどういうものですか。

「何といったらいいのだろう。ここに来てこの柱のあるところで曲がると階段があって、それで階段から外に出たら、今度は足元の床というか、ちょっとツルツルしているところがあったのですよ。そのツルツルが終わると段があって、そのちょっとした段の線のところがありますよね。その方向のままで渡るというような感じで。ちょっとしたところを渡ってとか。あとは道の切れ目というのが、やっぱり少し段差みたいになっているんですが、その道の切れ目が三回あって、ちょっと歩くと何だか知らないけれど、自動販売機のような音がしてとか」

――自動販売機のところでは何かが落ちてくる音がするんですか。

「ガーッという自動販売機が動いているような音。モーターの音です。それを通り過ぎると左に階段があってというような、そんな感じだったのです。だから見えない人から教わったから、近くに何かあるというのが全然わからないし、人に一緒に行ってもらうといわれても、かえってわかりにくくなってしまうという感じだったのです」
わかった範囲でまとめてみる。新宿のこの場所にはまず「柱がある」、そこを「曲がると階段」があり、「階段から外に出る」と、「足元の床のちょっとツルツルしているところ」がある。そのツルツルが終わると「段」があり、その段の「ちょっとした線のところ」を「その方向のまま渡る」と「道の切れ目が、やっぱり少し段差みたいになっている」ところがある。「その道の切れ目が三回ある」そのさきを「ちょっと歩くと何だか知らないけれど、自動販売機のような音がする」ということだろう。
おそらくはそれほどの距離ではないだろうあいだに、これだけ隣合うことがある。おそらくこの中のどのひとつでもない場合には、場所全体がそこであることが疑わしいことになる。そのように小さなことが隣合っている。Tの移動はこのように密に隣合うことを使用している。

Tは同じようなことをほかの場所についても述べた。

「さきほどわたしは、都電で新庚申塚で降りて、西巣鴨で三田線と接続するといいましたが、都電の新庚申塚から西巣鴨までというのは、三〇〇メートルぐらいあるんですよ。そこを歩くのです。歩道があって、いちおうまっすぐ歩けばいいんですが、地下鉄の入口がすごく見つけにくいのです。そこのところなども駅の近くにフェンスみたいなものが出てくるので、そのフェンスが切れて少し歩くと、やっぱりちょっとした道のつなぎ目みたいなものがあるんです。段差までは行かないんだけれど、道のつなぎ目みたいなのがあって、そのつなぎ目が出てきたら、ちょっと左斜めのほうに曲がるんです。その近くにはチャンコ鍋か何かをやっているお店があるので、中華系のようなラーメンのような匂いがするので、それとそのみっつぐらいを総合的にして、情報として手掛かりとして曲がったりしているんです。だからボーッとしていると、たまに通り過ぎてしまったりするんです」

――ラーメンの匂いがなかったりして。

「そう、日によってはね」

――風の向きなどでも変わりそうですよね。

「変わったりします。そのフェンスも所々出てくる。フェンスですから、何個目というのをきちんと探せればいいんだけれど、探しにくいんです。あと道のつなぎ目というのも、擦り足で行かないと見つけられないような感じのものなんです。……最初の頃はよく地下鉄を通り過ぎて、また戻ってみたりしました」

ここでは「フェンスの切れ目」の音、そのさきの「道のつなぎ目みたいなもの」との足での接触、その近くの「チャンコ鍋屋の中華系のようなラーメンのような匂い」のみっつのことが隣合っている。これらのすべての配列が、ここでの地下鉄の入口なのである。

ステップの系列

Tはこのような密な隣合いの場所がどこにでもあることを自覚していない。おそらくたいがいの場所では、東京駅地下の実験の壁のように、自覚なしに周囲に隣合うことが探られている。それはことばにできることよりもはるかに微細なことであろう。ただしそのことをことばにできる人もいた。Tと同様に、光覚のない視覚障害者で、インタビューしたA氏(以下Aと略す)はそのひとりであった。

当時三一歳のAは、二歳で失明した。視覚の記憶はまったくないという。最初のインタビューで彼は「足の裏が道を踏みしめた時に、どういう感覚があるかということについては、かなりおぼえていると思う」といった。

「ちょっとしたでこぼことか、ズレとか歪みとかということを、たぶんおぼえているんだと思う。……ちょっと工事の問題で、たとえば段差ができちゃっているとか、それからちょっとそこだけ道路の端を歩いていると、端というのはこういうふうに下に切れてますよね。そういう切れている感じが違っているとか。それからどぶ板が、ちょっとそこは上にあがって出っぱっているとかいう、そういう踏んだ時の感じをかなりおぼえてるんだと思うんです」と話した。

たしかに路面にはそういう特徴のある場所がたくさんある。しかし視覚でナヴィゲーションしている者にとっては、それらが移動をガイドするために使われることはまれだろう。しかしAの移動はこれらの路面のわずかな性質を利用していた。

以下はAの自宅からの最寄駅(約一五分間かかる)までの、「地面の接触にある隣合い」について思い起こしてもらった発話の一部である。事前にそのことを聞くことになるとは、Aもインタビュアーも予想していなかった。彼が路面の詳細について話せると言ったので、それではと、それを思い起こすことを急に依頼した。想起は突然はじまり滑らかに行われた。

以下では、移動のランドマーク(目印)として、Aが想起した地面の配列を「／」で区切って示す。

「／えーと、家をいま出るとすると、家の敷地の中は、ずっと土なんですよね。砂利道になっているところもちょっとあるという感じなんですが、／出たところから五メートルぐらいかな、ここははっきりしませんが、板がずっと敷いてあるんですね。で、それが、／たとえばその三枚目辺りはちょっと右側にズレてるので、ズレてるというのは、そこに障害物があるんでズレてるんですが、／そこのところでちょっと向こうへ、右側へ行かないと、障害物に足がぶつかるかなというところがあったり。／それから五枚目辺りはちょっと欠けているので、すぐストンと右足が落ちてしまうような感じのところもあったり。／その向こうは、今度は家庭用の浄化槽用のマンホールがあって、／それがたぶんいくつかあると思うんですよね。それが、いつも踏んでいるものが、／たぶん、一ヶ所は確実に踏んでますね。……／そこを通過するとちょっと上り……上りといってもほんのちょっとですけれども、ちょっと高くなってる感じの所があって、／そしてコンクリートに出るんですね。コンクリートに出たところからはちょっと下がるんですね。で、／そこのところからは、農業用水に半分だけ蓋がしてあって、そこが歩道になっているんです。……二枚の板を真ん中で合わせたようなかたちになってるんです。……これはたぶん、金属の上に何かコンクリートを塗ったようをかたちになっていますから、踏みしめると少し音がするんです。そういうものが一、二、三。三つありますね。で、／三つ終わったところで、その道路を向こう側へ渡って、／渡ったところには少しどぶ板がずっと並んでるんですが、そこからはちょっと上りになってますね。……／そのままずっと行くと、どぶ板のところは、つまり暗渠《あんきょ》なわけですが、一ヶ所だけ表に出てるところがあって、そこはさきほどのように半分だけ蓋がしてある農業用水になっているんですね。で、そこの部分を、やっぱり盛り上がってますから上がって下りるというかたち。／上る前にちょっとした、やっぱりヒントみたいなところがあるんですね。ちょっと土が、いままでよりちょっと違ってるかなという感じの感触なんですね。／そこを下りると、後はそのまま交差点までまっすぐ行くんですが、そこはやっぱりどぶ板になってて……そのどぶ板自体も、時にはちょっとへこんだようなかたちになってたり、ちょっと盛り上がってみたりとかというかたちでしょうね……」

かつて住んでいた場所について、移動にともなって次々とあらわれてくる景色を、編集なしでそのまま、ゆっくりとした歩行程度の速度で再生する映像に出会うことがある。偶然記録されただけの加工なしの映像が強いなつかしさをもたらすことがある。「ここに映っているところは、どこでも、たしかに知っている」、という感情である。かつて知覚していたことにふたたびそのまま出会い、それを知っていると認める想起のことを「再認」という。再認には、そのもの自体にはふたたび出会うことなしに、ただ思い浮かべるだけの想起、「再生」にはない強い感情がともなうことがある。

Aの想起にあったのはまるで再認しているようなキメの感触である。Aが話したことはいうまでもなく再生である。つまり思い浮べた地面である。しかし、そのキメは、ふつう再生される地面よりもはるかに細やかだった。それは、おそらくAのいつもの駅までのナヴィゲーションの知覚の密度を示唆している。

視覚障害を持たない者も、おそらくはAのように視覚でルートの詳細をなぞっているはずだ。しかし、それをAのように再生することはあまりないだろう。ルートの細部はやり過ごしている。移動しなれているルートの景色にある小さなキメのことは忘れている。しかし、ふつうやり過ごされている細部が、ナヴィゲーションにとっては意味があることをAは示している。

おそらくすべてのナヴィゲーションには詳細なキメがあるのだろう。ナヴィゲーションは、A

が話したような環境の細部と密に接触することだろう。ナヴィゲーションが「ここと、ここの隣」の両方を利用しているということには、そういう意味も含まれているのではないか。

オクルージョン(遮蔽)

ここで、ひとつのことばを導入する。「遮蔽(オクルージョン)」である。

わたしたちは、よく知っている道やはじめての道を、前後左右へ行って、戻る。移動は可逆的である。移動する時はもちろん、わずかに姿勢を変えるようなことも同様に可逆的である。周囲にあるいろいろな大きさのサーフェスは、見る位置が変わるにつれてじょじょに隠されていく。逆に動けばじょじょにあらわれてくる。見えなくなることは、見えてくることの逆である。隠すサーフェスと、隠されるサーフェスは交代する。隠すサーフェスは隠されるサーフェスになり、隠されるサーフェスは隠すサーフェスになる。それはひとつのものがほかのものに変わることとは違う。それは特別な推移である。❖2(七九頁。佐々木の抄訳、以下同)。

「壁の切れ目」について考えてきた。「切れ目」ということばには、そこで壁がなくなるという意味が含まれている。たしかに壁を通過し終えた移動者にとって、「切れ目」は壁が「なくなる」ところである。「切れ目」は壁が「消える」ところである。しかしこれまでの観察は「壁の切れ目」が、壁がただなくなってしまうようなところではないことを示した。

「壁の切れ目」で起こることを「遮蔽」とよぶ。「遮蔽」とは覆うことで「なくなる」ことである。あったものが「なくなる」点では、「遮蔽」と「消える」は同じである。

たとえば壁の一部を覆っていた布が、風でどこかに吹き飛んでいったとする。するといままであった布の後ろの壁があらわれる。この出来事は布の「消失」である。しかし、この出来事を、布が占めていたところを、後ろにあった壁が一気に「覆った」のだということも可能である。つまり布によって隠されていた壁の視覚が、布があったところを「遮蔽」したともいえる。いままで布が遮蔽していた壁が、今度は布があったところを遮蔽したのである。

飛び去った布のあったところを、壁が遮蔽した、といういい方をふつうはしない。しかしこの方法は、視覚表現の技術として用いられている。たとえばアニメーションの画面では、飛び去る布は、画面にある布が、壁によってじょじょに遮蔽されることで表現される。アニメでは、布の「飛散」は、「壁」による「布」の遮蔽である。

アニメでは、あらゆることが遮蔽で表現されている。アニメの画面には実物はない。そこでは物が消えることも、物と物の衝突も起こっていない。画面にはサーフェスのレイアウトしかない。サーフェスのレイアウトに遮蔽が起こるだけである。わたしたちの視覚も同じである。視覚にはサーフェスのレイアウトと、レイアウトに起こる遮蔽しかない。

「消える」と、その反対語の「あらわれる」はこの推移に用いるべきではない。……サーフェスは、存在がなくなることで「消える」が、視界から出てしまうことでも「消える」。二種類の「消える」の意味はまったく違う。蒸発して存在を失うことで消えてしまい、どの観察点にも投映されなくなったサーフェスを、どこかの観察点から見えなくなったサーフェスと混同してはいけない。ここからは見えないサーフェスも、ほかのところに行けば見える。しかし蒸発したサーフェスはどこにいっても見えない。

（七九頁）

消失と遮蔽は異なる。それは遮蔽では同じことを何度も経験できるからである。たとえば、街にあるどの壁でも、壁の切れ目のその向こう側による遮蔽は、そこに行き、壁の切れ目を越えさえすれば何度でも経験できる。逆の方向に移動すれば、いままで覆っていたものが、覆われることも経験できる。遮蔽では覆うものと覆われるものは可逆的である。消失はそうではない。消失は戻すことのできない、ただ一回限りの出来事である。

遮蔽は、覆うサーフェスと覆われるサーフェスに起こる。どの壁際でも起こっている遮蔽は、壁と壁の向こう側のレイアウトに起こる推移である。レイアウトの推移にある不変が、遮蔽が可逆的であることを可能にしている。街中にあるどの遮蔽の推移にも、そこだけで起こっている変わらないことが見えている。

ギブソンは遮蔽にある推移に視覚の原理を見出した。小さなもののかたちから、街全体の景色まで、すべての視覚情報は遮蔽の縁(オクリューディング・エッジ)にある。

遮蔽の縁に見える視覚の単位をギブソンは「眺め(ヴィスタ)」とよんだ。

動物もヒトも住んでいるところに定位する。……目的地まで、たくさんのルートがあっても、その中の最短の道を行くことができる。……ここから、いくつもの場所を指し示すことができる。壁やサーフェスに隠れている場所を、ここから指示できる。

迷路の通路、家の中の部屋、街の道、郊外の谷は、それぞれひとつの場所である。それらはひとつの眺めであり、半ば囲まれて、半ば開けているところであり、隠されていないサーフェスの集合である。「ここ」は点ではない。「ここ」には広がりがある。「ここ」からは、場所の眺めが見える。そして眺めはつながっている。ひとつの道の終わりには、つぎの道が開けている。ドアの縁では、つぎの部屋が開けている。街路の角に、つぎの道が開けている。丘の頂きから、谷が開ける。ある場所からつぎの場所へ行くと、前に眺めが開けて、後ろで眺めが閉じる。迷路や建物のたてこんだところでは眺めを選ばなければならない。隠されているところまで行くためには、つぎにどの眺めが開けるのか、どの遮蔽の縁が目的地を隠しているところなのかを見きわめる必要がある。区切れ目なくつながり、行ったり戻ったりできる一群の眺めの推移にあるひとつの眺めが、つぎの眺めを導いている。たくさんの建物で隠されている場所では、すべての眺めのどれもが、そこだけにしかない見えである。……それは迷路にある、どこも同じで特徴のない眺めとは違う。まったく同じということは動物が住んでいるところにはない。だからすべての眺めが「ランドマーク」なのである。

（一九八頁）

目的地までの道を探して移動していると、やがて眺めに秩序がもたらされる。家は全体としてどのようなところなのか、街は全体としてどのようなところなのか、住んでいるところのすべてを知ることができる。隠されている眺めと、隠している眺めがひとつのまとまりになる。その時、ヒトは、たくさんの建物の下に、地平線まで続く地面を、それを隠している建物と同時に知覚する。ヒトは環境に定位する。それは鳥瞰図を持つことではなく、あらゆるところに同時にいることである。

（一九八－一九九頁）

ひとつの眺めはそこにあるだけでほかにはない。ひとつの眺めとほかの眺めのつながりは、そこだけにしかない推移である。移動は、このユニークなつながりを探り続けている。ひとつの眺めと、それに隣合う眺めは、移動することで可逆的な推移としてつなげられ、そこだけにしかない隣合いになる。あらゆる眺めが移動によって、順序を与えられる。

眺めは半ば開き、半ば閉じている。そのことが眺めをランドマークにする。眺めのつながりをランドマークにすることで環境に定位できる。移動者は、どこからきたのか、いまどこにいるのか、これからどこに行くのかを知るようになる。

すべての場所を、その場所にしているのは遮蔽である。遮蔽は、遮蔽をどこまでも包み込んでいる。遮蔽の包摂(インクルージョン)が、いまは隠されているすべてのところへの定位を与えている。

近くを歩く

二年半前に転居してきた。朝、ドアを開けて道に出る。すぐに急な坂を降りる。下にある家並みを見下ろして歩く。坂の下で小道に入ると、右に中学校の校庭が開けている。そのさきのバス通りを越えて、斜めの小道を歩き、左に曲がる。小ぶりの並木のある遊歩道が開けてくる。遊歩道の途中で右に曲がり、ガードレールのある狭い歩道に入る。しばらく行くと、右に寺の東門が見えてくる。その奥に境内の森が広がっている。境内に入り石を敷いた小道をたどって駅に向かっている正門を出る。両側に大木のある参道を歩いて駅に着く。

どの場所にも、いま見えるところと、それが隠しているところがある。歩いて行けば、隠されていた眺めが開けてくる。後ろでは、いままで見えていた眺めが閉じている。駅から家まで歩いて帰る時には、逆の眺めが順に開けて、後ろで閉じる。散歩で、周囲のいくつもの道を歩いて、そこにある可逆的遮蔽をずいぶんと経験した。駅まで多様な経路で行くことができるようになった。

すべての道を歩いたわけではない。よく知っている道に並行する、数本さきの、道にはじめて行った。知らない建物が並んで、公園や古い塀など、見たことのない眺めが開けた。はじめての眺めの推移に囲まれて、いまどこにいるかわからなくなった。見上げると、高い樹々の先端が見えた。いつもの寺の森なのかどうか、あわてて移動を速めた。しばらく歩いて、道の縁に、見たことのある眺めが広がった。
こんなことを繰り返して歩いて、住むところの周辺が、ひとつのまとまりになりはじめている。どこに住んでいるのか、だいぶわかったような気になっている。

❖1……伊藤精英「場や出来事を聴く」『現代思想』二五巻一二号(一一月号)、青土社、一九九七年、一四四―一五三頁。

❖2……Gibson, J. J., *The Ecological Approach to Visual Perception*. LEA, 1979.→Houghton Mifflin Company, 1979.〔邦訳〕J・J・ギブソン『生態学的視覚論――ヒトの知覚世界を探る』古崎敬他訳、サイエンス社、一九八五年。()内は原著の頁数で筆者の抄訳である。

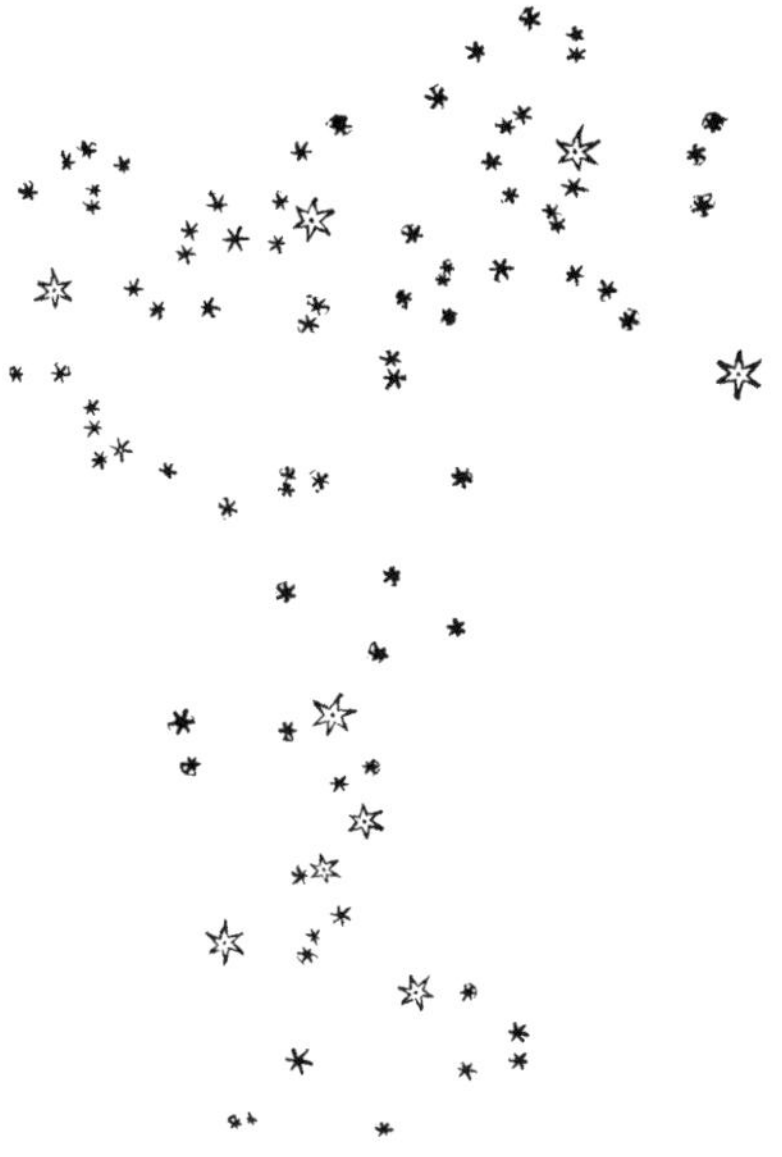

第7章

フレデリック・ワイズマンの視覚

『視覚障害』の意識

1 視覚障害

ドキュメンタリー『視覚障害』の主題のひとつは移動である。冒頭から全盲とよばれる、光の感覚を持たないだろう、視覚障害者七人の移動が相次いで画面にあらわれる。とくに見逃せない所をゴチック体で記し、対応するスチールを示して、彼らの移動の特徴を追ってみる。

❶

アラバマ州のカーレース場。アラバマ盲と聾の学校・盲部門のブラスバンド部が招かれて演奏する。部員は、大型スクールバスの横を、後ろから前へ歩いて演奏の場所へ向かう。赤いジャケツに黒タイで正装したひとりの青年。**バスの左側ぎりぎり横を、まっすぐに歩いて行く**。半ばで、**車体に右手指がかすかにふれる**［写真a］。**三度ふれてから、指が車体をしばらくなでた**（写真左上の数字は上映開始からの経過時間）。

❷

アラバマ盲聾学校の前庭。もじゃもじゃ髪の白人男児。「来て！」と誰かをよびながら、すべり台のはしごをひとりで登る。登りきって「誰かキャッチして」といいながら、すべり台の頂上にしばらく座り、周囲や下方向をうかがっている。やがて**頭と背中の全体を台につけてすべり降りる**[写真b]。すぐ立ち上がり、もう一度はしごに戻るが、途中にやぐら状のブランコの鉄柱が立っている。**棒のそばに来ると、幼児は両手を大きく上にあげ**[写真c]、**ゆっくり降ろしながら、一本の鉄柱を両手で包むように握る。**そのコントロールされた軌道から両手の動きが棒の位置を知っていること、つまり、いつもこの棒に触ってから、すべり台のはしごに戻っていることがわかる。棒に触ってからはしごに戻ることは、すべり台遊びのルーティンの一部なのだろう。さらにもう一本のブランコの柱にも触り、はしごに戻り、二度目も頭と背を全部つけてすべる。さっきよりずっと速い。

写真a…01:00:54:07

❸

クリスとよばれる金髪男児。ゆっくり、よろよろと、左右に揺れ、風に吹かれるように庭を歩いて女性教師の方へ行く。教師の両脚に抱き付く。「(わたしを)見つけられると思った。お日様感じる」と教師。クリスは教師をはなれ、**レンガ壁の校舎まで歩き、壁に向かって立つ。壁にふれているようだ**[写真d]。ここがクリスの庭での定位置である様子。「クリス。みんなは消防車で遊んでいるわよ」と教師が移動をうながす。クリスは、またふらふらと不安定な姿勢で教師について行く。庭の中央に枝

写真b…01:13:25:13

写真c…01:13:33:14

写真d…01:15:50:28

を広げた低い樹木があった。**手が葉にふれる。とげがあったのだろう、クリスは手を引っ込める**［写真e］。この木は広い庭の中で「島」のような目印なのだろう。さらに庭を歩いて行く。低速で不安定だがなぜか周囲とつながっている制御された移動。

校庭のシーン終了。

❹

六名の小学生が校舎内の廊下の端を歩いている。男女は半々。**間隔をあけずに並んで壁際を歩く**［写真f］。彼らの身体がふれ合っているかどうかはわからない。廊下の中央では女性教師がガイドしている。最後尾の女児が廊下の端の溝に落ちる。

❺

金髪の男児ジェイソン。この日は算数ドリルがよくできた。「一階（の先生）に見せに行く。ひとりで行く」と歩きはじめる。**出口ドアの数歩前でドアノブの方へ手を伸ばす**［写真g］。ノブの位置を知っている。廊下では右壁に手をふれる。移動中ずっとふれているわけではない。**右手を壁にかざして歩くこともある**［写真h］。そのようにして壁を感じている。廊下で教師に話し掛けられ、答案を見せる。その時

写真e…01:16:48:12

写真f…01:19:56:09

写真g…01:20:36:23

写真h…01:20:54:26

写真i…01:21:21:28

は一度壁からはなれるが移動を開始する時にはまず壁にふれる。階段を降りる。**降り際に部屋出口のドアの枠を右手で少しふれて確認する**[写真i]。手すりを右手で掴みながら階段を降りる。踊り場では壁にずっとふれ続ける。降りたところで教師に会う。「すごいわジェイソン。答案を持ってるの」。答案を教師に見せる。「どこに行くの」「ウイリアムス先生のところ」。また歩きはじめる。左へ直角に曲る。**廊下のヒーターもたしかめるように触って行く**[写真j]。一階の部屋に到着。入口のそばの教師にハグされる。「すごいわ」、「足し算と引き算ではじめてAをもらったのね」。奥にいるウイリアムス先生。「すごい。とてもうれしいわ」。一階の先生たちへの報告が終わり二階へ。**一階部屋の出口に向かう時、何にも触らずに、直接方向を取る**[写真k]。部屋と、その出口との配置をよく知っているようだ。**階段にアプローチする時も手掛かりなしで、廊下のちょうど真ん中を歩いて行く**[写真l]。両側の壁からの距離を音で聞いているのだろう。手すりを掴んで階段を上る。**上る前に手すりの縁にふれ確認**[写真m]。上りきったところにある二階廊下真ん中の柱に手でふれ、迂回して越

写真j…01:22:30:05

写真k…01:23:17:18

写真l…01:23:32:19

写真m…01:23:41:15

写真n…01:24:31:12

える。これも予期的な移動。二階の部屋。**入口で柱の部屋へのアプローチは端からではなく直接廊下の真ん中から[写真n]縁に触る[写真o]。**教師の声。「ジェイソンひとりで歩けたの、うれしいわ」。ジェイソンは**部屋入口そばの机に座っていた女児のほおに[写真p]、つぎにその女児の座っている机の角に触れる[写真q]。**ソフトなタッチであいさつと場所確認。答案を棚に戻す。

四分五〇秒の長い移動だった。ジェイソンはいつも「壁」にふれている必要はない。移動の方向を転換する時、何にもふれずにアプローチして、そこで柱の縁、角などに少しふれる。それで経路を確認している。

❻

帰宅する少女。大きなリュックサックを背負っている。壁際を移動中に教師が声を掛けて指示すると、正確に直角で回る。左を向く。そのまままっすぐ廊下を渡るとそこがちょうど出口だった。ドアノブを押して外に出る。

❼

杖を使いはじめの女児の屋内移動練習。女教師が覆いかぶさるようにして声を掛け、杖さきをガイド。廊下の壁際を、置かれている物に順にふれながら移動。ベンチに触る。「これはどこにあるベンチ」と教師が聞く。「わからない」と女児、「少し探してみましょう」と教師。壁の隅角、壁の切れ目、そこから床に貼ってある絨毯、桟のあるガラスドアと、わずか数十センチの距離に並んでいる特徴を、手と杖でしっかり確認する。「これはどこに行くドア?」と教師。「体育館、裏、男の子の寮」。「外に行って何があるか調べてみる?」。いったん外に出てまた屋内に入る。**壁の切れ目[写真r]にくる。**縁の向こう側の廊下の音を聞く。「ここはどこ?」と教師、「ランドリールーム……あれがあるから……ドライヤー(乾燥機)」、「校舎にドライヤーはある?……ないわよ。ほかに何があるかな?」。音の方向を探して行く。大人用の高い冷水器を発見。「では低い冷水器まで連れてって」と二階へ。階段を探す。音楽が聞こえてくる教室のドアの外で「何が聞こえる?」。「キャンベル先生の部屋」。階段を上り、こども用冷水器を発見。さまざまな物や音を発見しながら、校舎全体という流れを経験する。ゴールを指定して、そこまでにあることをたしかめていく練習。

かなり長く撮影しただろう盲学校のフィルムから、ワイズマンはまず移動を選んだ。その映像には、視覚障害者の移動だけにある細部が満ちている。ゴチックで示したように、カメラはそこをていねいに抽出している。画面には光、つまり視覚を使って移動している者は、おそらくは誰も知らないこと、反対にひとりで移動しているような視覚障害者ならば、確実に知っているだろう、音や接触のディテールが示されている。はじめは見逃してしまうが、『視覚障害』を何度か見ていると、子どもたちの移動が思わぬ環境の性質と接触していることに驚く。そして、かすかなことに思える周囲を発見し、柔軟に動きながら、それらとうまく折り合いをつけて、確実に、どこかへと歩いていく視覚障害者の能力に舌を巻くことになる。

『視覚障害』は、視覚障害者の移動を、冒頭から何種類も画面にたたみ掛けて示すことで、映画を見る者の注意を、移動者

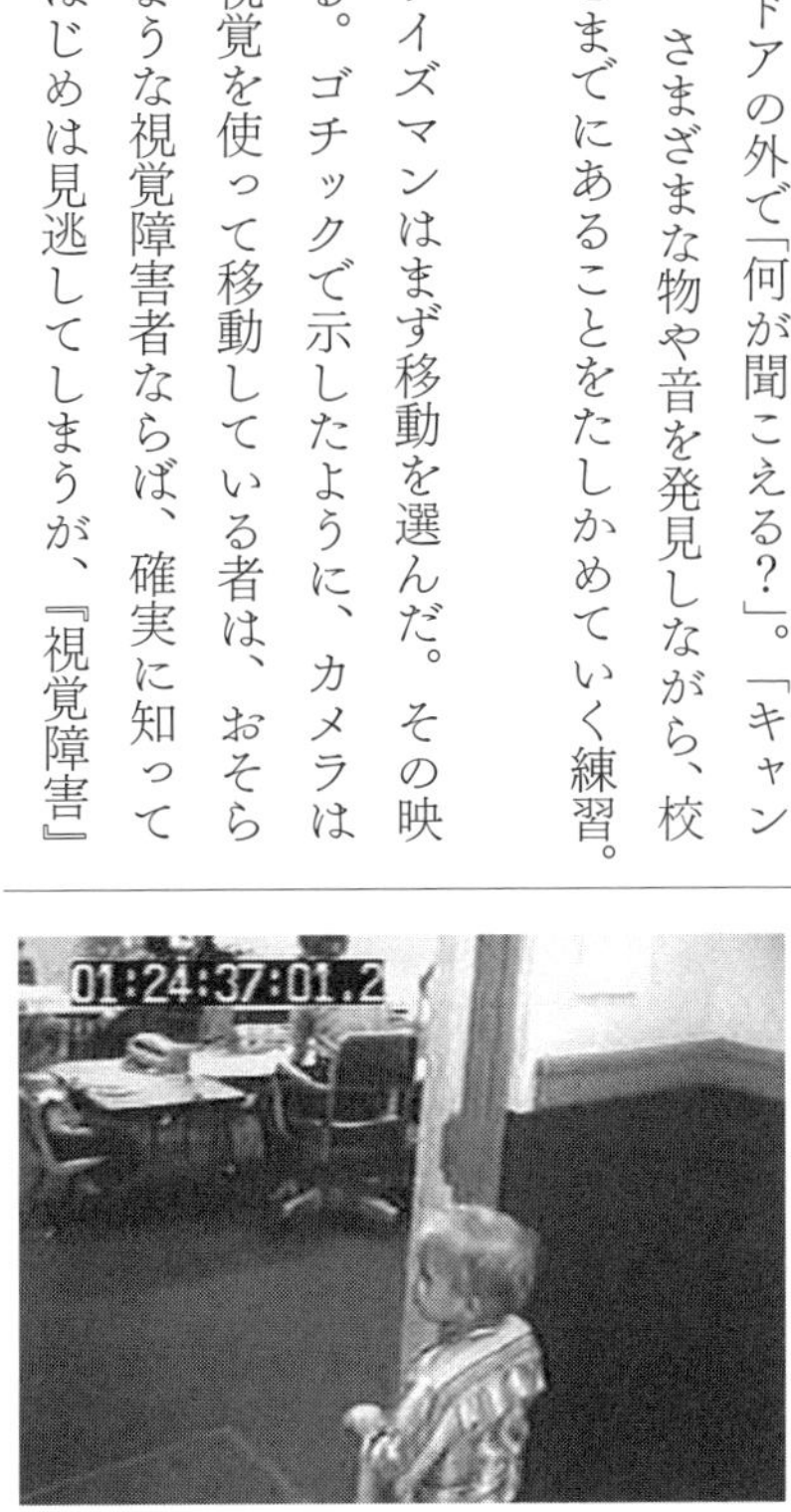

写真o……01:24:37:01

写真p……01:24:44:19

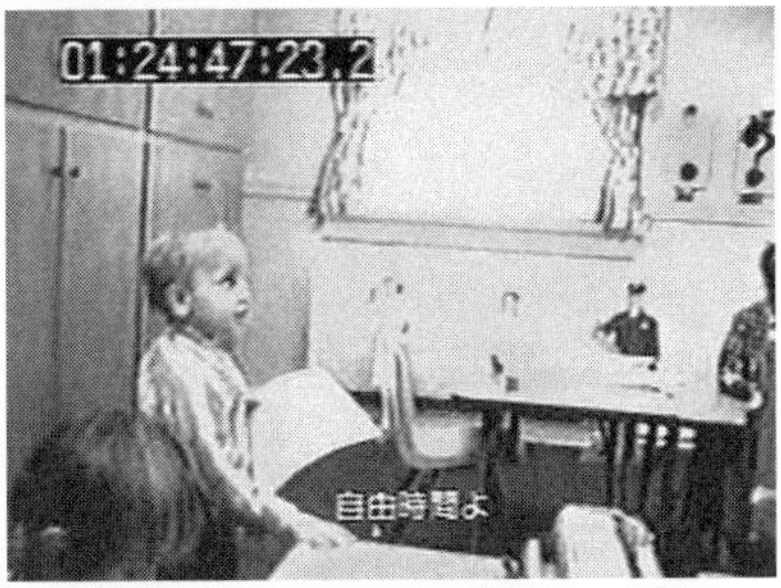

写真q……01:24:47:23

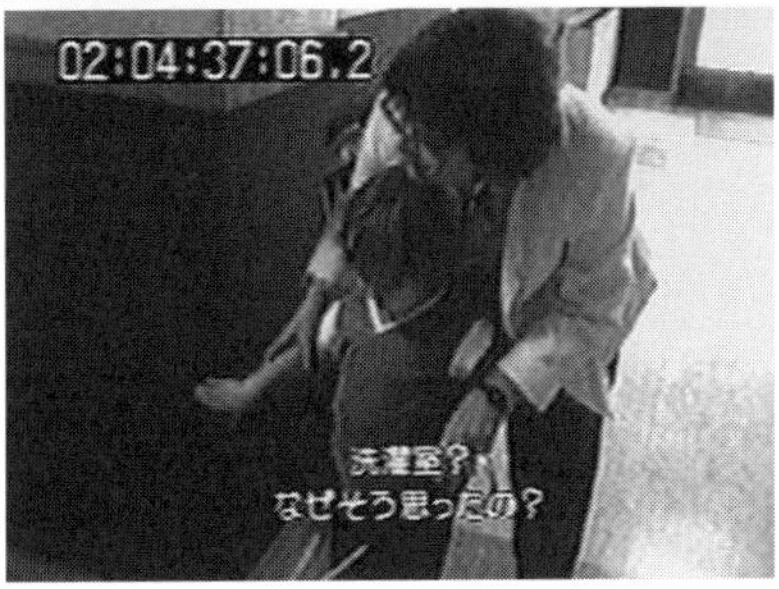

写真r……02:04:37:06

から、その周囲の環境へと少しずらす。移動を包囲していることで、わたしたちが知っていると思っているのは、たいがい視覚の事実である。しかし移動は光以外の周囲にも包囲されている。ワイズマンの画面は、そこへと観客の眼を導いている。

『視覚障害』を見ていると、視野が広がり、「画面の全体」から眼がはなせない感じになる。自分が何を見ているのかは、まだ判然としない。しかしまだ知らない何かが観客の視覚を引きつけはじめる。ワイズマンの映画を見はじめるといつも生ずる、あの感覚。なぜか、空腹の時に見る食卓のように、あらがいがたい視覚の飢えを画面が誘導してくるあの感じが生じてくるのである。

2 視覚障害という意識[1]

移動は意外な濃度を持つ知覚行為である。移動は、これから行くところを望む景色を眺めることであるが、同時にその景色に、流れをつくり出して、それに全身で同調していくことでもある。つくり出された流れは、移動の目標の地、その終了地点まで、たしかにどこに向かっているかを示し続ける。この移動にともなう流れは、ヒトが日々経験する、「複雑なこと」のひとつである。

路面には、模様や段差がある。アスファルトで平坦に固められた道でも、そこにあるわずかな凹凸や傾斜やうねりを無視して歩くことはできない。路面の流れに移動が「乗っている」ことを忘れた時、そこにあるほんのわずかな凹凸で、足首を容赦なく捻ることになる。ヒトはいつも油断なく視覚の下半分で路面の景色の流れをなぞっている。

道の両側に、ほぼ直角に立ち上がっている、家並みの見えも、移動とともに流れている。移動するとひとつの家の壁が、それに隣合う家の壁によってしだいに隠されていく。この比較的大きな表面に由来する色やキメの変化には、より小さな流れがたくさん埋め込まれている。たとえば、ある家を構成する窓と、柱と、入口の隙間と、庭の植栽と……、家の側面のレイアウトをつくっているものすべてのあいだに起こる遮蔽。移動すると、後ろにある流れが、前にある流れに覆われていく。見えてくることがつぎつぎと湧き立つ水流のようにあらわれ、過ぎ去る景色を蔽う。景色と景色のあいだに起こる遮蔽。それが、移動者を包囲する視覚の出来事である。

移動者はこの光の流れについて、考えたり、思い起こすことはできない。ふつうはそんなものに全身が包囲されて、移動が進んでいることには気が付かない。しかし、たとえば慣れ親しんでいる場所で、移動を取り囲んでいる景色の流れに、ほんのわずかの、いつもとは異なることが紛れ込むような時には、それは見逃さない。全身はすぐに違和感に包囲される。そして見回して、近隣の家の生垣のかたちが変えられたことを、路上の縁石から生え出ていた雑草がすっかり抜き取られたことを、電柱に貼られていたあの広告面の色が、昨日の大雨ですっかり変わってしまったことを、いつも閉め切られているあの部屋のブラインドが、今日は、光を得るためだろう、少しだけ、その矢羽の角度を上げていることを発見する。移動は包囲の中のそれらの小さな変化を見逃さない。それら、日々起こるわずかな変化と、その変化をのみ込んで流れている持続する大きな変わらないことが、移動をすっぽりと包囲している。それらが、移動に、臨機応変に変更することと、安心して、いつもの移動を反復することの両方を与えている。不安定と安定、変化と不変の両者がそろって移動を制御している。

模写した者にしかわからない絵画の視覚。模刻した者にしかわからない彫刻の視覚。そういう細密な視覚的出来事が移動によってもあらわれ、移動はそれに支えられて可能になっている。生まれてから何年も掛けて、ヒトはそういうディテールに満ちたことの扱い方を知る。

繰り返すが、移動者はこの流れの視覚的事実のすべてについて、考えたり、思い出したり、話したりできない。そんなものに全身が包囲されて移動が進んでいることにふつうは気が付いていない。

そして何かが起こり移動のモードを変えざるを得ない時に、まさにこの微細な流れが意識の中心になる。

ここで意識とよぶのは、「こころの中」の自覚・内省(コンシャスネス)のことではない。意識(アウェアネス)は、いつも周囲に張り巡らせている注意のモードである。それは周囲のキメと一体に生じること、全身のすべての動きと周囲の変化とが出会うことで生じることである。意識とは、環境と全身のふれさせ方、接触によってあらわれてくる環境の流れを持続させる身体技法のことである。それは周囲と身体が渾然と一体になった出来事である。

視覚障害がもたらすのは、こうした意識の大きな変化である。視覚障害とは、意識のモードを変えるチャンスである。

ワイズマンの『視覚障害』で、盲人たちは、意識のモードを変えつつある。彼らは、意識の新しい相を探る特別な移動者として画面に登場している。移動のモードが、光から、光以外の周囲へと移行する時、視覚障害者は、特別な環境のキメを使いはじめる。環境についての新しい予期のしかたを動きに獲得する。ワイズマンのカメラが執拗に追っているのはそこである。

視覚障害が獲得することになる新しい意識モードは、どのようなものなのか、盲人へのインタビューから具体例を以下に示す。❖2 いくつかの発見があった。第一は、周囲に何かがあるという根本的な意識にかかわることである。

事例1

インタビュー時三〇歳のAは、一三歳で先天性緑内障を手術し、光の感覚を失った。退院して、中学校に戻った。その記憶について以下のように述べた(本書第8章にAとの長い対話がある)。

失明してから4か月くらいで学校に復帰したんですけど、……既知の空間という感じはしなかったです。……距離感が掴めない。広がりがないんですよね、遠くへ向かって。近距離にあるものはわかるけれども、距離が離れたものはどうもよくわからない。…… どっちにいったら何があるんだというのが、どうもうまくつかめないという感じですね。……部屋からも出られない。以前、見えていた時に使っていた教室にもかかわらず。窓があるか、壁があるかというのは、反響のしかたでわかるようになると思うのですが、そういう感覚が身についていない……。(壁などが)思いがけないところにあるという感じです。……混沌としてるって感じ。(そのうち)予期が効いてくる。自分の動きと、聞こえているものとか、触っているものとかの関係がわかってくる。どのくらい(そこに)近づけるというのがわかってくる。……そんなに劇的に変わらない。ただ、一年たったらだいぶ違っていたような気がします。……そのまま直進して壁にボンとぶつからないで、曲り角でも曲がれる、もしくは止まれる。圧迫感がわかってきた。

彼が想起しているのは、環境を「再獲得」しはじめた時に、新しい意識が活動をはじめたことの鮮明な経験である。

事例2

視覚障害になることは、周囲との接続の仕方が変わることである。変化のひとつが、環境のキメの意識に起こる。二歳で失明した、インタビュー時三一歳のB。視覚記憶はまったく持たない、という。単独歩行時の地面との接触について以下のように話しはじめた。

（足の裏が道を踏みしめた時に）ちょっとしたでこぼことか、ズレとか歪みとかということを、たぶんおぼえている……道路の端を歩いていると、端というのはこういうふうに下に切れてますよね。そういう切れている感じが違っているとか、それからどぶ板が、ちょっとそこは上に上がって出っぱっているとかいう、そういう踏んだ時の感じをかなりおぼえてる……

ここまで聞いて、唐突だったが自宅から最寄り駅までの路面で足が接触することを話してもらった。準備なしに想起はすぐ開始した。

えーと、……家の敷地……出たところから五メートルぐらいかな、……板がずっと敷いてあるんですね。で……その三枚目辺りはちょっと右側にズレてるので……そこのところでちょっと……右側へ行かないと、障害物に足がぶつかるかなというところがあったり。それから五枚目辺りはちょっと欠けているので、すぐストンと右足が落ちてしまうような感じのところもあったり。その向こうは、今度は家庭用の浄化槽用のマンホールがあって……いつも踏んでいる……そこを通過すると……ほんのちょっとですけれども、ちょっと高くなっても感じのところがあって、そしてコンクリートに出るんですね。出たところからはちょっと下がるんですね。で、そこ……からは、農業用水になっている……二枚の板を真ん中で合わせたようなかたちになってるんです。……これ……踏みしめると少し音がするんです。そういうものが一、二、三。みっつありますね。で、みっつ終わったところで、その道路を向こう側へ渡って、渡ったところには少しどぶ板がずっと並んでるんですが、そこからはちょっと上りになってますね。

Bは路面上に隣接している細部の性質を、足でふれて、確認しながら歩いている。視覚障害者ならだれでもこのような接触経験の細部を思い出せるわけではない。

視覚障害者にはもうひとつの意識の変化が起こる。それは「音」、新しい振動の場の発見である。光の感覚を失い、それでもかまわず移動していると、音の意識が根本的に変化する。光で移動する者は、目標へと続く前方の見えを意識している。もちろん視覚障害者もゴールにいたる情景は意識している。しかし移動する視覚障害者は「前」だけではなく、「横」にも注意を向けるようになる。だから失明によって世界は狭まるのではなくむしろ広がる、と彼らは述べる。移動を横から支えている「壁」の続きかたと変わり方の両方が意識されてくる。「壁」は文字通りに壁のことも、家並みのことも、横の道路を走っている車の音や、街を流れている川の音のこともある。どれもが移動が寄り添う「壁」として使える。視覚障害では移動とは、横に持続する出来事とうまく一体になることでもある。

事例3

インタビュー時二五歳。六歳の時に失明したCは彼女の移動の独特な感じについて以下のように述べた。（ ）内はインタビューアー（盲人）の質問。

白杖のない時はけっこう壁を手掛かりにします。……ふれたり、人がいてふれられない時は皮膚の感覚です。音もそうなのかもしれないけれど、わたしは眼の下の（皮膚）感覚をよく使っているなと思うんです。……眉毛とかおでことかの辺はよく感じないです。眼の下なんです。（壁に近付くと……暖かくなるとか冷たくなるとか空気がなくなるとか、空気がなくなるとか。）閉鎖される感じですね。……何か暖かい感じです。

Cはさらに、壁際を移動している時にあらわれてくる、壁の「切れ目」、交差する道との連結部の「開ける感じ」が特に重要だと述べた。

（壁の切れ目で――開ける感じというのは、……）ああ、開けたという感じ。……突然です。サウナに入って、パッと開けたら涼しい感じがしますよね。そういう感じかな……。トンネルをパッと抜けた時みたいな感じです。……トンネルというのがいちばんいい表現かもしれないです。ちょっとオーバーに「サウナ」とかいったけど、（単に音とかだけじゃないんですね）……絶対、音だけじゃないです。音はたしかによく使ってるけれど。（空気とかもありますよね）気配を感じます。どっちかというと（空気が）軽くなります。……あとわたしの場合は山道とかを登っていて、耳がツーンとなってそれがパッと抜ける時があるじゃないですか。……あの瞬間に似てるかもしれません。あとわたしは耳をふさぐと、真っ暗になった感じがします。本当に眼が見えなくなったような、……耳を聞こえなくしちゃうと、眼の前が真っ暗になった気がします。(一歩も動けないみたいな感じですか)本当に闇に来たという感じがしてしまいます。

さて、繰り返しておこう。意識とは周囲への注意のモードである。周囲への注意のしかた、それが身体化した技法が意識である。意識は人の内側で生ずることではない。意識は周囲とともに生まれてくる。光の感覚を失うことは、その状態ではじめた移動があらわにしてくる周囲とともに、もうひとつの新しい意識を育てることである。視覚障害とはもうひとつの意識の獲得のことである。

ワイズマンのカメラが移動する視覚障害者に追っていたのは、この新しい、誕生したての意識の、うぶな姿である。やがて、それは十分に周囲に張り付き、充実するだろう。視覚障害という意識にはそのようにはじまりがある。カメラを回した盲学校で、ワイズマンは意識のはじまりを執拗に補足している。

ワイズマンの映画は意識に近い。意識とは、わたしたちが全身で環境を知っていく、そして親しんでいく技法のことである。ワイズマンの映画はそれをていねいに抽出している。ワイズマンの映画は、意識の映画なのである。

3　四つの視覚

ワイズマンと同じアメリカの大地に生まれ、これもワイズマンと同じに「視覚」を生涯の仕事にした心理学者がいる。ジェームズ・ギブソンである。視覚について長く研究した後にギブソンは、移動こそが「視覚のエンジン」だといいはじめた。視覚と移動は途切れのないひとつのシステムとして存在している。ふたつはひとつのこととして考えるべきだ。これが彼の唱えたエコロジカルな視覚論の中心にある主張である。だから視覚意識について考えることは移動について考えることになる。

ギブソンは一九七六年の未公刊メモに、移動をベースにすると、視覚意識は五つに分けることができると書いている。[3]

「第一の視覚」は、対面する者の顔、眼、鼻、口、髪の生え際などを、観察者が頭は動かさずに凝視するような時に得られる。「凝視」というのは眼前の対象の一部を眼球の動きで「なでまわす」ようなことである。指一本を細かく揺らして物の表面のキメの性質を探る時のように、両眼はかすかに揺れながら対面する小部分を見続ける。そういうことだけでしか得られない視覚がある。わたしたちは、時に、誰かの眼を凝視し、そこに意図、気力、動機、知性などとよばれていることを見ている。この第一の視覚の意識が映画の視覚にとっても重要であることはいうまでもない。

しかし何かの理由で頭を固定しておかなければならない場合を除いて、視覚がこの第一のレベルに留まることはまれである。何かを見ていると頭は自然に上下左右へ動きはじめる。たとえば絵画を見ていると、視覚はいつの間にか絵画の掛かっている絵の横の壁の模様を見ている。部屋の中をゆっくりと飛んできた小さな虫の飛翔を追っている。誰かの足音が気になって振り向く。頭が動くとそれにつれて胴も動く。頭と胴のつながった動きは、このように周囲にある思いがけないほど多くのことのあいだを絶え間なく推移している。これが、「第二の視覚」である。胴と頭と眼がひとつの器官として動くことで得られる、身体を取り囲んでること全体への意識である。わたしたちが常に多数のことに包囲されていることをたしかめて続けている視覚である。

ヒトはいつまでもひとつのところに留まってはいられない。壁が隠している向こう側、入口のドアを開けた時に見えてくる場所、角を曲がるとあらわれてくるつぎの道、そのさきの広場、いつも通過する街、近くの駅……。ヒトはそういうところを繰り返し歩いている。家の中を、家の周辺を、仕事場までの道を、それらを囲いさらに広がっているところを、ヒトはいつも移動している。このせいぜい数時間の移動で得られることが「第三の視覚」である。それは、「わたしはここで暮らしている」ということを移動者は常に示している。濃密な親しさの中心にある「わたしの家」から、無定形に滲み出すように拡張して存在する「近隣」の意識である。

何度も見ているのに十分に分節化されていないこの見えの流れは、「家に帰る時、いつもあの角を曲がる辺りで、わたしはポケットに家の鍵を探している」などと気付いた時に、あるいは旅からの帰路に、身体の緊張がゆるみはじめていることに気付いた時に、たしかに見ていることである。それが第三の視覚、「近さ」、「親しさ」、「反復」、「停留」、「習慣」の意識である。

そしてヒトの移動は時にこの第三の視覚を越える。ヒトは「旅」とよばれることをはじめる。それは遠くへ移動して、近くて親しみのある視覚の外へと出ることである。第三の視覚には「いまどこにいる」という感覚がいつもあるが、旅ではそれが欠けている。だから旅の視覚は常に「どこから来て、どこに向かっているか」に強く注意している。背後の通過してきた道、前方の道、そこからわかれる道。旅ではその分岐部のすべてが強い動機の場所となる。ヒトはわかれ目ごとに選択を強いられる。

旅では、出会うヒトの表情、身ぶり、衣服、歩き方、声、人びとの集団が行っていることのすべてを見過ごすことができない。家や街のつくり、食べ物の扱い方、酒の色、川、山、樹、岩、気象、それらのすべてが新しい。旅の移動は居住する地域での移動とは異質な経験をもたらす。その時に「第四の視覚」が得られる。

第四の視覚は、つねに「ここがどこか」を探り続けている。歩いてきた道を振り返り、これから行くだろう道を見渡して、道と道とのつながりを確認している。それでも時々「いまどこにいるのか」の感覚が失われ、移動を導いてきた道の網目が場の力を失うことがある。ヒトはそんな時、ほかのヒトに道を訊ねる。そして他者のことばはいま見えている景色にまったく異なる「顔」を与えることになる。訊ねられたヒトは「絵」を描くかもしれない。絵にはランドマークが描かれるかもしれない。それは上空から旅先を一望したものであるかもしれない。わたしたちはその絵をとくに「地図」とよぶ。

第四の視覚はこのように、「第五視覚」である「環境全体の視覚」を介入させることがある。

4 ワイズマンの視覚

いうまでもないが、ワイズマンの視覚には、第一の視覚も第二の視覚も存在する。カメラは対象を凝視する。「精神病院」を描いた最初の作品『チチカット・フォーリーズ』(一九六七)の冒頭に登場する若い性犯罪者。自分の娘まで餌食にしてしまったその男の、忘れられない、甘くとろけるような眼。演説し続ける狂気痩軀の老人の顔。独房に入って行く男の大きな背。それらをカメラは穴を覗き込むように長く追っている。ワイズマンはどこでも第一の視覚を探っている。そしてカメラはパンして周囲を見回す。そして移動する。画面には豊富な第二の視覚がある。しかしワイズマンの映画にこれまで述べてきた四種の視覚のすべてがあるわけではない。ワイズマンの画面には第三の視覚、近隣の意識が欠けている。

ワイズマンの画面は「近さ」や「親しみ」という視覚を映し出さない。彼の映画にあるのは、いつも「遠出の視覚」である。それは遠くまで行って、第三の視覚からはなれられた時に、わたしたちを包囲してくる第四の視覚である。

映画は、映画を見ているわたしの視覚ではもちろんない。それはどこかで移動したカメラが撮った視覚であり、編集者がそこから切り取りつないだ視覚である。だからどの映画も原理的には未知の視覚である。しかし、だからといって映画の視覚がいつも第三の「親しみ」の視覚を欠いているわけではない。

たとえば「家族のドラマ」が描かれる映画では、最初から第三の視覚が画面にあらわれることもまれではない。あるいは「近さ」や「親しさ」の視覚からカメラが抜け出して、第四の視覚へと入って行くところが画面にあらわれることもよくあるだろう。ドラマが日々の生活から旅へと移行したことをその視覚の変化は示すだろう。

ロードムービーとよばれている、第四の視覚ばかりにあふれているはずの旅の映画にも、ふつうは第三の視覚が侵入しているだろう。旅にも停留がある。旅人がどこかに滞在する時、わたしたちははじめは第四の視覚だった、あの「見たことのない」景色が、第三の視覚の「親しさ」を持ちはじめていくことを見る。ロードムービーでは、呼吸のようにこの第四と第三の視覚のあいだの移行が反復しているだろう。

しかしワイズマンの映画には第三の視覚がない。映画は徹底的に第四の視覚で埋め尽くされている。ワイズマンのカメラははじめから終わりまで、ここがどこかわからない旅の移動者のように見るべきことを探している。第三の視覚がするように「知っていることを知っている」というしかたで周囲をなぞることはない。いつもはじめての来訪者のように、「知らないこと」ばかりを見ている。ワイズマンの映画はいまそこに到着した来訪者の視覚でつくられている。そこにある視覚は「まだ知らないこと」、「知っているはずなのに知らないように見えること」、「知っているか知らないかわからないこと」、そして「知らないことがいずれわかってくること」ばかりである。移動してきたところになじむことのない滞在者ワイズマンは、第三のように親しく振る舞おうとする視覚を慎重に排除している。滞在したとしても第四の視覚に留まり続けること、その場所の視覚になじまないこと。ワイズマンはそのことを視覚で実践している。❖4

視覚は意識のモードである。映画は視覚による周囲の探索である。映画には周囲とひとつの意識となっている知覚者が、周囲とともに登場する。画面はそれを視覚だけで切り取っている。

映画の画面ではカメラに撮られている知覚者の意識と、画面の視覚の意識が重なっている。映画は視覚に視覚を、意識に意識を埋め込む方法である。わたしたちはワイズマンの画面に、ワイズマンが用意した意識の入れ子を見る。わたしたちはワイズマンの画面の前で、ワイズマンにしかできないだろう、その細部まで露にされた意識の姿と、親しみの視覚を欠いたカメラの視覚の重なりに視覚を捕獲されて、ただ啞然となる。

❖1……本稿で「視覚」と「意識」という用語はほぼ同義である。意識は周囲への注意である。視覚は包囲する光への意識、聴覚は物と物との衝突に由来する振動場への意識、触覚は力学的な皮膚接触で起こるキメの凹凸や、手で持って振った時の「振りにくさ(慣性)」への意識、嗅覚・味覚は空気中の化学的放散場への意識のことである。通常心理学ではこれらの意識は分けて研究されている。しかし、いうまでもなく、あらゆる対象や周囲への意識では光や振動や力学的変化が複合している。部分的に観察できても、自覚や内省が及ばないのは、意識のこの複雑な性質のせいである。しかしこの意識の複合的性質は「美しさ」の基礎である。

❖2……事例2と3の視覚障害者へのインタビュー内容は、本書第6章「遮蔽をこえる」から部分的に引用した。

❖3……ギブソンの未公刊ノートは以下の通り。Gibson,J.J. Five kinds

of knowing（Supplement to note of March 1976）. In Purple Perils: A selection of James J. Gibson's unpublished essays on The Psychology of perception, 1976. https://commons.trincoll.edu/purpleperils/1972-1979/five-kinds-of-knowing-supplement-to-note-of-march-1976/

五つの視覚意識は原文（著者訳を付けた）では以下の通り。

1 Awareness of the facing surfaces in the temporary field of view（立ち止まって正面を見る意識）.

2 Awareness of all the facing surfaces of the surrounding environment（取り囲む面の意識）.

3 Awareness of the facing and the non-facing surface in the relatively near environment（近所まで出掛けて見える面と隠れている面の意識）.

4 Awareness of surfaces in the far environment（遠いところにある面）.

5 Awareness of the general features of the whole environment（すべてのところにあるすべてのことへの意識）.

❖4……いうまでもなく、『視覚障害』は、盲学校のドキュメンタリーであり、視覚障害者の移動にかぶさるようになされる教師たちのことば掛け、点字、レスリングなど身体接触のスポーツ、ほかにもおそらく、この場所に固有の多くのことが画面に示されている。主題は、盲学校という「施設（インスティテューション）」全体である。本稿は、いわばそれらのすべてを、地面のように支えている知覚行為の出来事だけについて書いた。それは多層な「施設」の基底をなしていることだろう。

ワイズマンが選んでいる出来事は、どれもインスティテューション全体を明らかにしていると思える。それは、社会学や心理学など、アカデミックなフィールドの方法が、施設の出来事のひとつの層を薄くはがして（たとえば臓器ごとに解剖するように）、示すことと対比的である。ワイズマンの画面の出来事はインスティテューションの全体を容赦なく露出させている。

第四までの視覚についての議論で示したように、視覚では「ここ」の意識と、「ここの向こう側」や「ここを囲むところ」への意識がいつも同時にある。ワイズマンが、この入れ子の出来事を画面に編集して、どのようにインスティテューション「全体」という視覚に仕立てているのか、もちろんそれがワイズマン映画最大の謎であり、本稿が書き残した問題である。

フレデリック・ワイズマン Frederick Wiseman（1930-）

ドキュメンタリー映画監督。ワイズマンへの長いインタビューと、作品の大部分についての解説は、土本典昭・鈴木一誌編『全貌フレデリック・ワイズマン』（岩波書店 二〇一一）にある。映画批評の蓮實重彦はワイズマンの映画について以下のように述べている。「ワイズマンの映画、これはまず……伴奏的な音楽は絶対に付けない、これが大原則ですね。……ナレーションもまったく入れない。……画面に文字情報というものを人工的には入れない。……単に被写体に向けられたカメラ、それが映しとったイメージを編集によってつなげていくだけ。……ある一つのコミュニティを描き、そのコミュニティがどのように機能しているかというのを彼自身が学びつつ、その学んだことがわれわれにわかるように提示している。あらかじめ、あらゆることを理解した上で、われわれに理解させようと思って撮っているわけではないんです。彼は自ら学びつつ、その学んでいる瞬間瞬間をわれわれに同時に体験させてくれる、という点で、ある意味では高みに立って物事を判断する人ではない。われわれと同時に事態の分析をしていく人であるわけです。……まさに眼の前に起こっていることを、彼は、事態はこのように推移しているのだということを、カメラによって、或いは録音テープによってたしかめつつ、それをわれわれに見せてくれる……。」蓮実重彦「フレデリック・ワイズマン／人間観察の極意」金沢21世紀美術館金沢コミュニティシネマ上映会講演記録

第8章

伊藤精英×佐々木正人

ノイズに意味が埋まっている

盲人の生活聴力

失明後、音の環境とどうつながったか

佐々木　音の世界で長く生活をしてきて、その奥行きと密度を経験し、生態音響学者として、世界でも例のないユニークな研究をしている伊藤精英さんから、盲人の住む音の世界について、いろいろ教えて頂ければと思います。

随分以前にも、伊藤さんにインタビューしたことがあります。伊藤さんは一四歳の頃に網膜剥離の手術を受けた。術後しばらく入院した後、当時通っていた学校に戻った。その時のお話を、ちょっと引用します。

失明してから4か月くらいで学校に復帰したんですけど、……既知の空間という感じはしなかったです。……距離感が掴めない。広がりがないんですよね、遠くへ向って。近距離にあるものはわかるけれども、距離が離れたものはどうもよくわからない。……どっちにいったら何があるんだというのが、どうもうまくつかめないという感じですね。……部屋からも出られない。以前、見えていたときに使っていた教室にもかかわらず。窓があるか、壁があるかというのは、反響のしかたでわかるようになると思うのですが、そういう感覚が身についていない……。(壁などが)思いがけないところにあるという感じです。ぶつかるという予期ができない。突然あらわれたという感じ。……混沌としてる感じ。(そのうちに)予期が効いてくる。自分の動きと、聞こえているものとか、さわっているものとかの関係がわかってくる。どのくらい(そこに)近づけるかというのがわかってくる。……そんなに劇的に変わらない。ただ、一年たったらだいぶ違っていたような気がします。……そのまま直進して壁にボンとぶつからないで、曲がり角でも曲れる、もしくは止まれる。圧迫感がわかってきた。

(本書第7章、一三五ページから)

この話を伺った時、ぼくは自分が小学五年生の時に、プールではじめて浮けた時のことを思い出しました。その日はたしかに水の中が前とは違うところになったと感じた。失明者リハビリの専門家の中には、盲人が音で周囲とつながる感じを持っているかどうかは、歩くすがたを見ればすぐわかる、という人もいますね。

さて、まずお聞きしたいのは、失明後に獲得した、この「音の環境と一体になる感覚」といいますか、音の環境を知ることは、たとえば泳ぎのように一度できるようになれば、生涯変わらず続くのでしょうか。揺らぐようなことはありますか。またその時の情報はどんなものですか。伊藤さんが研究されている生態音響学(エコロジカル・アコースティック)では、この辺りのことはどこまでわかっていますか?

伊藤　まず、生涯続きますかという質問ですが、まだ生きているので(笑)、これは命がなくなってみないとわからないですね。仮説としては、かつてわたしを取り巻く音の環境が「みえてきた」のと同様に、今後、加齢によって変容しうると思います。盲人の「聞こえ」の加齢による影響については、わたしたちにとって重大な研究課題ですが、まだほとんど手を付けられていないようです。

佐々木さんはさきほど、「音の環境と一体になる感覚」と表現しました。しかし、「一体感」とは異なると思うのです。佐々木さんがいみじくも例としてあげた、泳ぐという行為は、「水と一体になること」ではないと思います。陸上生物である人は歩けるからといって、地面との一体感はありませんよね。陸上で移動することに特化した人間にとって、水中は異常な環境ですよね。少なくとも泳げるようになるまでは。同じことが失明直後の盲人にもいえるのではないでしょうか?

つまり、音環境、視覚のない音だけの世界は人にとって異常な状況です。水中に入れられると、人は何とかして浮こうとします。その結果、遊泳行動を獲得する。同様に、突然視覚を失った人は、何とかして環境とつながろうとします。その結果として、人が音環境とのつながり方を獲得する。つながり方とは、たとえば、音源との距離の変化を知覚できるようになったり、反射音による壁面や物体などの非発音体の定位が可能になったりするということですね。

別の例を出しましょう。夜空を見上げると、多数の星の煌《きら》めきを見ることができますね。それらの星は太陽のような恒星であり、その周囲には惑星があるかもしれません。しかし、肉眼ではただいくつもの星が光っているとしか見えません。視覚を失った直後の人は、地球上から見る星の散らばりのような音環境を「みる」のです。どの星が自分に近くて、どの星が遠いのかという、星どうしの遠近感はわかりませんよね。それと同じ感じです。音環境とのつながり方を獲得すると、音源との距離感や非音源の存在を知覚する参照枠ができてくるのだと思います。

ひとつ視覚的な例をあげます。小さな車があって、それを見ている人がいるとします。その車の周囲には何もなく、仮に、背景が青一色だとしましょう。上も下も青い背景です。そうすると、ひとつの車の絵の周囲は視覚的に均一ですよね。それを人が見たとすると、見ている観察者から車までの距離は掴みにくいのではないでしょうか?

この例を音の研究に置き換えてみます。無響室という、周囲に反射する物体がない実験室にぽつんとひとつ音波を出す装置(たとえばスピーカー)を置いて、その装置から出てくる音波を聴取者が聞くという実験状況をつくります。そのような状況下で、音波を出している装置との距離や方向をどれだけ特定できるか、あるいは、音波の性質と音の大きさや高さの感覚とがどのような関係にあるのかを調べようとしてきました。ここで注目すべきは、自然科学の厳密性、客観的、再現可能性を重視してきたため、日常的に存在する音源ではなく音波を出す装置を用いてきたということです。自然界にある音源からの音を厳密に制御することは不可能ですからね。そのような研究から伝統的な音響心理学ははじまっています。

それに対して、わたしの専門である生態音響学では、アメリカの知覚心理学者、ジェームズ・ギブソンが、彼の提唱した生態光学において、「情報は光の中にある」と考えたことにならって、情報は光の中にある、という前提から出発します。そして、音の中にある情報は、その音波の源の性質を特定するはずだ、という仮説でいくつかの研究がされてきました。また、音源が聴取者の行動を特定する音響情報に関する研究もされています。たとえば、グラスの中に水が溜まっていくと「ジャボジャボジャボ」という音がだんだん高くなって行きますね。そのような「グラスの中に水が溜まる」というイベント(出来事)によってあらわれるピッチ変化という音響情報が、グラスから水があふれるのを防ぐ行動を可能にしていることが明らかになっています。しかしまだまだ生態音響学は発展途上といわざるをえないでしょう。

生態光学において重要な概念である「包囲光」になぞらえて、生態音響学でも「包囲音」があるだろうと想定しています。包囲音とは、聴取者の周囲を「包む」音、いい換えれば構造を持った空気振動です。この空気振動は無響室のような実験室では再現することが容易ではありません。

わたしの研究では唯一、盲人の障害物知覚における反射音構造のごく一部を無響室で再現できました。障害物知覚とは、盲人が物体に接触する以前に物体の存在する方向や、物体までの距離を知覚することです。盲人の障害物知覚では音が利用されていることを二〇世紀半ばに音響学者が見出す以前は、この種の知覚は神秘的な能力だ、というい方もされていました。

障害物知覚の再現については、筑波の産業技術総合研究所の関喜一さんが開発した装置で研究させて頂きました。音をふたつに分岐し、一方を直接スピーカーから出力し、もうひとつを数ミリ秒遅延させた後他方のスピーカーから出力する。すると盲人は遅延して出てきたスピーカー側に壁面のような物体を感じたり圧迫感を感じたりします。いまのところ、じっさいの環境下での障害物知覚に利用される情報を無響室内で完全には再現できていないとわたしは思っています。とはいっても、興味深いのは障害物知覚の中の、反射面との距離を特定する情報――正確には情報のごく一部――を変化させると、身体がそれに協応して動くということです。その情報の変化を、自分のからだが動いたというふうに知覚するのでしょうね。

このことから、包囲音の中に存在する情報は主にふたつの機能を果たしているとわたしは思います。ひとつは、放射音源、反射音源の特性に関する知覚を支える機能です。もうひとつは、周囲の物体の存在を定位する(localize)のではなく、位置付ける(orient)機能です。前者は、三次元絶対座標系における物体の定位ですが、後者は聴取者との相対的な座標系における位置付けだと思います。このような議論は残念ながらこれまでの生態音響学の分野でもされていないように思います。包囲光のアナロジーで包囲音を仮定して見ていますが、物理的に光と音には根本的な差異があるため、単純なアナロジーでは難しい部外も多いと最近わたしは考えはじめています。ひと言でいうと、音が媒質の振動であることに起因すると考えています。媒質の状態はさまざまな要因により変化します。また、媒質の振動は位相がズレたり、進行波どうしの干渉などで複雑になった状態で聴取者を包むことになります。

人を取り巻く「包囲音」――寺田寅彦の「雨の音」

佐々木　ギブソンは物理光学や生理光学のような光そのものの科学ではなくて、「視覚」の科学のために、「生態光学」という光についての新しい学問領域を起こしました。つまり動物が「見る」ことを可能にしている「光」をはじめて定義した。

　動物の個体を、全方向から取り囲んでいる光には、濃い霧や厚い雲の中でなければですが、方向に応じて強度に差がある。これをギブソンは「光の配列」とよびます。動物は周囲にある物、環境表面のレイアウトに囲まれていますが、どの表面も光を散乱しています。表面の散乱は、ある表面から別の表面に向かって、さらにまた別の表面に向かってと、多重に生じています。このような散乱反射の結果として、光をつたえている媒質——陸生動物の場合、それは空気で、水生動物なら水です——の中に、「照明」とよばれる光のネットワークができます。この照明されている媒質中で生きている動物は、周囲の表面のレイアウトに由来する光の配列（構造）に三六〇度囲まれているわけです。ギブソンはこの動物を囲んでいる光に「包囲光」というおもしろい名前を付けた。英語だとアンビエント・ライトですから、「環境光」とも訳せます。

　包囲光は眼の外にある構造のある光で、潜在的な視覚の情報です。ギブソンは視覚情報とは包囲光に含まれる差異であり、これが視覚を成立させる十分条件であるとし、それは、環境に無尽蔵にあり、眼のある動物は包囲光に「変化」や、「変化しないこと」を探しているのだとしました。彼は「生態光学の基本問題は、光配列に存在するふち縁・境界・コントラスト・比率・差異・キメである」としましたが、包囲光の構造に、わたしたちは周囲のいろいろなことを見るわけです。ただし、周囲の意味を特定している包囲光自体は黙して語らず、光の構造はこんなものかなどと、自覚的に知ることができる人はいない。印象派の画家たちは生涯を掛けてそれを表現しようとしましたが、一部の心理学者が理論的にその存在を予想したり、シミュレーションなどでその情報としての性質を確認しようとしているわけです。

　さて、光ではなくここでは音が問題です。今年になって日本人の書いた、ひとつの文章に出会いました。寺田寅彦（一八七八－一九三五）の「雨の音」（Ame no Oto）というエッセイです。[❖1] 大正九年四二歳の時の作品で、原文はローマ字で書かれています。漢字かな交じり文に直して一部引用します。

　風のない夜《よ》の雨の音を、書斎の机にもたれて、じっと耳をすまして聞いていると、何となく心の底まで落ち着いて来る。そして、何かしら深く考えさせられる。

いろいろな物音に比べて、雨の音には一つの著しい特徴がある。楽器の音《おと》、人の声、電車の音、大砲の音、虫の鳴く音《ね》……このような音については、音の出る源がちゃんと決まった大きさと広がりを持っている。音を出す部分の長さ、広さ、奥行が一秒の間に音の波が空気の中を進む距離に比べて小さく、またはっきり外《ほか》からここまでと限られた範囲の中にまとまっている。従って、その音がどちらの方から聞えるかということにも意味がある。しかるに、雨の音はそうでない。広い面積に落ちるたくさんの雨粒《あめつぶ》が、一《ひと》つ一《びと》ついろいろなものに当たって出る音の集まり重なったものである。音の源をここと指し示すことはできない。音を聞いている人は数の知れない音の出る点の群れに取り囲まれているのである。

雨の音の特徴はまだそれだけではない。近いところに落ちる雨粒の音に比べて、遠いところのは、音が弱いばかりではなく、その上に時間が遅れて聞えて来る、――聞く人からの距離の差だけの距離を音が進むに要する時間だけ遅れる。勿論、一つ一つの雨粒の音はいくらも遠いところへは聞えないだろうが、聞き手から、ほぼ同じ距離に落ちる雨粒の数はかなりたくさんあり、すべての距離のものがみないくらかずつは聞えるから、つまりあの雨の音はどこからどこまでとははっきり限りの知れないかなり広い区域から出るものが、ある物理学的の方則によって組み合わされたものである。それである瞬間に聞いている人の耳に入る音は、その瞬間に落ちた雨の音ではなくて、過ぎ去った、過去――たとえそれはただほんの短い前であるとはいえ、ともかくも過去の音を集めたものである。（後略）

（大正九年一二月『ローマ字世界』所収）

「雨の音」を読んだ時、わたしはこれこそが「包囲音」の世界ではないかと思ったんですね。多種類の音に一挙に囲まれて、それがリアルな「環境」として聞こえるという……。

伊藤　寺田寅彦のこのエッセイを、いま、はじめて読ませて頂きました。「楽器の音、人の声、電車の音、大砲の音、虫の鳴く音、このような音については音の出る源がちゃんと決まった大きさと広がりを持っている。音を出す部分の長さ、広さ、奥行が一秒の間に音の波が空気の中を進む距離に比べて小さく、またはっきり外からここまでと限られた範囲の中にまとまっている。したがって、その音がどちらの方向から聞えるかということにも意味がある。」ということは、いわゆる音源定位つまり、どの音がどの方向から聞こえて来るのかを定める(localize)ということが、聞くことになっています。オーケストラの演奏、合唱、多数の人の声、虫の鳴く音、……ひとつの音源からの音が加算されてあるひとつのサウンドスケープというか、いわゆる音風景が構成されている、と考えることは、従来より議論されてきました。

一方、雨の音に関する寺田寅彦の洞察はたいへん興味深いです。わたしは竹林に降り注ぐ雨の音が好きで、時々、京都のお寺に行って雨の音を聞きます。ひとつひとつの雨粒が竹の葉っぱに接触する音を聞き分けようとすればできないわけではないのでしょうが、通常はそんなことはしませんよね。ただ、竹林の雨の音として聞こえるのみであって、葉に落ちる雨粒としては聞こえてきません。

では、どういう音かというと、雨粒が竹の葉っぱに落ちて音を出します。さらに、雨粒は竹の幹にもあたって音を出します。そして、地面にあたって音を出すのです。竹は葉の付き方がほかの木々とは異なり、比較的上の方に葉が付いています。ですので、葉にあたった雨はしたたり落ちます。

すると、通常、竹林の雨音を聞いている聴取者からすると、上方に雨が何かと接触して生じる大きな音の集まりがあります。そして、それより弱い音が幹や地面から放たれてきます。上方で聞こえる雨音は「さー」という音ですが、聞く人に近い竹からは相対的に大きく高い音が聞こえてきますし、遠くになると弱くピッチも低くなって聞こえます。

手前の竹に遮音されたり、回折したりして音が変化してから耳まで到来するのかもしれません。その結果、竹林での音には、奥行き感があります。音の強さ、音の高さ、雨粒一滴一滴の聞こえ方に奥行き感が反映されているわけです。

生態光学では光のキメの勾配という概念が重視されています。その勾配が物体の表面の配置、遠近感の特定に利用される光配列を構成するということになっています。それと同様に、竹林の雨音にも音のキメの勾配がある。そのキメの勾配は音の勾配ですが、それがどのような要素にわけられるのかということにわたしは興味を持っています。まだ分析するチャンスがないのでわかりませんが、音の大きさ、音の大きさの揺らぎ、耳に到達するまでの時間の遅延、音の高さ、複数の音(複数の周波数から構成されるノイズに類似した雨音ですから)その個々の音波の位相干渉などによる音色の変化など、候補は多く、しかもそれらが相互に複雑な関係を保っている結果、「竹林の雨音」として聞こえてくるのだと思っています。

さて、包囲音がそもそも雨音と類似しているといってもよいのか、という問題もあると思いますが、雨音は、潮騒の音に類似しています。雨音も潮騒の音もその「時間」において聞こえてくる音の一部だと思います。

「雨の音」には、雨音は過去をつたえるという趣旨のことが書かれていました。厳密には、知覚というものはかならず過去の知覚なわけです。ただ、光と音の違いもあって、物理学的に、光の速度は見るという感覚には無視できるほどの速さで視細胞に到達しますが、音——厳密にいうと空気などの媒質の振動——はもっと遅いので、聴覚細胞の感覚に影響すること。もうひとつ、忘れてはいけないように思うのは、従来の知覚の捉え方は、固定したセンサーが刺激を受動的に受け取るという定点観測センサーを前提にしているという点です。じっさい、人が生きている時、知覚者は、生まれてから死ぬまで絶え間なく動いています。もちろん、眼や耳やほかの感覚器官も動かしているわけです。だから、日常生活においてわれわれは、二秒前の知覚と一秒前の知覚というように、時間を輪切りにして環境を知覚するわけではありません。視覚は過去を知覚しているという錯覚を起こさせる例です。実験室内で視覚を心理学的に研究する場合に、そこではじめて時間を輪切りにして刺激をつくりますから、一見知覚は過去の瞬間の輪切り、スナップショットの集まりと錯覚することができます。しかし、音は時間が止まるとなくなってしまいますから、音ではそれができないんですね。つまり、スナップショット的な音は存在しえないのです。そうすると音の知覚においては、過去とか現在とか、もしかすると、人の動きにより未来までも聞いているのかもしれません。

包囲音とは、空間的に人を包む振動の内、聞こえを生じさせる振動のことだとわたしは思っています。その振動波は、空間的時間的に「広がりのある」振動であり、時として個々の振動源を選択・弁別でき、時として振動の総和として特定できる性質を持ったものだと思います。

さらに付け加えるならば、音はそもそも空気振動ですから、耳だけで振動を感受しているわけではないでしょう。大胆に包囲音を敷衍するならば、耳にかぎらず身体に共鳴する振動、からだを包含している振動という包囲振動が存在しているのです。

世界を聞く

佐々木　ギブソンがいっているように、光線が強いと眼がまぶしい、痛いというように光を感じることはありますが空気中の「光の構造」そのものは見ることができません。包囲光というのは、ただ「周囲の見え」として経験するのみで、「見え」を可能にしている光そのものは見えないわけです。「視覚をもたらす光」はギブソンの理論以前にはだれも想像できなかったわけです。光は秒速約三〇万メートルですが、音は三四〇メートルくらい。光よりはるかに遅いせいで、経験という意味ではまったく違うものになります。音の経験では情報構造の「さぐり」ができる。

伊藤　そう思います。「見え」を可能にする光の理論をギブソンは提唱しましたが、聞こえを可能にする音の理論を完成するまでには至らなかった。光というエネルギーの性質と音という媒質の振動という性質とは、われわれの知覚や「さぐり」という探索行為に対し、まったく異なった様式を提供します。

性質の異なる多種の様式のエネルギーフィールドを利用できるからこそ、人は環境内で移動し、生命の危険を探知し生活しているのだと思います。振動としての音の知覚は人の知覚モダリティとして、よりプリミティヴだと思います。プリミティヴというのは、原初的というよりも、根本的というかギブソンのいう「基礎定位システム」、つまり「姿勢」や「移動」と深く関連しているように思います。眼はまぶたを閉じることができますが、人は耳をふさぐことはできません。つまり、生まれてから死ぬまで音を聞き続けるわけです。そして、視覚では視野に入った対象しか知覚対象となり得ませんが、音はからだの周囲三六〇度・上下左右、球状の方向から到来するあらゆる音を聞くことができます。

音は、おそらく人の生命維持や、快・不快などに密接に関連した知覚情報をつたえているのではないかと思います。音の流動すなわち音の変化パタンから、それまでの環境の安定性が何らかの点で崩れたことに気付き、そちらに眼を向けるとその原因を視覚的に特定できる。つまり、基礎的な生命維持知覚システムとして聞くことは見ることよりも、環境をスキャンする上で役割が大きいのではないかと考えていますが、いかがでしょうか？

佐々木　伊藤さんの竹林での体験を聞いて、おぼろげながら、動物であるわたしたちを囲む「環境」を埋めている包囲音の感じがわかったような気がします。環境音とは、いろいろな距離からの、いろいろな種類の振動が混じっていてそれぞれが聞き分けられる。それでいて全体感がある、そんな感じなのですね。わたし自身は、よく自転車に乗るのですが、たしかに街を移動している時など、自分自身はこれまで無自覚でしたけれど、包囲音全体を聞いて、周囲の「変わらなさ」をたよりにして、安全確認していたのかもしれません。

伊藤　「図と地」の知覚の例として、ルビンの壺が有名です。絵の真ん中にある壺と、両側から向き合っている横顔が交互に見える。ちょうどあのような感じではないでしょうか。環境音の知覚とはまさに、弁別・選択そして統合の同時並行的なプロセスだと思うのです

佐々木　窓を開けると、「ゴワーン」というような底力のある音が迫ってきますよね。周辺の空気がまとまってうなっている感じです。注意するとそれにいろいろな出来事の音が入っていることがわかるけれど、しかし出会い頭はただ強い圧迫のような感じ。奥行きが一気にくる感じ。そういう厚みのある音ですかね。そういう大きな波のような振動に包まれているということと、そこで人が「動く」存在であることとは深く関連しているわけですね。

伊藤　そのとおりだと思います。晴れた日、朝日で眼が覚め、カーテンを開けて窓の外を見る。窓の外には、緑の木々と葉、そのあいだから見えたりそれらに隠されたりしている黄色、赤、ピンク、紫などの色とりどりの花々が咲いている庭があると想像して見てください。窓のカーテンを開くと、朝日がまぶしく、一瞬眼の前の草花を見分けることはできないのではないでしょうか。緑、黄色、赤、紫などの色のパッチワークは、しかし、程なくして木々や草や花という、彩りのある表面の形態として見分けられるようになります。

同じことは、音でも同様です。あらゆる音源からの音はからだに一気に「衝突して」来ます。一瞬、それらは「音」あるいは「振動」としてのダンゴ状態の空気の震えとしか感じられません。程なくして、ダンゴ状態の空気の震えは、その震動源（音源）を特定できる複数の種類の音の集合として聞き分けられるようになります。

見るという行為は、ひとつの形態に焦点を当てるという機能を持ちますが、聞くという行為は、音源の属性を特定する複数の音波パタンに同時に「焦点を当てる」とともに、弁別・選択・統合のプロセスが同時並行で行えます。たとえばわたしたちは、音楽を聴きながらお湯の沸く音を聞くことが可能ですよね。

自分自身の音を聞く

佐々木 視覚と聴覚では注意のしかた、意識のモードが違うわけですね。同時というと自己知覚もそうですね。たとえば何か障害物にぶつかりそうだという場合には、たんに外部が聞こえているだけではなくて、自分との関係、自分の動きも聞こえていなければならない。

伊藤 そうなんです。まさにそこがポイントであり、これまでの音響研究であまり焦点が当てられてこなかった点です。つまり、聞こえている音の中に、聞いている人そのものの情報がある。生態光学には、「視覚的自己」という概念がありますが、「聴覚的自己」もあるはずだとわたしは仮定しています。

たとえば、立体音響を再現するために、人の頭の模型をつくり、耳の部分にあけた穴の中にマイクロフォンを入れた装置を使いますが、これをダミーヘッド・マイクロフォンといいます。これで録音した音をヘッドフォンで聞くと、理論的には、あたかも聴取者自身が録音した場所にいてそこで音を聞いているような感覚、つまり音が自分自身の周囲にあるように聞こえます。音の仮想現実(ヴァーチャル・リアリティ)をつくり出すことができるわけです。

ところが、話はそう簡単ではありません。以前、わたしが所有しているダミーヘッドを使って、そのスタンドに毛布などを付けて細工をしたことがあります。そうすると、録音された音が変わりました。より立体的に聞こえるんですね。いい換えると、よりリアルに自分の頭の外側に音が定位される。つまり、人は耳で音を集音しているわけですが、身体からの反射音や身体の骨伝導音も同時に集音していてそれらを聞いているわけです。その時聞いている音は、環境音と自分のからだからの反射音や身体伝導音であり、環境と自己とを同時に聞いているわけです。

さて、わたしは反射音や環境音と聞き手との関係性に注目して音への注意に関する研究もはじめています。

ダミーヘッド・マイクロフォンを使わずに、一般に普及しているデジタル音声をもとにすることで、仮想現実立体音響音をつくり出す装置を用いて、盲人の街路での道路横断を聴覚的に支援するシステムを開発しています。自動車などの移動物体と聴取者との関係を正確に知覚するために、壁面や路面からの反射音が有用な情報になるのではないかと考えて、反射音への注意を訓練することを目指しています。具体的にいうと、聴取者に接近して来る車輛音には、エンジン音、路面との摩擦音に加えて、走行している環境の残響音、路面からの反射音が含まれています。

車輛から聴取者までの距離がはなれていれば残響音や路面反射音などの間接音は、直接音よりも早く聴取者に到来します。もし、反射音の変化パタンに早く注意を向け、その変化パタンがどのような種類の変化パタンなのかを特定できれば、車輛が加速しているのか減速しているのか、あるいは軌道を変えようとしているのかを予期できます。これは、盲人の街路移動だけでなく、高齢者の交通事故対策にもつながるはずです。

おもしろいことに、わたしの研究では、路面反射音が強過ぎても弱過ぎても、接近までの時間の推定は悪くなっています。どうも、反射音や残響音などの間接音の大きさには適正値があるようです。どのくらい小さな変化パタンにまで注意を向けられるようになるかは現在研究中です。

「生活聴力」とは何か

佐々木　スタジオジブリのアニメ『借りぐらしのアリエッティ』を見ました。原作は『床下の小人たち』、原題はThe Borrowersで直訳すれば「借りる者」ですから、「借りぐらし」というのはなかなかよいタイトルですね。床の上の「大きな人」たちの世界に父親といっしょに「借り」に行く、小人の少女アリエッティは設定では人の一〇分の一のサイズだということです。

小人を演出している部分と、あえてしていないところがあって、していない代表は「声」でしたね。ふつう、平均で男性の声帯の長さは約一二ミリで、女性が九ミリくらいだそうです。声は声帯が長い(大きい)ほど低く、短い(小さい)ほど高いので数ミリの差で男女のこれだけの声の差が生じているわけです。もしアリエッティの声を音響物理学に忠実に表現したら、高過ぎて、もちろん小さ過ぎて聞こえないかもしれない。

音響効果の担当者がテレビで話していたのですが、小人の行為のインパクトを音にするのに苦労したとのことで、たとえば「借りてきた」クッキーを地下のキッチンで砕くシーンがあるけれど、その音はじっさいは厚いダンボールを素手でピシッと引き裂く音だそうです。小さな両手で大きなクッキーを砕く感じをねらったわけです。

屋外での水の音、とくに雨音。借りにいった部屋で響き渡っている時計、冷蔵庫の音などは小人の感覚で大音響にしてましたね。

こんな話を出したのは伊藤さんが「生活聴力」ということを提案してるでしょう?　わたしはこのことばをはじめて聞いたのですが、どんなことを分析しているのですか。

伊藤　『借りぐらしのアリエッティ』は、わたしも映画館で見ました。とてもほのぼのしていてよい映画でした。しかし、物語以上に音のつくり込みに感動しました。わたしもふつうの大きさの人と小人で声の大きさがまったく同じことに直ぐに気付きました。あえてそうしているのだろうと思いましたが、そこがよいと思いました。

自然音はできるだけリアルに再現されている印象を持ちました。たとえば、蝉の鳴き声はあたかも、樹木の上からのように聞こえました。庭から聞こえてくるキリギリスの鳴き声は、相対的に小さく感じました。たぶん人間の耳の位置で聞こえる音を想定しているのだと思います。それに対し、小人の耳の高さになると、同じキリギリスの鳴き声でもその音量が大きく、且つその音像が拡大しているように感じました。また、突然雨が降り出すシーンでは、庭先から聞こえてくる雨の音、地面に跳ね返る音と床下通風口を通して聞こえる雨音と、床下の小人に聞こえる音が区別されているように思えました。クッキーを砕く音はリアルではないけれど、感覚的にはしっくりくる。そういう音づくりのように思いました。そして、話し声は人間と小人を同じ音量、同じように男性と女性では声の高さをはっきりわかるように変えていました。音響物理学にもとづいて忠実に音声を再現すると、おそらく不自然な表現になってしまうでしょう。

さて、この映画にも出てきましたが、雨の音、鍋の中でものが煮える音など、日常生活では多くの音をわれわれは聴いているわけです。その音を聞き流すのか、それともその音を生活に利用するかにより、われわれの日常生活が変わるように思っています。特に盲人の場合は、日常聞こえている音を利用できるかどうかにより生活の質を大きく変えることになります。

聞く能力を定量的に測定することは、いわゆる聴力検査として行われています。聴力検査ではどれだけ小さい音が聞こえるかを測定することで、耳の神経系の状態を判断しているわけです。それに対し、「生活聴力」は、わたしがつくった用語ですが、人が日常生活を送る際に、行為するために音を利用するスキルのことです。たとえば、日常生活では食事を準備するとなると、たいていの場合、複数の行為を同時並行的に行うでしょう。鍋で煮物をしながら洗い物をするとか……。そうすると、視覚だけでは料理の仕上がり具合を知ろうとすると困難になります。煮物の料理音が変わってきたことに気付くことができると、鍋のところに行って眼で確認することができるわけです。

具体的な研究として、唐揚げの料理音を分析しています。唐揚げが油の中で加熱されて揚がってくると、破裂音のパチパチという音の間隔が変わってきます。唐揚げ調理開始直後はこの音がランダムなのですが、唐揚げができ上ると パチパチ音の間隔が一定に近くなるというか周期性を持つようになります。この破裂音の周期的な聞こえが唐揚げを油の中から取り出す頃合いの手掛かりになると考えています。

生活聴力とは、いい換えると、同時に聞こえて来る音を弁別、選択そして統合するという「聞く知覚システム」のスキルであり、聴取者が音環境の「意味」を特定するスキルなのです。

盲人のセルフ(自己)

佐々木 料理、食事、子育て、掃除、スポーツ、何でもたしかに多重感覚ですね。日常の活動を構成する音に、われわれ晴眼者はほとんど無自覚です。それが生活聴力ですか、おもしろいですね。生活聴力があるんだったら、生活触覚もありですね。

さて、最後の話題です。世界と自己をクリアに区別してくれるだろう視覚を持たないことで、盲人では自己の輪郭が曖昧なのではないか、といわれることがあります。かつての心理学では、生まれながらの全盲のこどもは、自我の発達が遅れるとした研究などもありました。国文学や芸能研究の世界では、盲人の琵琶法師のトランス能力や、声を用いるある種の宗教的な自己拡散の経験を、音の知覚の特殊性に求める議論があるようです。視覚の世界をかつては経験し、そしていま音の世界を生活と研究の両方で深く探っている伊藤さんはこの種の話題にどのような感想を持ちますか。

伊藤 この話題だけでも長くなりそうですね。わたしの「生活聴力」研究の延長線上に、実は、盲人のセルフ(自己)の研究を置いています。お話にあったように、全盲児のエゴ(自我)の発達が健常者よりも遅れるとか、未熟なまま成長するなどという研究が過去にあるようです。

日本語には、「見ているようで見ていない」などという表現がありますよね。物を探していて、眼の前にあってもそれに気付かない。他人から「眼の前にあるよ」といわれてはっと気付く。つまり、視覚の方が情報を豊富に含んでいるとわたしたちは考えてしまいがちですが、意外とそうでもないかもしれません。晴眼者は遮蔽されている物を探すのは苦手なことがあって、盲人であるわたしの方が遮蔽縁に沿って裏側に手を伸ばして探し物を見付ける、などということがよくあります。だから、視覚のみが「クリアな世界」を提供してくれるというわけではないように思います。自己の輪郭の知覚ですが、視覚がなくても可能だと思います。身体の境界は、さきにも述べたように、耳に到達する空気振動音と骨伝導音そして身体表面に反射した音を総合的に聞くことにより知覚可能だと思います。これらを聞くことで、自己の輪郭を知ることができるのかもしれないですね。

わたしはセルフとは、「環境」に相対的に創発するのではないかと感じています。ここでいう環境とは、「空間」(space)ではないことが重要です。「空間」とは三次元(時間も含めると四次元)の均一な座標系と仮定できるのに対し、「環境」とはそこに多種多様な音源があり、多種多様な反射物体が存在する結果、均一ではない構造化された「場所」です。音の環境とは、「音の場所」です。

「音の場所」に人が入ると、音を耳と全身で聞くことになります。自分の身体からの反射音も含めて聞くことになるわけです。そうすると、セルフの感覚が生まれると思います。「空間」は日常生活では再現できないですが、無響室であれば生成できるでしょう。もし、無響室の中という「空間」に人が長時間いるとすると、おそらく、セルフの感覚が変化すると思います。

セルフは環境との関係の中であらわれると述べましたが、では、どのように人は環境とつながるのでしょうか? 感覚、いわゆる五感が環境とつながるために利用されているわけです。個々の感覚はその感覚に特化した方法で環境とつながっています。そして、いわゆる五感の間にはある種の統合というか、ひとつのシステムが成立しています。「五感間システム」とでもよぶようなその個人特有の個々の感覚どうしの関連性のようなシステムです。セルフの恒常性は、この「五感間システム」によって維持されていると思います。もし、個々の感覚間の関係が変化すると、セルフの感覚も変化します。

わたしは一九七九年八月に失明しました。それまではわずかですが視覚がありました。突然の視覚喪失でした。すると、残存している感覚にも違和感が出てきました。自分であって自分でないような気がしました。つまりその時、セルフの感覚がいったん崩壊していたのだと思います。聴覚に絞って話をすると、失明直後、わたしを取り巻く音の世界は混沌としていました。音は聞こえるのですが、ではその音源が何であるのかはわかりませんでした。音がすると恐怖感もありました。反射音は聞こえず、音を発しない物体には接触してしまいました。音源からの距離もわかりませんでした。ひとつの音の方向を定位することはできますが、同時に複数の音を定位することはできませんでした。つまり、弁別・選択そして、統合の同時並行的なプロセスが獲得されていなかったわけです。半年たつと、音が「世界」をあらわしはじめました。音源までの距離が推測できるようになり、壁の存在、非発音物体の存在が何となく感じられるようになりました。そして、複数の音源を区別できるようになりました。

その頃から、聴覚や触覚も違和感がなくなってきました。つまり、セルフの感覚が新たにできたのだと思います。「五感間システム」が一度崩壊し、残存する複数の感覚間の関係が再構成されて、新たなシステムができたのではないかと思っています。

トランス状態や宗教的な経験と音がどのように関連しているのかはよくわかりませんが、わたしの経験からすると、音という空気振動が誘因となって、日常的な「五感間システム」を意図的にいったん崩壊させて、新たなシステムを意図的に再構成することでトランス状態での意識あるいは宗教的な神秘体験を可能にしているのではないでしょうか？　セルフ感覚と音の関係はおもしろいテーマだとわたしも考えています。

伊藤精英　いとうきよひで（一九六四―）
筑波大学大学院心身障害学研究科博士課程修了。現在、公立はこだて未来大学情報アーキテクチャ学科教授。専門は生態心理学、聴覚心理学、認知科学。共著に「サウンドテクスチャー――日常音環境の知覚を可能にする情報単位」（村田純一編『知の生態学的転回　第2巻』東京大学出版会、二〇一三年）、「光と影の世界に生きるぼく」（あさのあつこ編著『10代の本棚――こんな本に出会いたい』岩波ジュニア新書、二〇一一年）など。

❖1……寺田寅彦に「雨の音」というユニークなエッセイがあることは、日本映画大学の高橋世織氏に教えて頂いた。

IV

エンボディメント
——環境にとけゆく身体

第9章

ダーウィンの方法

行為を個物にわける

チャールズ・ダーウィン(一八〇九－一八八二)は、生物のすることについて、それを記述する新しい方法を模索していた、と考えることにする。なぜなら一九世紀末、晩年にいたって相次いで刊行された『植物の運動力』[1](一八八〇)や『ミミズと土』[2](一八八一)は、それまでのどの運動記述の伝統からもはずれている。そこでは「単純な動き」しかしない植物や動物をあえて(?)素材にして、苦心して生物の運動について何かを描こうとしている。大変に読みにくい。そこで示された動きには、どうやら筋道がない。

ダーウィンはビーグル号での航海から帰った後、一八三〇年代後半から四〇年間ミミズの観察を続けた。その成果は死の前年一八八一年に『ミミズと土』として出版された。ダーウィン最後のこの書物は、ミミズの地球表土を形成する偉大な力を示すことを第一の目的にしていた。表土形成の観察の過程で、彼はミミズが大地を掘ってできたトンネルの入口をふさいでいることを知った。寒さや乾燥を避けるために「葉やそのほかの物体」を掴み入れるその行為に注目した。観察の冒頭でダーウィンはつぎのように書いた。

もし、人間が葉、葉柄あるいは小枝のような材料で、小さな円筒形の穴をふさがなければならないとしたら、とがった先端から引きずり込むか押し込むかするであろう。しかし、もしこれらの材料が穴の大きさに比べてひじょうに細ければ、何本かを太く広い端の方からさし込むだろう。この場合、それを導くのは知能であろう。したがって、ミミズがどうやってトンネルの中へ葉を引っぱり込むか、先端、基部、あるいはまん中を持つのかを注意深く観察する価値はあるように思われる。わが国に自生しない植物の場合に、この観察はとくに望ましい。というのは、トンネルに葉を引っぱり込む習性は、ま違いなくミミズの本能的なものであるが、本能はミミズの先祖が知らない葉の場合には、それをいかに扱うかを指令しえないからである。さらに、もし、ミミズが本能すなわち不変の遺伝的衝動によってのみ行動するのなら、ミミズはすべての種類の葉を同じ方法でトンネルに引き込むはずである。ミミズがそのようながっちりした〔Definite〕本能を持っていないのなら、先端、基部、あるいはまん中のいずれを掴むかは偶然で決まると考えることもできよう。もし、この二つの案がどちらも否定されれば、知能だけが残る。（邦訳六六頁。以下同）

ここには観察を動機付けた論理が述べられている。

（1）穴をうまくふさぐには、穴の大きさと穴をふさぐものふたつの性質を勘案して、ふさぎ方をそのつど変えるようなやり方をしなくてはならない。人間はそのやり方をする。そのようなやり方は知能に導かれているといえるだろう。

（2）その知能あるやり方をミミズが採るかどうかは観察する価値がある。

（3）がっちりした本能がその行為を決定しているなら、ミミズはすべての葉を同じ方法で穴に引き込むはずである。本能が行為を決定していないはずの、英国のミミズがふれたことのない外国から来た種の葉を英国のミミズがどのように使用するのかについても見る価値がある。

（4）もし穴ふさぎがっちりした本能に従う行為ではないならば葉のどの部分を引き込むかは偶然で決まるはずである。

（5）もし本能と偶然のどちらでもなく、にもかかわらず何らかの方法でミミズが葉を選択して引き込むのならばミミズには人と同様に知能があるといえる。

以下にまとめる観察結果の報告ははじめに用意したこの論理を巡って進んだ。『ミミズと土』第二章の「ミミズの習性（つづき）」では、ミミズの「トンネルのふさぎ方」の詳細な観察結果がつぎのように示されていく。

葉の観察——基部か先端か

ダーウィンが最初にしたことは、野外に出て、じっさいのミミズの穴に引き込まれている葉を多数採集することだった。たんに集めたのではない。葉のどの部分から引き込まれたのかを一枚一枚記録した。結果は以下のようであった。

観察1

外国産も含む主として英国産の葉（二二七枚）では八〇パーセント（一八一枚）は葉のさきから、九パーセント（二〇枚）は基部（葉柄につながる部分）あるいは葉柄から、一一パーセント（二六枚）は葉のふくらんだ部分、つまり真ん中から引き込まれていた。

観察した二二七枚の内七〇枚は英国自生種ではないシナノキ【図1】であった。この葉は基部（葉柄）

が広く葉先はとがっている。この葉でも、七九パーセントは葉先から、四パーセントが基部から、一七パーセントが真ん中から引き込まれていた。

この最初の観察でダーウィンは、葉の各部の使用率の分布が偶然(ならば葉先と中と基部利用の割合は均等になるはずである)ではないこと、さらに英国非自生の葉でも、引き込まれた各部の確率分布が自生の葉と同じであることを確認する。シナノキの場合、基部は幅が広く掴みやすい。また、この葉の腐りかけはやわらかいので、葉の真ん中をクシャリとたばねて穴に引き込むことはたやすい。にもかかわらず、葉先ばかりが引き込まれていた。

すべての葉に対して同一の行為を導くようながっちりした本能があるのか、あるいはただの偶然の選択かという問いにはすぐに答えが出た。英国のミミズは英国非自生種の葉にも自生種と同様な行為をしていた。特定の葉とミミズの行為を強く結合させるような「がっちりした本能」は発見できなかった。葉のどこを使用するかについての確率には偏りがあった。得られた事実からは、ミミズが引き込みやすい葉の部分、つまりこの場合はとがっていて細くなっているところをほかのところより高い確率で使用する、ということがいえた。

観察は続く。観察1は葉の形状が穴ふさぎに関係していることを示した。ダーウィンはこの事実をほかの形状の葉でさらにたしかめた。

観察2

キングサリ[図2]では葉の先端は基部に比して、さほど

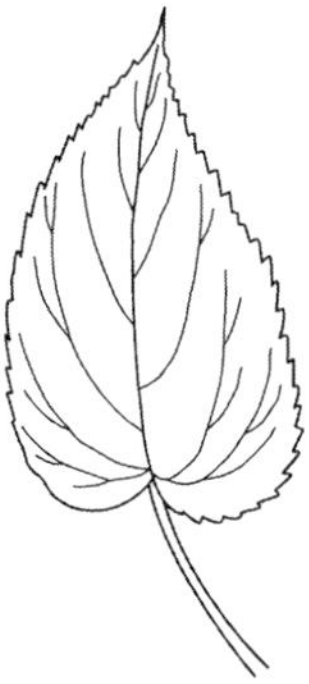

図1…シナノキ

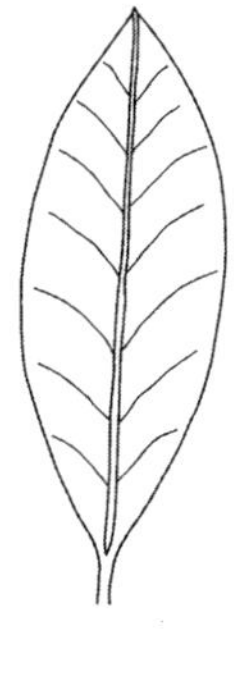

図2…キングサリ

とがっていない、基部と先端部をピタリと重ね合わせることができる。この外国産の葉キングサリ(七三枚)では、六三パーセントがさきから、二七パーセントが基部から、一〇パーセントが真ん中から引き込まれていた。

キングサリの先端と基部はほぼ同形である。ミミズによる使用確率をシナノキと比較してみるとそのことが選択に影響していた。基部の使用率がキングサリ(二七パーセント)ではシナノキ(四パーセント)よりも大きい。しかしキングサリでも基部は五〇パーセントにはなっていない。かたちや大きさがほぼ同じでもなぜ先端と基部の使用率は同じにならなかったのか。ダーウィンは「多分、ミミズが先端の方から葉を引っぱり、葉柄を避けるという習性を身につけているからだ」ろう、「なぜなら、多くの種類の葉では、葉の基部のへりは葉柄と大きな角度をつくっているので、もし、このような葉を葉柄から引っぱると、基部のへりはトンネルの周りの土に直接くっついて、引っぱるのがたいへん困難になるはずだから」だと書いている。

では、もし「トンネルの中に葉を引っぱり込むのに、葉柄を引っぱるのがいちばん便利であれば葉柄(側)を避ける習性」はすて去られるのだろうか。

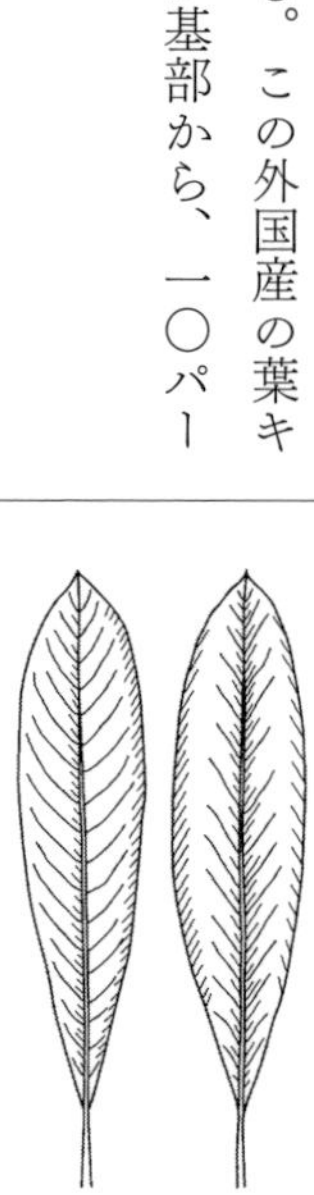
図3…シャクナゲ

観察3

外国産シャクナゲ[図3]の葉はかたちが多様で、基部が狭い場合も、先端が狭い場合もある。さらに落葉後に乾燥で基部か葉先のどちらかが巻き上がる。つまり巻き上がる前のかたちと乾燥による巻き方の両方で四種の形状ができる。したがってこの葉では、もともとの形状とその後の乾き方によって、「引き込みやすさ」は一定ではないことになる。

じっさいに落葉した葉ではどのようなかたちの分布があったのか。ダーウィンの息子ウィリアムが庭で二三七枚のシャクナゲを拾ってみた。六五パーセントは基部から、二七パーセントは先端からの方が引き込みやすいもので、八パーセントはどちらともいえないものだった。

引き込まれていた九一枚のシャクナゲの葉、それも引き込み後にあまり時間が経過しておらず「それほど深くないトンネル」にあり、ミミズが引き込んだ時の形状が残っているはずのシャクナゲでは、六六パーセントが基部から、三四パーセントが先端から引き込まれていた。この分布はウィリアムが二三七枚でたしかめた自然の変形の影響を含んだ、葉の引き込みやすさの分布とよく一致していた。

つまり「ミミズは葉柄を避けるという習性をすてなければならな」いような場合に行う必要のある「引き込む最善の方法［の選択］を、かなりの正確さで」行っていたことになる。

葉の形状についての観察結果をまとめるとこういうことになるだろう。葉によって基部か葉先かということが問題となる場合も、ならない場合もある。この観察の限りでいえば、ミミズは葉ごとにより引き込みやすいところを選択していたことになる。

マツの針葉

これまで観察してきた葉は基部か先端のどちらかが広いかとがっており形状に偏りのあるものであった。ダーウィンがつぎに観察したのは二本の棒状の葉からできていて、基部でそのふたつがくっついているV字形のマツの針葉［図4］だった。これまでとはまったくかたちが異なる葉である。この葉について、ダーウィンはもうひとりの息子のフランシスと

図4…マツ

多くのことを観察している。

観察4

マツの葉では決まったように、二本の針葉がくっついている基部から引き込まれていた。自然状態では二〜三の例外しかなかった。もし基部ではなく二本の針葉の先端の一方を引き込めば他方が入り口で地面につかえてしまう。またミミズはおそらく開いている二本の針葉を同時には掴めない。つまり基部からでなければこの葉をトンネルの深いところへは引き込めない。だから、ミミズは葉先が二本にわかれたマツの針葉を穴ふさぎに使う仕事を大変うまくやっていたことになる。

観察5

「ミミズがどのようにしてこの仕事のやり方を知るのか」。薄明かりをつけ、幾晩も、飼育しているミミズがトンネルの中にマツを引き込むところを観察した。以下のようなことがわかった。

(1)からだが針葉のするどい先端にふれた時には、まるでとげを刺されたかのように引っ込んだことがあった。しかし触ると痛いので先端を使わないというわけではない。とがった先端を切り、ふれても痛くないようにしておいても、五七本の葉のすべてが基部から引き込まれた。

(2)針葉の真ん中を掴んで引っぱったり、針葉を曲げたまま引っぱる場合があった。

(3)トンネルの入口に使えないほどたくさんの針葉を集めたところがあった。

(4)基部にふれるやいなや、あるいは基部に近いところを掴むとすぐに、瞬間的にすばやく引っぱる場合があった。それを九回観察したが八回は成功した。

(5)先端がわかれたまま穴にさしいれられた時、上になった針葉の基部をミミズが棒立ちになって掴み、葉の全体をまげて引き込んだことがあった。

(6)葉の基部を掴んだ後、理由不明で葉を放すことが二度あった。

つまり、ミミズがマツの針葉を引き込むやり方、そのための針葉とのかかわり方は多様だった。ミミズが「どのようにマツの葉を引き込むのか」という問いには、とりあえずはこのようにミミズがしたことを列挙しておくしかないようだった。

観察6

ヨーロッパアカマツの葉を飼育用ポットで生まれた幼いミミズの個体が引っぱることがあった。これまでの観察は約四〇年前に植えられたマツの近くにいたミミズによるものだった。そこでマツの葉をマツの木からかなり離れた地面にまき散らして、この葉をこれまでは経験していないだろうミミズで観察した。結果、九〇本が基部から引き込まれ、二本だけがとがった先端から引かれた。二本の内一本は少し引かれただけで、ほかの一本ではたまたま二本の針葉の先端は付着していた。ダーウィンは「いろいろなものでトンネルの入口をふさぐという習性は、ミミズではま違いなく本能的なものである」が「トンネルにマツの葉を正しい方法で引っぱるというのが、ミミズの本能的なものであるとは信じがたい」と書いた。

観察7

「暖かい部屋においてあるポットのミミズに針葉を与えてみたところ、結果はちがったものになった。トンネルに引き込まれた四二本の葉のうち、少なくとも一六本が針葉の先端の方から引っぱられていた」、「ミミズはぞんざいな、あるいはずさんなやり方でやっていた」。「針葉をほんの浅くまでしか引き込まなかったし、時には、トンネルの入口に単につみ上げるだけ、あるいはトンネルの中には引き入れないといったこともある」。「このずさんさは多分、ポットがガラス板で覆われていたので、空気が暖かかったか、湿度が高かったかのどちらかのせいだと思う。そのため、ミミズは入口を十分にふさがなかったのである。ミミズが入っているポットに空気が自由に入るようにネットをかぶせるだけにして、幾晩か戸外に置いたところ、七二本の葉すべてが基部の方から引っぱり込まれていた」。

ミミズは周囲の温度や湿度によって、同じマツの針葉の使い方を変えていた。

観察8

「今あげた事実から、ミミズはマツの葉の形や構造の一般的な概念〔a general notion of the shape and structure〕をともかくも得て、二本の針葉がくっついている基部の方をつかむのが必要なことを知るのだと推測でき」る。しかし針葉の先端どうしを接着剤でつけてトンネルの近くにばらまいてみても、一二一本の内一〇八本は基部から(一三本が先端から)引き込まれた。接着剤の匂いがしないように針葉の先端を細い糸でしばった葉でも、引き込まれた一五〇本の内、一二三本が基部から、二七本が先端から引き込まれた。

二本の針葉がV字に付着する基部の「形」が選択されているだけではないようだ。「マツの葉の基部には、ミミズを引きつける何かがあるにちがいない」とダーウィンは付け加えている。

マツの葉とミミズとの関係についてダーウィンが観察したことをひと言でまとめることは難しい。ただしミミズがいつの場合にもマツの葉に何かを選択していたことは間違いない。

葉柄（葉を茎に付着する柄）

先端と基部のかたちに偏りのある葉、そして二本の針葉が基部でV字に接合したマツのつぎにダーウィンが観察の対象としたのは種々の葉柄である。

観察9

クレマチスの葉柄。クレマチスをミミズが食用にすることはない。

最初に見たのは、長さ二・五〜四・五インチ（一インチは二・五四センチメートル）の硬くて全体がほぼ同じ太さのクレマチスの葉柄。もともと先端はとがっているのだが、その部分はすでに枯れて取れている。先端の取れた葉柄を、砂利道、芝生、花壇にあるトンネルから三一四本引き抜いた。七六パーセントが先端から、二四パーセントが基部から引き込まれていた。「よく踏み固められた砂利道」から引き抜いた五九本では先端から引き込まれたものは四九本で基部のほぼ五倍だった。「土が容易にへこみ、トンネルをふさぐのにあまり労力のいらない芝生や花壇」から引き抜いたものでは先端（一三〇本）と基部（四八本）の割合はほぼ三対一だった。

路面の硬さ、つまり引き込みやすさによって使われる葉柄の部分の比率が異なっていた。硬い地面ではとがった先端がより高い比率で使われていた。「ミミズは多分、労力を節約するために最初数本は太い端（基部）の方から引っぱるのかもしれない。しかし、後の大多数は、トンネルの入口にしっかりふたをするために、とがった（先）端から引き入れるのであろう」。トンネルをふさぐ仕事の進み具合で使う葉柄の部分が違うのかもしれない。

観察10

つぎは食用にもなるトネリコの葉柄。長さは五〜八・五インチ。基部が太く肉厚で先端は細くなっている。二二九本を引き抜いたところ、五一・五パーセントが基部から四八・五パーセントが先端から引き込まれていた。ふつう細い先端がより好んで穴ふさぎに利用されることを考えるとこの比率は注目に値する。基部が引き込まれていたのは、トネリコの葉柄の基部(先端にもかじられた例がある)をミミズが食べていたからだった。穴ふさぎに使われた基部の内、一〇三本を調べたら七八本では馬蹄形をした太い基部関節のすぐ上がかじられていた。基部を食べた後の葉柄を穴ふさぎに使うこともある。先端から引き込まれていた三七本の内五本でも基部がかじられていた。

基部がかじられてからトンネルの外に押し出されている葉柄は、新たに拾った四七本の内に一四本あった。

ダーウィンは「ミミズはトネリコの葉柄を、一部は食べ物とするため基部から、一部はもっとも効率のいい方法でトンネルをふさぐために先端から引き込むのだと結論してもいいであろう」と書いている。まとめてみると、ミミズはトネリコの葉柄の基部を食べるために引き込むことがある。食べるために引き込んだものがそのままトンネルふさぎに利用されることもあるが、不必要な時にはそれはトンネルの外に押し出される。そしてトンネルふさぎをより効率よくするためには、基部の反対側の細い端を使う。トネリコの葉柄の両端は食べ物として、あるいはトンネルをふさぐものとしてそのつど使い分けられていた、ということになる。

観察11

ニセアカシアの葉柄。「四〜五インチから一二インチ近くまで長さはさまざま」である。やわらかい部分が朽ち落ちるまえは、基部が太く、先端に向かって次第に細くなっている。引き抜いた一二一本の内六八本は基部から、五三本は先端から引き込まれていた。一本のニセアカシアの木の下にあるトンネルに引き込まれたすべての葉柄を引き抜いておいたところ、一一日後に三五本がふたたび引き込まれた。一九本は基部から一六本は先端だった。「ミミズはトンネルの中へ葉柄のどちらの端からでも無差別に引き込むが、たぶん、基部の方から引き込むのをわずかに好むようである。……この見方を支持するものとして、先端から引っぱり込まれた一六本の葉柄の内、七本はより細くなっている先端部が何かの偶然によって、あらかじめ折られていたことを述べておこう」。ミミズはトンネルふさぎに適した太さの葉柄をわずかに多く選択するだけではなく細い先端を「加工」したのかもしれない、というのである。

三角形の紙片

最後の観察でダーウィンは紙で葉を模した「人工葉」を用意した。人工葉には「夜、雨や霧にあたって過度にぐにゃぐにゃにならないように、両面に生の脂肪を塗った」、「ほどほどの硬さの便箋から」切り取った細長い二等辺三角形の紙片三〇三枚である。ふたつの等辺の長さはそれぞれ三インチで、底辺の長さが一二〇枚では一インチ、一八三枚では半インチと二種類あった。

観察にさき立って、ダーウィンは湿らせた紙片のいろいろな部位をピンセットで掴んでミミズのトンネルと同じ直径の管の中に引き込んでみた。とがった先端部分だと紙片はまっすぐに管の中に入るが、基部の角では管の入口の抵抗で、紙が折れて重なった。

観察12

紙の引き込み方(飼育しているミミズの観察)。ミミズははじめて出会ったはずの三角形の紙をどのように掴んだのか。ミミズは「へりを掴む」、「角を吸い込む」、「へりや角以外の平らな表面のどこかを吸う」という三種の方法で掴んだ。つまりミミズはどこからでも引き込むことができる。だから偶然に掴んだところから引き込むのだとしたら、角の数が先端よりも多い底辺周辺の部分が先端よりも高い確率で引き込まれるはずである。底辺と先端の面積比は五対一、角の数はいうまでもないが二対一である。準備作業をしながらダーウィンはそう仮定した。

観察13

しかしじっさいの選択はこの仮説を棄却した。トンネルの周りから葉、葉柄、小枝などを取り除き三〇三枚の紙片を、何夜かにわたり穴の周りにばらまいた。底辺の長い三角形では、先端から五九パーセント、真ん中から二五パーセント、基部から一六パーセントが、底辺の短い三角形では同じく六五、一四、二一パーセントの割合で引き込まれた。先端が利用される比率が大きい。ミミズは「偶然」出会ったところをそのまま引き込んでいたわけではなかった。

観察14

たまたま二枚の三角形が同じ穴に引き込まれたケースが八例あった。一例では二枚とも先端から、六例では二枚とも基部から引き込まれていた(ほかの一例については記載なし)。それぞれのケースでなぜ先端なのか、なぜ基部が選ばれたのかはわからないが、同じところが使われていた。「これもまた(部分の利用)結果が偶然によって決まるのではないことを示している」。

観察15
「全部のうち五枚で、トンネルの内側に、不規則に巻いた一本のらせん状の傷がついていた」、「ミミズは三角形の紙を引き込む作業中に、時々これを回転させるようである」。ミミズは紙片でトンネルをピタリとふさぐために思いがけない方法、くるくると巻き込む方法も用いている。

観察16
部分の選択はマツの針葉と同様、周囲の温度や湿度と関連していた。暖かい部屋の中での観察では、六三枚の紙片が引き込まれたが、「ミミズはかなり無頓着に引き込んだ。というのはたった四四パーセントが先端から、二二パーセントは真ん中から、三三パーセントが基部から引き込まれていたからである」。

観察17
いろいろな部分を試してみて、失敗を繰り返した後に選択するところが決定されていたのだろうか。

まず、底部の広い角や底辺から引き込まれ「強くしわになり汚くなっている何枚かの三角形の紙片を、水の中に数時間つけたあと、よく振ってみ」て、そこに付いた「汚れやしわはとれな」いことをたしかめた。「湿った紙片を数回、私の指で引っぱってみたが、ほんのわずかのしわがとれただけ」だった。「ミミズのからだから出る粘液のために汚れは洗っても容易には落ちな」い。だから「三角形の紙が先端から引き込まれるまえに、ほんのわずかな力ででも、基部から引き込まれたことがあれば、基部には長いしわがつき、汚れが残っているはずである」。

ダーウィンは引き込まれていた紙片すべてを詳しく調べた。先端から引き込まれた八九枚の三角形の紙の内、基部がしわになり全体的に汚れていたのは七枚。残りの八二枚の内、基部にはしわはないが汚れていたものが一四枚あった。これらダメージの残る二一枚ではまず基部が使われてから先端が使われた可能性がある。もっとも雨などでただ汚れただけかもしれない。そして大部分の、どこも汚れていない六八枚の紙片では最初から先端が利用されていたことになる。ダーウィンは「したがってミミズは彼らのトンネルへ三角形の紙を引き込むのにどちらの端がいいかを、何らかの方法で判断することができるという推論ができよう。――この推論はありえないものであるが」と書いた。

2　観察をまとめる

長い観察の後に、ダーウィンは「これらいくつかのケースについて考えてみると、ミミズはトンネルをふさぐやり方において、ある程度の知能を示すという結論は避けがたい」と書いている。彼はいったい何をもってミミズが「知能」を示すと考えたのか。

おそらくひとつは行動が「偶然」に支配されているのではなく、そこに「選択」が見られることである。ダーウィンは葉でも葉柄でも紙でも、観察したすべての対象ごとに確認できたことを表にまとめて、選択つまり、ミミズのすることには、対象の性質による偏りがある事実を確認している。ただ選択がすなわち知能であるというためには、ダーウィンは選択の事実についてほかのいくつかの説明の可能性を否定しなければならなかった。そのひとつは選択が「がっちりとした本能」に支配されている、という説である。

ダーウィンは行動を強く制約するある種の本能説を否定している。「ミミズは知能に無関係に、それぞれの個別の場合ごとに、いかにするのがもっともよいかを本能に導かれて知るのだと予測できたかもしれない」、しかし「ミミズの先祖が、全く知らなかった外国産の植物の葉や葉柄のような対象に関してまで、本能を発達させていたなどというのは信じがたい。さらに、ミミズの行動は真の本能のように、不変の、あるいは不可避的なものではない」。

ダーウィンは自分がミミズに見たのは、「がっちりした本能」にしたがうような選択ではなかったと書いている。ダーウィンは世代を超えて動物の行動に及ぶ本能の力をすべて否定しているわけではもちろんない。しかし、ミミズの個々の振る舞いのレベルまで指定するような「がっちりした本能」からミミズのしたことを説明することはできないと考えた。

ついでダーウィンは「トンネルをふさぐという一般的な本能は持っているとしても、ミミズは個別のケースごとに、特別な本能に導かれているのではなく、偶然も除外されるので、ミミズはものを引き込むのにさまざまな方法を試みたあと、最終的にどれか一つの方法で成功するというのが、次善のもっともありうべき結論のように思われる」と書く。

ダーウィンは同時代の動物学者ロマネスが「間違いなく知能といえるのはその動物が経験によって利益を得る時のみだと信じている」ことを紹介する。「いま、ミミズが、はじめ一つの方法で、つぎに他の方法で、トンネルに材料を運ぼうとし、最終的に成功すれば、すくなくとも個々の場合ごとに、経験によって利益を得ている」ことになり、ロマネスのいう意味での知能がミミズにあることになる。

ダーウィンはこの知能の定義を否定しているわけではない。しかし、この「さまざまな方法を試みたあと、最終的にどれか一つの方法で成功する」という同時代の動物学者がいう「知能」の定義が、自分がミミズに見た知能をカバーするものではない。自分が見た限り、「ミミズはいろいろな方法でトンネルの中に物を引き込もうと、習性として試みるのではないことを示す証拠が提出されてい」たからである。ダーウィンがここで、真ん中でも基部からでも引き込むことのできるしなやかな「腐れかけのシナノキ」で、大多数の葉が先端から引き込まれたという事実や、「三角形の紙に関しては、先端から引き込まれたもので、基部がしわになったり汚れたりしているものはめったになかった」ことを例としてふたたびあげている。彼の観察ではミミズが「さまざまな方法を試みる」ことをして、その結果「成功」したわけではなかったことはたしかであった。

ダーウィンはこの観察の結論としてつぎの一文を書いた。

もし、ミミズが物体を引き込むまえに、あるいは、トンネルの口をふさぐまえに、それをどのようにして引き入れるのが最もいいか判断できるのなら、ミミズはその形について何らかの概念〔notion〕を得ていなければならない。これはたぶん、ミミズが触覚器官の役目をするからだの先端部で、物体のいろいろな場所に触れることによって知るのであろう。目が見えず、口もきけないで生まれた人が、ミミズと同じようにどれほど完璧な触覚感覚を持つようになるかを思い起こせばいいだろう。もし、ミミズがある物体の形やトンネルの形について、おおざっぱであれ何らかの概念を得る能力を持っているのであれば（実際にそのように思えるのだが）、ミミズは知能を持つと呼ぶに値する。ミミズは同様な環境に置かれた人間とほぼ同じようなやり方で行動するからである。／要約すると、物体をトンネルに引っぱり込むやり方は偶然によって決まるものではなく、個々の場合ごとに特異的な本能の存在をも認めることはできないのだから、まず第一の、そしてもっとも自然な推測は、ミミズは最終的に成功するまですべての方法を試みるのだということになる。しかし、多くの兆候はこの推測に反するものである。たったひとつの代案だけが残る。すなわちミミズは体制こそ下等であるけれども、ある程度の知能を持っているということである。誰もが、そんなことはとてもありそうもないと思うだろう。

（九二〜九三頁）

ダーウィンの議論は循環している。

冒頭で彼は本能と偶然が否定されれば知能だけが残るといった。観察の結果、たしかに本能と偶然は否定された。だから自分がミミズに見たことは知能だ、と。しかしこれでは何が知能なのかよくわからない。冒頭に彼は「もし、人間が葉、葉柄あるいは小枝のような材料で、小さな円形の穴をふさがなければならないとしたら、とがった先端から引きずり込むか押し込むかするであろう。しかし、これらの材料が穴の大きさに比べてひじょうに細ければ、何本かを太く広い端の方からさし込むだろう。この場合、それを導くのは知能であろう」と書いた。しかしこの記述でも知能が何を指しているのかよくわからない。不親切なのである。

さいわい、しんぼうして、わたしたちはいまダーウィンの観察の全体を手にした。まとめてみよう、そこにヒントがあるはずだ。

（1）ミミズは物に、より引き込みやすいところを識別していた。どの物でも、それを利用するしかたには偶然ではない偏りがあった。ミミズは物（の部分）に何かを識別し、それを選んだ。

（2）（じっさいにミミズの行動プロセスが細かく観察され記述されたのはマツの葉だけであるが）ミミズが物を引き込むやり方は柔軟だった。だからひとつの答えを期待して、ミミズは「どのように物を穴に引き込むのか」と問うことにはあまり意味はない。ミミズの振る舞いから、ミミズがしたことを記述することには無理がある。だから観察したことを列挙することになる。

(3)物自体にあることだけが選択に影響するわけではない。(暖かいポットの中でのマツの利用や葉柄で見たように)周囲の温度や湿度、地面の固さなども選択に影響する。ミミズはある物とほかの物のかかわりや、より包囲的な環境の状態を物の識別に利用している。

(4)物によって、何が識別を導いているのかは異なっている。たとえば「マツの葉の基部には、ミミズを引きつける何かがあるにちがいない」とダーウィンは書いた。ミミズは物の何かを選択しているが、この何かは、当のその物を越えているわけではない。もちろん「葉先」のように多くの葉で共通して利用される性質もあるのだが。「先端」という性質はミミズの識別をどの場合でも説明するわけではない。厳密にいえば、何が識別されているのかは、個々の物に対する識別の結果によってしか確認できない。その性質が人間の眼によって了解される可能性もあるし、ミミズでなければ了解不能な場合もある。

(5)同じ物がいつも同じように使われるわけではない。クレマチスの葉柄で見たように、ミミズは「労力を節約するために」最初の数本は太い端の方から引っ張り、後には「トンネルの入口にしっかりふたをするためにとがった端から引き入れる」ようなことをする。つまりミミズが仕事の進行によって、同じ物に、違うことを識別する可能性がある。したがって厳密にいえば、物というのはある時に利用された、その物ということになる。同じ物がほかの時の同じ行為を保証するわけではかならずしもない。

つまり物の異なる性質がそのつど選ばれる。物は多様な性質を持つことで、ひとつの目的を超えて行動に関連する。ミミズはトネリコの葉柄の基部を、ある時は食べるために引き込む。食べるために引き込んだものがそのままトンネルふさぎに利用されることもある。トンネルふさぎをより効率よく行うために、この葉柄の先端を使うこともある。トネリコの葉柄のふたつの端はこのように使い分けられていた。

(6)ミミズはニセアカシアの葉柄の先端を折り、紙片でトンネルをピタリとふさぐためにくるくると巻き込んだ。つまり物の利用にはそれを「変形＝加工」することも含まれる。

(7)三角形の紙片の引き込まれなかった部分はたいがいの場合きれいなままだった。つまりミミズは物にふれて行為を開始する前に、行為が利用することになる物の部分の性質を知っていたことになる。それもほかの部分との比較ではなくその部分、そのものとしてである。

ダーウィンが見たことをさらにまとめてみる。

ほかの物との比較ではなく、当の個物に何かを選ぶ事ができること。物にあって利用されることは、行為にさき立って、あるいはその進行中に識別されていること。しかし同じ物をいつも同じように使うわけではないこと。物とほかの物のかかわりなど、物を取り囲む包括的な周囲の状態を、物を使用することに関連させること。

このようにまとめることが、ダーウィンがミミズに見た知能について述べるためにふさわしいかどうかは疑わしい。ダーウィンがミミズと個物とに見たことをこのようにまとめると誤解が生ずる。いつもこれらのことのすべてが個物の識別に際して起こっている、という誤解である。いうまでもないがそうではなかった。まとめたことは一匹のミミズにではなく、ここで見たミミズの群と、ここで見たミミズの周囲にあった物の群のあいだに起こったことなのである。

したがって行動を記述するためには本当は一個の物から離れない方がいい。行動は個物に識別されたこととあくまで関連させ続けて記述する方がよい。なぜならばひと言でいえばダーウィンがこの観察で発見したことは、ミミズが何をしているのかは、物によって違う（やっていることが類似しているというのも違いのひとつの表現だろう）、その違い方に意味があるということに尽きるからだ。もちろんこれは、物によってはミミズには「何でも起こる」といっているのとはまったく違う。なぜなら個物にはいつも何かが識別されていた、何が識別されていたのかは、識別することで確認できた物の性質でいうしかない、ということだ。

ミミズはダーウィンが観察したすべての物に何かを識別していた。つまりミミズのすることはどの場合にも、当の個物に行為が発見した性質に制約されていた。もしまとめるならば、これだけでいいだろう。

3 ダーウィンの方法

さて、ダーウィンはミミズをどのように描いたのだろう。ダーウィンの採用した方法はどのようなものだろう。

確認したように、ミミズについて、その穴ふさぎという行動について描くために、ダーウィンはそれを行動でスケッチするという方法の困難を知っていた。行動はよく見るとただ列挙することがふさわしいほど多様であった。また無秩序なことが行動にあって、それが時間の中でひとつの秩序に達する、というような原理でもそれを表現できないことは明らかだった。この無秩序から選択へという図式は、もっともよく知られているダーウィニズムのシナリオのひとつであるのだが、それはここでダーウィンがミミズに見たこととは違う。そうではないということをダーウィンはしつこく繰り返して書いている。

どの観察結果も、ミミズの行動が最初から「秩序」を持っていることを示した。行動は無秩序に起こるのではなく、最初から物と抜きさしならぬしかたで関係しながら推移していた。ただしそこに確実さはない。識別はミミズの群の単位で見ると確率的なのである。

おそらくこの観察で、ダーウィンは、ミミズの行動を、それが識別した個物にある性質に分解して見せたのである。個々の物にある、穴ふさぎするミミズが知覚している性質は記述に鮮明に示されている。ただしそれはミミズの行為としてはひとつに焦点を結んでいない。

おそらくこのダーウィンの最後の仕事は誤解され続けてきたのだろう。誤解される理由のひとつは、ここでダーウィンが採用している方法が、動物行動を描くために、わたしたちが通常行う方法とあまりにも遠いからだ。ダーウィンの描く行動には、中心にあるべき当の行動が欠けている。しかし、いうまでもなく行動は、見捨てられたわけではない。ミミズの行動と分離して存在する環境に還元しつくされたわけではない。なぜなら彼が発見した物の性質は、穴ふさぎするミミズ以外には発見しようがない物の性質であり、そこにはミミズの行動、つまりミミズの身体の動きがしっかりと埋め込まれている。ただし、その「身体」や「行動」は、確実な境界を結んでいないのである。わたしたちが、ダーウィンによって出会わせられているのは「ないものとしてある」という動物行動の事実である。

ダーウィンはミミズの行動を個物の群に見た。彼はこのようにしてミミズの行動を「解体」できた時に「ミミズには知能があるといわざるをえない」と書いた。確実な境界が欠けていることが、ミミズについて何がしかのことを明らかにした、とダーウィンはいっているように思える。

かつてダーウィンは「種」という境界はない、つまり「種」が同一であり続けることのない存在であると確信した時に『種の起原』を書いた。そこでの飛躍は、ここでの飛躍に似ている。確実な境界がなくなることで、何かがはじまる。これは行動が「知能」でもある可能性のひとつの定義であろう。

ダーウィンは動物についてまったく新しい描き方を模索していた、と考えることにしよう。ダーウィンの方法は、物をつくり出すことで、それをつくり上げた、いまはここにはない行動群を示すことを仕事にしている画家や彫刻家のそれに似ている。

❖1……Darwin, C. R., *Power of movement in plants.* John Murray, 1880.〔邦訳〕『植物の運動力』渡辺仁訳、森北出版、一九八七年。

❖2……Darwin, C. R., *The formation of vegetable mould, through the action of worms, with observations on their habits.* John Murry, 1881. Reprinted in University Press of the Pacific, 2001.〔邦訳〕『ミミズと土』渡辺弘之訳、平凡社、一九九四年。

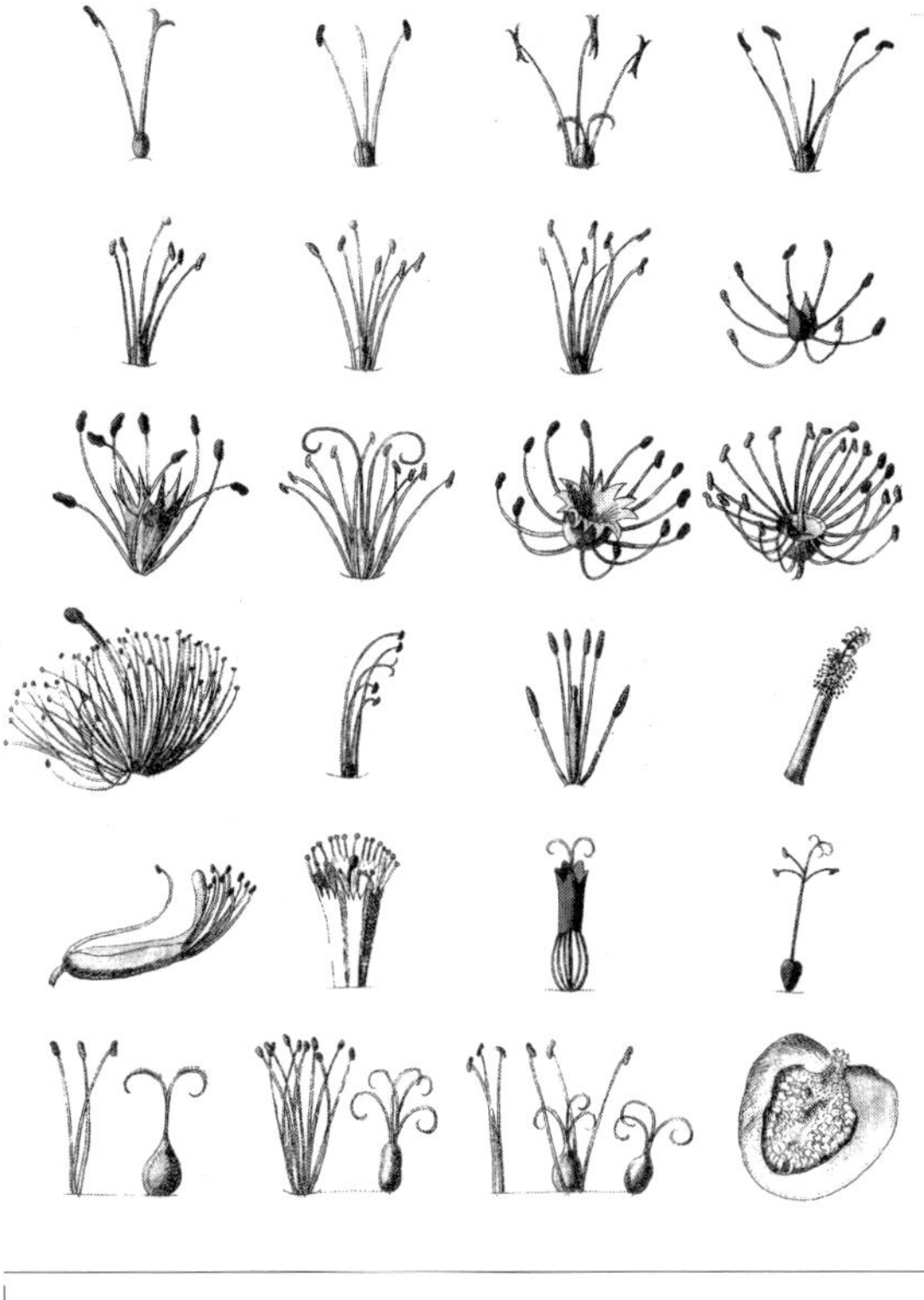

第10章

光にふれる

ジェームズ・タレルとのふたつの対話

対話I　光の遊泳術

佐々木　わたしはエコロジカル・サイコロジーという比較的新しい心理学を専攻しています。世界がこのように見えたり、聞こえることを、なるべく環境そのものだけで説明できないかと考えています。

エコロジカル・サイコロジーはジェームズ・ギブソンというアメリカの心理学者の空での体験、パイロットの知覚の研究に起源を持っています。彼は、パイロットの見る世界は飛行機の姿勢の変化にともなって刻々と変化しているにもかかわらず、パイロットたちがじつに安定して恒常的な環境の知覚を持ち続けられることに驚きました。それを可能にしていることが環境にあるはずだと考えたのです。心理学のテーマをこころから環境へ転換したのです。彼は環境の中にある意味はリアルだとしました。

わたしはいま、盲人のナヴィゲーションに興味を持って、いっしょに歩いて観察しています。彼らは視覚以外の知覚システムを利用して、じつにうまく街をナヴィゲートしています。独特の音の包囲や流れや自分のたてる音の反響などで、それから触覚で環境のレイアウトを知る。視覚がある時には自覚しなかったリアルを発見することでできるようになるわけです。

タレル　夢遊病者と現実との関連を考えるとおもしろいんです。じっさいにはそこにはいない環境を歩かせてしまうようなはっきりとした夢があって、本当に乗り物に乗ってしまう人さえいます。その人は立っていられるわけですから、夢の中でも現実でも重力は同じように働いています。でもふたつの世界には大きな違いがある。それは盲人の場合と似ているように思います。つまり彼らは、それぞれのスペースの中で何か新しいリアリティをつくろうとしているんです。

佐々木　そのリアリティとは、知覚者のこころの世界にあるものなのか、それとも環境もあるものなのか。単純な二分法では簡単過ぎますね。

タレル　それは、こころの世界が環境へ対応するようなものだと思います。

たとえば空を飛ぶ場合、はじめて上空から地上を見ると、いままでの情報がなくなるのでまず人は迷ってしまいます。とくにパイロットになりたての人にとって、すべて見えているにもかかわらず、道を失ってしまうのは苛立つものなんです。生徒も教師も物理的に同じ環境の中で同じものを見ていても、それをどのように読み解いていいのかわからない。生徒には、パーセプチュアル・ジャンプ（知覚の飛躍）が必要です。それではじめてリアリティが生まれるんです。

われわれのほとんどは、パイロットが空にいる時のような知覚領域には置かれていません。でもたとえば、夜に家の電気をすべて消したまま動き回るのは飛行訓練に近い状態じゃないかと思うんです。何年も住んでいる自分の家で電気をすべて切ってそのままつけようとしないでいるというのはおもしろくないですか？　若手のパイロットが隙間のない雲の上にいて、計器の扱いを知らないので地上に下りることができないでいるのと同じことでしょう。

空のナヴィゲーションを熟知する前と後とでは、天体に対する見方も変わるんです。若手パイロットは、回転する地球にいるからこそ太陽が昇って見えるんだということを忘れていることがありますからね。地球は銀河の中の惑星で、天の川も地球の近くの星々も銀河系のものだという事実は、今世紀になってからわかったことですから、空のメカニクスから学ぶことはまだたくさんあります。人はそうやって世界を広げていくんだと思います。

見えないものを見せること／不完全な知覚に気付くこと

佐々木　ところで、知覚を可能にしていることを環境にゆだねようとする際に、光の理論がひじょうに重要になってきます。ある一点から発して像を結ぶ光ではなく、環境に満ちている光、そういう光がどのようなものなのか明らかになれば心理学の理論が大きく変わる。あなたは、光線や網膜像ではなく光そのものを扱っています。ノー・オブジェクト、ノー・フォーカス、ノー・イメージとおっしゃっています。それは、光そのものを扱うことでリアリティをつくり出そうということなのでしょうか。

タレル　そのとおりです。

佐々木　若い頃にパイロットになったわけですが、飛行機を操縦しながら見ている世界が作品の背景になっていますか？

タレル　たしかに空中での知覚体験がもとになっている気が

します。たとえば計器飛行の離陸の時、雲の層を突き破るまでは雲が色づいて見えるんです。それは視覚的な喜びです。でもそれ以外にもきっかけはあります。ある作品は、屋外で見る事柄を頭の中で描いたものです。眠る前に眼を閉じたり、瞑想に耽る時、いろいろなイメージが頭に浮かびますよね。いくつかは残像からくるもので、また白昼夢のようなものもあります。そういうイメージはじっさいには見えてはいないのですが、あるリアリティをつくる引き金、刺激として存在しています。その引き金となるものをわたしはつくっているのです。みなさんそれぞれが、異なった想像上のものを見るわけです。

佐々木 でも、多くの観客たちは、その装置を通じてある共通した体験をするわけですよね。その共通性とはあなたがつくられたシステムが提供していることにあると考えますが、その点についてはどうお考えですか。

タレル 共通性や公共性を保証するものは何なのでしょうか。たとえば「ガスワーク」という作品は、シナプスのファイヤリングを段階的に見せるようなものです。コンピュータを使って、眼の中のシナプスのファイヤリングを制御しているのです。これで視覚模様をつくったり、描いたりすることもできます。ここでは皆が同じ組織を見ることになりますが、感じるものはそれぞれ異なります。驚きこわがる人もいれば、魅せられる人もいます。これは素早く起こるもので、いろいろな段階で続けたいかどうかを聞いていきます。神経科医が見に来たこともありますよ。

網膜の盲点が見える作品もありますが、これは、通常見えないものが見えるんです。われわれは境目のない連続した視覚を持っていて、何でも見えているように思っていますが、盲点で見ている部分の色は見えていません。でも色が見えていないと自分で意識しているわけではないんです。こうしたことを示して見せると、人は驚くのではないでしょうか。

プラトンの『国家』という本に、洞穴についての記述があります。人が洞穴の入口つまり現実に背を向けて、穴の中の壁に映し出される現実の逆さまのイメージを見ると書かれています。これはわれわれの不完全な知覚に対する素晴らしいアナロジーだと思います。われわれの眼球には虹彩があり、網膜の裏側にイメージが映ります。ただしこれは現実とは逆向きなのです。一見継ぎ目のない世界の中をわれわれはナヴィゲートしているように思えますが、その感じ方や受け止め方は、じつは非連続です。つまり、われわれは夢遊病者のように、この世界のナヴィゲートのしかたを学んでいるんです。わたしは、この知覚の非連続性を称えます。自分がこうした生き物であることを喜んでいます。

佐々木 知覚システムの非連続性の危うさを再体験させるもの、そういう場がありえると。

タレル そうです。われわれは成人としてこの世界にいるけれど、ある意味で、学んだことを忘れてしまっている。また、学んだものの中には偏見も入っています。自分が見ているということ自体を見るという内省的な行動を扱った作品は、これから水戸芸術館での個展(一九九五年十一月から一九九六年一月開催)でいくつか見られますよ。

対象物のないアート

佐々木 通常の視覚心理学はイリュージョンから出発するんです。しかしあなたの仕事は、リアリティから出発して、しかも人がいかにリアリティを獲得するかを見せています。それをあなたはノンバイケーリアス(非媒介的)・アートとよんでいます。

タレル そうです。ここによい体験的な例がひとつあります。夜に花が咲くきれいなサボテンがあるんですが、それは一年の内一晩だけ、しかも満月の夜にしか咲きません。アリゾナ州にあって、それを見るには、キャニオン・ド・シェリー(Canyon de Chelly)という峡谷に四輪駆動の車か馬で行き、日没前にその場所に着いて食事をして待つわけです。そして陽が沈んで冷えてくると、月が峡谷を照らし、サボテンが月の方向に向いて花が開きます。どういうわけか虫もどの晩かを知っていて、そこを目がけて集まってくるんです。とても興味深い状況です。やがて月が沈むと花も閉じ、朝の温度が上がってくるとしおれてしまいます。

たとえば、日本のビルの最上階の温室に同じサボテンを置いたとして、テキーラを飲んでアメリカ南西部のようにみんな着飾り、同じ月が昇れば同じことが起こりますが、体験はまったく違います。同じ対象物を知覚していますが、わたしはその体験自体が貴重だと思っています。

わたしの作品では対象物は取り除かれ、知覚の働き自体が問題となっています。つまり見ている物ではなく、見ている事自体が対象となるわけです。

佐々木 それが、あなたのダイレクトネス(直接性)ですね。

タレル そうです。印象派の作品でも、見る対象として積み藁自体に価値はありませんが、モネの作品となれば話は別です。彼の日記に積み藁にあたる光線の変化を彼がどう見ていたかが記されていて、それを読むと自分がどのように見ているのかがわかります。だれかが絵から積み藁を取り除いたり、またじっさいに自分が積み藁の前に立っても、もう光の変化を見逃すことはないでしょう。対象物、イメージ、焦点がなくても、見るものは何かある。それは、テレビでスポーツを見るのと、じっさいに自分がするのとの違いと同じです。

プールの水と白昼夢の水

佐々木 交通事故などで両脚を切断するケースがあります。傷が治った後のリハビリに水泳がある。はじめは残された大腿部でバタ足の動きをするそうです。しかし膝から下、特にフット、足先がない大腿のバタ足には水の中の推進力がほとんどない。しばらくすると、この動きは自然に消えていく。大腿には左右に揺れるような動きがあらわれるそうです。おそらく変わった身体は水の新しい性質を知覚しているのです。動きの変化をもたらしたことは水そのものにあると考えます。新しい知覚の学習は環境と出会うことでしか起こらない。このような考え方をどう思われますか。環境抜きに経験はありえるのでしょうか。

タレル あなたは正しいと思います。リアリティ抜きに経験はありえません。イリュージョンは、リアリティの許容度が狭いので、禅の公案のように矛盾を取り込めるようにふくらまさなければいけない。ことばではいくらでもいえますが、水がじっさいに証明することになります。

佐々木 あなたの作品には「水」があると思います。残念ながらほかの多くのアーティストの作品には水がないことが多いのです。それが問題です。

タレル はっはっは。コンテンポラリー・アートの告発ですね。たしかにコンテンポラリー・アートの問題のひとつは、水がないということです。ここに座って本に夢中になっていると、物理的にどこに座っているかに関係なく、作家のつくったスペースの中に入り込むことができます。だから、回りに人が通っても気にならないし、むしろ見えていなかったりさえします。そう考えると、水の概念も広げなければいけません。水は物理的に存在するのみならず、頭の中にクリエイトするものだからです。夢遊病者と同じで、白昼夢のスペースへエントリーするように、そこでは身体の置かれた物理的スペースはなくなってしまうのです。

高速道路を音楽を聴きながら運転したり、好きな人のことを考えていて、自分の下りる出口を通り過ぎてしまいます。これは、その人が高速道路にいるというより、白昼夢の中にいるということです。リアリティは、合理的、物理的な世界だけではないんです。われわれは創造というものを強く信じています。世界をナヴィゲートして行くのは、そう簡単なことではないのです。

佐々木　あなたの仕事は、アートが生まれる根源にあった知覚の経験を、アートに持ち込もうとしているのですよね？

タレル　そうです。

佐々木　モダン・アートの救世主のような人だと思います。

タレル　ありがたいおことばです（笑）。

われわれは、眼で触る夜間生物

佐々木　ところで、あなたはフィジカル・オブジェクト（物理的対象）を超えるものをフィジカリティとよんでいますが、それは何ですか。

タレル　まず眼の働きについて話さなければいけませんね。眼は脳のむき出した一部で、予備的処理をするところだと考えていいでしょう。まぶたがそれを保護し、虹彩があるけれど、環境の中にある光のために宇宙を見ることはできません。また光によって眼が見えなくされてもいるんです。わたしたち生物は、構造上夜間生物だと思います。日中でも夜間でも電気の中にいますが、じつは眼は閉じていて、光が弱まって眼が開く時に本当に眼で感じ取れるんだと思います。ほとんど眼でふれることができるようになるんです。かなりロマンチックな見方ですが、それを示して見せることができると思います。

　じっさいわたしの作品は、眼で触ってもらっているといってもいい。薄暗い光のもとで、恋人の眼を見る時、眼で触っているのを感じてこわくなるほどです。人生が変わってしまったようで何が起こるのだろうと思うけれど、それでもこの感じにわれわれは従います。英語の感じるsensingということばは、官能的なsensuousということばから来ていて、おいしいものを飲むように、見て感じて喜ぶという意味です。これがフィジカリティ、つまりわたしのアートであり、ほかのアーティストもこの喜びを称えています。

佐々木　空中で飛行機のエンジンを切って航行《ソアリング》している時全身で感じるものというのは、いまおっしゃった光を落とした世界との接触のようなものでしょうか。あなたはそれを「スペース」とよんでいる。

タレル　そうです。わたしのアートの多くはそこにもとづいています。それは、服従を要求するものでもあります。じっさい、体験する前に、横たわって引き出しのようなものの中に入ったり、かがんで中に入ったりしなければならないことがあります。

佐々木　エントリーですね。

タレル　そう、「体験に従う」ということです。ダンスに行って、ダンスフロアに入りたがらないとか、小説を読んでその世界に入るとか、どれだけ入りやすいかということですね。

　アメリカの西海岸で六〇年代にはじめてそういうことを考えた時、すべての空間を白に塗り、靴跡が付かないように靴を脱がせました。すると、カリフォルニアはアジアの方を向いているにもかかわらず、靴を脱ぐのを嫌がった人もいたのです。もちろん日本ではその問題はないでしょうね。フランスのポワチエで、水の中に入り、出てきてはじめて体験できるようなものをつくりましたが、服をすべて脱がなければならないのに、靴を脱ぐよりもむしろ皆さん抵抗なくやっていました。靴の時にはエンターするためのお願いのしかたをよくわかっていなかったわけです。

ローデン・クレーター＝天球の音楽堂

佐々木　ローデン・クレーターで計画されているエントリーはどういうものですか。

タレル　今回の日本への旅と同じものだと思っています。ぜひいらしてください。

　このプロジェクトのコンテクストは、風景によるものです。地質がむき出しになったところで、草木もなく、何年も前の地形の変化がよく残っています。舞台のセットは地質時代なのです。そこにある死火山に、天体の事象とかかわるスペースをつくるわけです。光によって天球の音楽を奏でるスペースです。天球の音楽とは、惑星間の距離や動き、サロス（日食・月食の周期）といった数学上の惑星の関係です。ここではさらに、わたしたちから見た惑星や、ほかの惑星から見た惑星の位置も関係させて音楽を構成します。バッハの曲を光であらわすようなものですね。

　ローデン・クレーターは、プラトンの洞穴にとてもよく似たものなんです。アイルランドのミース州に紀元前三一〇〇～二九〇〇年の間につくられたニューグレンジという五千年前の新石器時代の石組みの巨大墓室がありますが、構造はそうしたものを参照しています。それは盛り土の下の洞穴で、冬至の太陽が昇ると一日中その光がトンネル内に入り、空間に黄金色の光が充満するんです。光のイベントですね。回りの光をすべて覆ってしまうので周囲は薄暗くなりますが、逆に洞穴内の光はとても強い輝きとなり普段のリアリティの一部を強調させることができる。ここへ来た人は、日頃意識していない出来事に対して敏感になるでしょう。ニューグレンジは一年の内一日しか太陽光線が入りませんが、わたしはこれをつねに起こるようにしたいのです。

佐々木　おそらくヴァーチュアル・リアリティをやっている人たちは、あなたの話に興味を持つでしょうね。宇宙の光を取り入れる空間というわけですね。

タレル　そのとおりです。いま取り組んでいるのは、宇宙のはじまりに近い光をとらえる計画です。そのためにはまず、星がたくさんある天の川からはなれた右の方角を見なくてはいけません。われわれの地球は回転していますから、いろいろな宇宙の領域を見ることができます。何十億年も前の古い星を見ることもできますし、また八分前につくられたような新しい光を見ることもできる。新しい光も古い光も、またここにある光も同時に取り入れられ、空間の中で絡み合って、ひとつの明らかな存在となるんです。これらの光はふれることができます。ワインをミックスしたようなものですね。日中の太陽の光を使えば、ボジョレというようにね(笑)。

佐々木　光のソムリエですね。

タレル　ええ(笑)。

新しい光のアート

タレル　わたしは、光は貴重な素材だと思っています。わたしのアートのメディアは知覚ですが、知覚を効果的に働かせるために光という素材を用います。かたちをつくることができる粘土や木と違って、光は扱い方が難しいので、思いどおりに使うのは簡単じゃありませんけどね。

ただ、物より体験のほうがわたしには大切なので、人工光を使うにしても、物としてではなく、物質的存在として扱いたいとは思っています。ここ横浜での作品もそうですが、後ろにある壁を見ようとしても、自分と壁のあいだにある何かを通さなければ見ることができない。光の質といったものが空間の中に存在するわけです。これは驚くことでもなくて、夢の中ではいつもこうなんです。わたしにはむしろ、いまいるような空間にライトを当てることのほうが驚きです。虚ろで居心地の悪い空間となってしまう。わたしのいう空間とは、空っぽでない空、ポジティヴな空ということです。

佐々木　あなたの光についてのアイデアは、これまでのサイエンスが扱ってきた光とはずいぶん違いますね。

タレル　光は現在、まだ初期の段階にあると思います。モダンな東京のどの店でも、赤外線を分光を通して紫外線にするような電気はないでしょう。エネルギーやデザイン、お金をかなり掛けてつくっているものの、それは電気の取りつけ具でしかない。わたしの持っている電球のコレクションには百年以上前のトマス・エジソンの電球がありますが、いまだにちゃんと電気がつくんです。ここで使われているライトは百年ももたないでしょうね。それ以上、進歩していないんです。

光でイメージをつくることによって、映画も文学になりえますが、もっと感情に訴えるパワフルな光の使い方もあると思っています。じっさいにそんなすごいライトがつくられるまで、わたしも自分のアートをつくらなければなりません。

佐々木 光の新しい世界をつくってらっしゃいますが、同時に、アートを体験する新しい形式もつくってらっしゃる。もしこうした表現が一般化されたら、アートを見ること自体が違う次元に行くのではないでしょうか。

タレル インスタレーション・アートというものがありますが、わたしはそれに興味があり、これは西洋でしか存在しないと思っています。でも、環境なり空間なりにエンターするようなものは日本の文化には昔からあったのではないでしょうか。劇場にしろわたしたちのいる環境にしろ、そこからさきの庭や山々も含め、町をナヴィゲートしたり、それを上空から見たり、また星からそれを見たり、さらにほかの惑星から見る、このよう広がりのある考え方の伝統は、日本には昔からあると思います。

佐々木 作品を前にしてわれわれは経験をするのですが、作品そのものはあなたの経験にもとづいている。つまり、われわれは経験を導く師匠に出会うように、作品に会うのですね。

タレル たしかに、見る人がもとからもっているものと作品を通じて出会う事柄というものがありますが、それを期待します。相手のよい部分を指摘すれば、そのよい部分を通じてわたしに反応が返ってくる。話をしたことのない多くの人びとの反応を得られるのはおもしろいことです。

佐々木 最後に、わたしはあなたの書いた本を読みました。とくに、お父さんとの交流や、サン=テグジュペリを引用した最初の飛行体験のお話……。世の中には飛んだことのある人とない人がいるのだなと。また、アーティストは飛んでいなければいけないと。

タレル わたしもそう思います。飛行のソアリングはもちろん、精神のソアリングもとても重要だと思います。

（一九九五年三月一八日　於：ヨコハマ・アートサイド・ギャラリー）

対話II　知覚の跳躍について

佐々木　リハビリ病院で観察をしています。最近出会った脳卒中の六〇歳過ぎの女性は、二年前から右側の手足が麻痺していて、眼では知覚できても触覚ではものを知ることができなくなった。眼を閉じると大きな皿に手でふれてもそれが何かわからない。そうなってから、ものを視覚で捕らえていないと、自分のからだが消えてしまうような感じがするという。暗闇がひじょうにこわくなったとおっしゃいました。

タレル　暗闇はひじょうにやわらかいもので、人はその中に溶け入ってしまうような感覚を持つ時もあります。

佐々木　その方に会って、暗闇と光がそれぞれ独自の身体感覚を与えていることを知りました。もうひとり、別の女性ですが、弱視でほとんど視力がない。片眼に少しだけ光の感覚が残されている。しかし視野が狭くて下の方向だけしか見えない。この方に付いて歩きました。地下街だとまっすぐに歩くことができるのです。どうしてかと尋ねましたら、彼女は地下街の天井に並んでいる蛍光管の光が床に映ってできる配列を使っているといいました。

タレル　日本では歩道に黄色のブロックを置いていますね。

佐々木　彼女の視覚はコントラストが十分でないと働かないので、黄色の歩道ブロックは見えないほどなのですが、地下通路だとさいわいにも「光の川」が見えるのです。

タレル　わたしにとって興味深いのは、われわれは感覚をあたりまえのものとして捉えていますが、感覚に障害のある人たちこそが、感覚について多くを教えてくれるということです。

佐々木　前回のインタブビューで、タレルさんが、「パーセプチュアル・ジャンプ（知覚の跳躍）」ということをおっしゃった。タレルさんは上空でのパイロットのナヴィゲーションの例を持ち出されて、パイロットは地上での身体感覚を無視しなければ新しい航法を習得できないとおっしゃいましたね。すべてが見えているのに一旦は道を失うと。

タレル　文化的な側面においてわれわれは何らかの跳躍をすることがあるし、信念や信仰についても同じことがいえます。それはかならずしも進歩というわけではなく、人生において新たに必要とされていることからしばしば起こるのです。

佐々木　ぼくは弱視の人とか、半身が麻痺した人からそれまでは知らなかった光とか暗闇の意味について学ぶことができた。水戸芸術館でのタレルさんの個展[❖1]に行って、《ゾーナ・ロッサ》や《バックサイド・オヴ・ザ・ムーン》を見た時、

「自分ではない身体が見た世界」がそこにあるなあということに気付きました。

タレル　そういってくださるのはうれしいですね。わたしはあなたに、そしてほかの人たちのために、体験する場をつくっています。そしてそれが「何か」であること、体験する価値のあるものとして真剣に受け止められることを願っているのです。

佐々木　今日もっとも伺いたいのは「知覚の跳躍」ということです。知覚者の身体をいったん無効にする方法についてです。人びとはあなたの作品を前にまず、こわいと感じるかもしれません。いままで一度も体験したこともないところに足を踏み入れるからです。そして「見ることのジャンプ」が起こる。

タレル　こわい思いをさせてしまっているとは申し訳ない気持ちです。人に対して有害な体験であってほしくはないのですが。しかし、そこにはわたしがいうところの「入場料」というものも存在しますね。この入場料というのは、自分を任せて従うことなのです。たとえば本を読んでいる時には、その本の世界に入ってしまいます。人が通りかかってても気が付かないこともしばしばです。じっさいに座って本を読んでいる空間よりも、作家、そしてことばのかたちづくる世界に入り込んでいるのです。読書には服従のしきたりがあるといえるでしょう。医者に行く時もそうです。十時に予約をとって十時半になっても二年前辺りの雑誌を読みながら、待合室にいることもあるでしょう。さて、自分の番になったら、診察室で服を脱いで自分をオープンにする。これも従うというしきたりですね。座禅を組む時、茶会などもそうといえます。現代美術においてはこうしたしきたりが度外視されてきましたが、ある種の体験において、それは必要なことなのです。もちろん作家に対しての信頼が要求されます。「ポケモンショック」のようにアニメーションを見ていたら、暴力的な光のために気分が悪くなることもありますからね。最近そうした問題が出てきていますが、作家側と観衆側に作品が有害でないという信頼関係を取り戻すことが必要です。

佐々木　タレルさんの作品は、遠くから眺めるのではなく「眼でふれる」ことを求めている。光と眼のとても弱い接触をつくっている。

タレル　以前にもお話ししましたが、わたしは光の明度を低くすることを好みます。人をオープンにすることを促すからです。そして人がオープンになった時、感情は眼からの接触のように流れ出します。もちろん自分をオープンにした時にはゆっくりとした調整が必要です。そうしないと、午後の早い時間に映画を観て出てきた時にまだ陽が高く、光を粗暴なものに感じるでしょう。だから、人をオープンにさせる時はとても気をつけないといけないのです。

佐々木　そのことをタレルさんは「エントリー」と表現していますが、タレルさんの作品の前で、人はソフトな探索を強いられる。タレルさんの光にはそういう束縛がある。

タレル　わたしはそれが、人がもう少しゆっくり時間を過ごすきっかけになればとも願っています。自分がオープンしていて、そのうえ減速すれば、そこで起こる現象は知覚の基本体験といえると思うのです。

佐々木　部屋の奥に作品がただ置いてあるというのではなく、展示部屋に入り込んだ知覚者の動きも含めて、場所の全体が設計されていると考えてよろしいですか。

タレル　ええわたしは人がどのように部屋に入るかについても気に掛けねばなりません。横浜のポートサイド・ギャラリーの展示[※2]ではそれが難しかったのです。会場が狭くて外光からすぐにわたしのつくる光の深さへと移動しなければなりませんでしたから。ここ（世田谷美術館）ではもう少しプレリュードが取れます。はじめ外光を考慮し、つぎに、室内の少し落とした光、そしてふつうその後でわたしはエントリーについて考えます。時間のことも含めて。光の暗さ、深さに順応するには時間のかかるものですから。わたしはすべてを合わせて考えたいと思っています。

佐々木　どれくらいの時間をコントロールされているのでしょうか。

タレル　ポートサイド・ギャラリーの場合は八分くらいです。それはそこに何があるか知っているわたしにとっての時間ですが。

佐々木　日本で作品をつくる時には、日本の夏の光とか、世田谷の濁った空気とかすべてが作品に入っているわけですね。

タレル　日本の光は雲によってあるいは公害によってやわららかくなっていますね、いずれにせよ、やわらかい光です。今回ふたつの作品で外光を使っていますが、わたしはそれらの光がとても気に入っています。静かでやわらかい光です。わたしがそういうのは肯定でも否定でもありません。しかし、それはやわらかい光、優しい光です。日本文化の中で制作するのがわたしにとってありがたいのは、人びとがこうした作品を体験する用意ができていることです。時間のスタイルともいえますね。たとえば、アメリカ東海岸ではもっと難しいでしょう。あちらでは大きな作品をつくりやすい。見る人はわかるか、否定するかどちらかですから。東海岸では制作のしかたを変えています。

佐々木 外光を使うということは、開館時間から閉館時間までずっとここに滞在する人を想定していますか。

タレル ええ。それに雲が流れるだけでも変化します。あとわたしはずっと《スカイ・スペース》の作品を日本でやりたかったのですが、まだ実現していません。ただ今度の新潟県川西町(現・十日町市)のプロジェクト(二〇〇〇年完成)でやってみようと思っています。

佐々木 どんなプロジェクトですか。

タレル 人が泊まっていける家をつくるのです。

佐々木 星を見たり、月を見たりする。

タレル 屋根が開くようになっていて、以前につくってきた空の作品と近いものです。この近くでは見ることができませんから。ロサンゼルス、ニューヨーク、それとイスラエルにあるのです。そこでは、雲と光の様子がやわらかく美しいし、わたし自身が媒体にするのが楽しい光です。ポワチエ市では水を使いましたが、日本の風呂も使う予定です。

佐々木 《ローデン・クレーター》[3]では人はどのくらい滞在できるのですか?

タレル 二四時間です。つぎの日に予約が入っていなければずっといることもできます。冬には一週間くらい滞在できるのではないでしょうか。

佐々木 少し眠ったり、食事をしたり?

タレル ええ。人は作品の中に滞在するのです。アートの中に居住空間をつくります。新潟のプロジェクトでは家全体がインスタレーションである家をつくるつもりです。

佐々木 なぜ新潟なのですか?

タレル なぜだろう? 川西町の人たちが招いてくれたから。アートの場合、しばしば招待によって作品を具現化しますからね。もっとたくさんのプロジェクトをしたいと思っているんです。作家の欲はきりがありませんね。

佐々木 タレルさんの作品はわれわれの知覚行為の持続を長く制御している。同じようなことをしているアーティストはほかにいましたか。

タレル ビル・ヴィオラの作品はとても好きです。彼はビデオ作品をつくっていますが、とてもいい友だちでもあります。作品はとてもパワフルです。彼はイメージを用いますが、わたしはイメージも物体も用いません。わたしたちはまったく違う方法で仕事をしていますが、お互い何をしてきたか、長いこと見てきました。わたしの好きな作品をつくっているアーティストはたくさんいますが、一回の展覧会やひとつの作品でその作家が何をしようとしているか知るのは難しいことです。ダニ・カラヴァン[4]の作品の中にも素晴らしいものがいくつかあります。ライト・ボックス、ライトガラス、スクリーンに映した光といったようなかたちで、わたしのほかにも光を用いるアーティストはいます。しかし、わたしが知覚を考察するアーティストであることはたしかです。なぜなら、この知覚というのは自分たちが気づいていない不思議な贈り物だからです。あなたが話してくれた何人かの人たちのように、知覚に障害を持たない限り、自分たちが何を手にしているのか気付かないのですから、わたしは崇高な歓喜、知覚することの味わい深い喜びに興味があるのです。

佐々木　光は接触の対象ですね。

タレル　そうです、接触です。あなたは光にふれています。光が物質であることは知っているでしょう？最近では、光はわたしたちがそれを見ていることを知っているという理解が科学的に示されています。光を意識と絡み合わせることはある人にとってはショッキングかもしれませんが、わたしにとっては驚きではありません。《ローデン・クレーター》のプロジェクトをともに進めている近くの天文台に勤める天文学者が電話で知らせてくれたのですが、彼らはこのことを知ってとても興奮していました。おもしろいことに彼らは宗教活動には懐疑的なのに、何らかのかたちで毎夜、神と向き合っているようです、たぶん、ほかの人たちよりも信仰を持っているのでしょう。もちろん通常の宗教に対してではありませんが。

光をつかまえる

佐々木　タレルさんの光はやわらかくて、ふれなければ逃げて行ってしまう。

タレル　わたしの娘が「どうやって光を逃がさないようにしているの？」と尋ねたことがあります。プラトンの洞窟を思い出しました。光を捕まえるための空間をつくるのですが、それは自分自身を見るためのものなのです。眼をつくるようなもの、知覚するためのもの。それは容器というよりも、自己を知覚するものです。ベネッセの直島コンテンポラリー・アート・ミュージアムが《バックサイド・オヴ・ザ・ムーン》を購入するのですが、「これで何を所有することになるのですか？」と聞かれました。わたしは「通り過ぎて行く光を所有するのですよ」と答えましたが、答えるのはとても難しいのです。娘に答えようとした時みたいにね。《バックサイド・オヴ・ザ・ムーン》ではじっさい光が底面からあふれでているように見えます。これは外部と内部の光の関係性によって起こるものなのですが、娘はこれに気づいて「光が流れ出した」といいました。それでその話をしたのです。これはおもしろい質問なのですが、わたしは答えを持ち合わせていません。けれども光のそういう特質が好きなのです。クレーターにあるひとつの空間では——これはまたなぜこのプロジェクトがわたしにとってエキサイティングであるかに関係するのですが——黄道光を取り除きます。太陽の光、月や金星、土星に反射している光、そして銀河の光も。そうすると、二五億年以上前の光のみがその空間に集められます。その赤方偏移した光を触り、感じることができるのです。これは古いワインのようなものです。もちろん「ボージョレ・ヌーヴォー」である八分半前に発せられた太陽の光、星を集めた光も取り出せます。じっさい星の光はかなり明るいもので、その光でよくものが見えるのですよ。

佐々木 光を取り分ける方法は最近の発見ですか。

タレル ええ黄道(天球上の太陽の年周運動行路でできる大円)も銀河も動くのでこれは方角をもとにやらねばならないのです。黄道と銀河の光を取り除かないと本当に時間を経た古い光を得ることができません。けれども、その光は存在するし、集めることができるのです。

佐々木 天井の設計で可能になるのですか?

タレル 開口部のあり方によってです。金星の光のためだけの部屋もあります。金星が逆行する時に光が落ちてきます。星はいつも東から登り、西に沈むようにわたしたちの軌道からは見えますが、それが時々逆の方向に動くのです。それを逆行とよんでいます。逆行している時には空はかなり暗くなります。開口部を黄道につくれば、太陽、月、金星、すべての星が通ります。そして逆行用の開口部をつくることもできるわけです。わたしは金星の光が自分の影をつくるのを見たくて、そのための部屋をつくりました。しかし今年(一九九八年)の一月、金星の光が強くて、月のない夜には外に出るだけで金星の光が影法師をつくったのです。わたしの活動拠点であるフラッグスタッフにはたくさんの天文台があって、天文学者たちが天文ニュースを新聞に提供しているのですが、このことも新聞に載りました。わたしも外で自分の影を見ました。特別な装置など必要なかったのです。その光を吸い込み、その輝きを感じることは、本当に特別でしたよ。これと似たような変わった出来事はほかにもありました。ガスランプを製造する会社が星の成分のガスを売り出したのです。自分の好きな星を構成するガスを注文できるわけです。たとえば、雄牛座の光を注文できるのです。わたしは雄牛座、カシオペア座などを注文しました。その惑星に行った時の光を見ることができるのです。

佐々木　光の年齢を選べるとして、光を満たす媒質についてはどうですか？

タレル　多くの人はわたしたちが空気の中で生きていると考えているようですが、わたしは光の中に生きていると思っています。もちろん空気を呼吸しているのですが、光をビタミンDとして吸収もしているのです。光という媒質の中で生きているといってもいいのではないでしょうか？

佐々木　日本の大気の中に充満している光でタレルさんの行動が変わったりしますか。

タレル　もちろん全然違います。そして人びとも違います。前にいったように多くの人は光について気付かなかったり、考えなかったりします。しかし、だからといってそれに影響されていないわけではないのです。わたしの個人的見解ですが、わたしにとっては、一部のヨーロッパの人よりも、日本人、韓国人、台湾人に対してのほうがエントリーをつくることがやさしく感じられます。もちろんアイスランドとノルウェーの人たちは光と素晴らしいかかわり方をしています。西洋美術においては、光を使ったアーティストのほとんどすべては北方の作家です。もちろんちょっとお金ができて、ちょっと有名になれば、南仏に行きましたけれどもね。フェルメール、レンブラント、光を描いた画家で南仏出身はいませんよ。

佐々木　光がアーティストをつくった。

タレル　そうですね。そういえるとも思います。そうした文化の中では光の良さが認められています。日本の文化は審美的ですね。ここでは人びとは抑圧されていると感じていることも知っていますが、わたしはそう思いません。感覚的・審美的なことは日本の文化に深くかかわっていると思いました。料理法、茶道、そのほかのさまざまなことがそう感じさせます。もちろん、セクシーというのはあてはまらないかもしれませんが、審美的、感覚的ということばはじつにぴったりだと思います。

佐々木　水戸での作品《ゾーナ・ロッサ》を見た時にぼくはあの中に蝶を飛ばしたいと思いました。あの部屋で赤い光に思わず近づいたり遠ざかったりした。その後にしばらくは動けなくなった。蝶や犬でも同じようなことをするのかな、と思って。

タレル　ずいぶん長いこと飛行機の格納庫で作品をつくっていたのですが、夜になるとよく窓を開けたものです。鳥が飛び込んできておもしろかったですよ。ある夜フクロウがやってきて、ずっと止まっているんです。わたしはじゃまにならないようにじっと動かずにいました。フクロウも動きませんでした。わたしはうとうとしてきて横になり、眼が覚めた時にはいませんでした。作品はそのままでした。じっさいにあったことだろうか、なんて思いましたよ。ほかの生物がどのように作品を見ているか知るのは難しいですね。ただ、鳥、とくにフクロウはわたしたちよりずっとよく見えるってことは知られていますが。鷹が旋回をしながら遊んでいるのも見たことがあります。ただ生きているだけでなく楽しんでいるのです。あのフクロウも作品を楽しんでいってくれたならいいんですがね。

音と光の交差

佐々木　『美術手帖』に作家の宮内勝典さんが三〇年以上前のあなたのサンタモニカの白いスタジオでの潮の音のことを書いています。[5] あなたがほかの音は聞こえなくて太平洋の海の音だけが聞こえる部屋をつくったという話です。宮内さんはグリフィス天文台のそばにあるロスの音全体が立ち上ってくるところにタレルに連れて行かれたともいっています。音を使った作品はほかにありますか。

タレル　多くの作品で音を使っています。《テレフォン・ブース》にもあります。識域の少し上くらいの音です。

佐々木　何の振動を使っているのですか。

タレル　《テレフォン・ブース》では子宮の音を使っています。素晴らしい音ですよ。それから自然の音。いくつかの場所で風の音を使いました。あとその近くの滝の音。一五マイルほどさきでも聞こえるような滝の音をパラボラを使って集音し、ブースもパラボラ状にしたのでかなりパワフルに音が聞こえました。宮内さんが書かれている潮の音の作品と同じです。海からは一マイル半はなれていて、夜になって町の音が静まると聞こえてくるのです。稀少な場をつくるというアイデアは気に入っています。風や潮といった自然な音を使うこともありますが、ニューヨークのPS1（MoMA PS1。ニューヨーク近代美術館分館でコンテンポラリーアート専門のアートスペース）では町の音を消すようにしてみました。混沌の中でピュアな場をつくりたかったのです。都会の騒音に慣れてしまうとそれさえ気が付かなくなるので、その音を止めてしまったり、違う音にしてしまうのも奇妙でおもしろい体験です。

佐々木　ソアリング[6]の時にはどんな音が聞こえるのでしょうか。

タレル　それは時と場合によります。現代のグライダーの中はとても静かです。けれども車と同じように、時速一二〇マイルで飛んでいる時に窓を開ければ、すさまじい音です。

もっとも快適なソアリングは夏の暑い日で、高度を上げて行くとどんどん涼しくなります。三〇〇メートルで摂氏一度で下がります、そして十分涼しくなって、通気口を閉めるとひじょうに静まり返った空間をつくることができます。高空にいて、静かだとスピードを感じません。だから移動している感じを楽しむには時々通気口を開けてみたりもします。飛行の醍醐味は感じることですから、下降にダイヴして低空を行くのも楽しいものです。浮遊しているようなんですよ。いちばんいい時間は夕暮れですね。ひどく静かな中を浮遊しながら、地球の色が変化するのを見るのは素晴らしい感触です。最後のランディングをその時間にできると最高ですね。

佐々木　ヴァーチュアル・リアリティにかかわる人はマルチモダリティー(多重知覚)といいますが、光と音、振動をどう表現の中でつなぐか、何か示唆はありますか。

タレル　いまはとてもエキサイティングな時だと思います。しかし、ヴァーチュアル・リアリティに関していえば、わたしにとってはその装置が問題です。《ガス・ワークス》は少しヴァーチュアル・リアリティに近いといえるかもしれません。ただ、やはり、眼の前のスクリーンでなく、こころに投射することがベストでしょう。スクリーンはあまりリアルではないですからね。人びとが同時多発で夢を見ているように、イメージを転写することは可能かもしれません。そしてそれを示唆するような奇妙な事柄も起きています。眼の裏側こそ、今後もっとも大きな未開拓領域なのですから。パラ・サイコロジーという烙印をおされている分野であり、また科学分野で異色とされがちですが、それに名称がないからといって、その感覚をわたしたちが持っていないことにはなりません。ですから知覚心理学はこの時代、保証された環境が整い、急激に発展すると思います。わたしたちはアーサー・C・クラークの本『幼年期の終わり』[7]のような世界に向かっており、まさに精神のバランスが問われる時でもあります。このような感覚、ことばを使わないコミュニケーション、イメージ転写、(バイオ・フィードバック、サイコ＝フィードバックを学ぶための)新しい装置、といった方向にたしかにわたしたちは向かっています。そして世界のどの国のどの文化も、これらが主流となる前に、わたしたちがまだ手にしていない心理的健康とバランスが必要となるはずです。

佐々木　最後の質問ですが、タレルさんは作品をつくる根拠を世界にたくさん持っている。宮内さんがタレルさんの運転するモビイ・ディック(メルヴィルの『白鯨』の白いマッコウクジラの渾名)と名付けられたキャディラックで、ふたりで町中に光を探した経験について語っています。「通りのある部分だけ、朝の街角に射してくる光で異化されるところ。光と空間が際立ってくるところ」を探して、車を止めて、だまって指で指す。そういうことをしたと。若いアーティストたちはどうやって根拠を探せるのでしょう。

タレル　まずおぼえておかなくてはならないのは、アーティストになるためにもっとも必要とされるのは楽天家であることです。アートは購入さき送りがもっともしやすい物件です。売れないことを心配していてはアーティストという職業を生涯のものとすることはできないでしょう。しかし、現代においてはいままで以上にアートが必要とされている時代です。文化変遷のサイクルを見た時、日本はいままさに自国の美術をもって国際レベルでブレークする寸前にあるといえるでしょう。アメリカの美術が独自のものとして形成されたのはたった五〇年前です。長いことヨーロッパの美術を模倣し、コレクターはヨーロッパの美術を収集し、美術館はヨーロッパの美術で埋め尽くされた後にやっと、アメリカの美術を買いはじめ、画廊が展覧会を開き、ヨーロッパのコレクターが買いはじめたのです。この状況は日本ですでにはじまっています。誰もいまそんなことは起きてはいないと思っているかもしれませんがいま起きていることなのです。日本のアーティストがアメリカに住み、アメリカで作品が売れています。いま日本のアートを買うアメリカのコレクターがいますが、もうすぐ日本のコレクターが出てくるでしょう、自国のアートの自国のコレクターというのはいつもいちばん最後にきますけどね。そして、日本にはたくさんの美術館がある。わたしが一九六一年にはじめて来た時、その後の一九六七年でさえ、これほど多くの美術館はなかったでしょう。ほとんどの展覧会はデパートで開催されていました。いまやいろいろなところに美術館があります。もちろん美術館は質の高いアートで埋められる必要がありますが。けれどもすぐにその時期はやってくるでしょう。もし、あなたが若くて日本人であるならいまがアーティストになる時です。

佐々木　日本でのパーマネント・コレクションの予定はありますか。

タレル　ベネッセが作品（バックサイド・オブ・ザ・ムーン）を買いました。また、これから川西町の作品（現・新潟県十日町市「光の館」）もつくります。ふたつの可能性があるという所ですね。

佐々木　日本の各町に《ウェッジワーク》があるといいと痛切に思います。

タレル　いいことをいってくれますね。そうしたいですよ。日本のアートについてのことは本当ですよ。不景気だとか日本のコレクターのことに関するあれこれ聞きますが、もうすぐそこにきているんです。わたしはとても楽観しています。美術館にお金がないなんてたいした問題ではないのです。

（一九九八年八月一一日　於：世田谷美術館）

ふたつの対話の後で

「絵の具の代わりに光を使う画家」ジェームズ・タレルは、「光」そのものが表現の素材となることを発見するためにふたつの経験をしている。[8] ひとつは生家での体験である。航空技術者で鳥が大好きだったタレルの父は、屋上に鳥と交流するために部屋をつくった。一九四二年のロサンゼルスでは日本空軍の飛来が噂され、夜間に屋内の光が外にもれることを避けるためにどの家の窓も厚いカーテンをそなえた。屋上の部屋にも濃い緑色のカーテンが取り付けられた。カーテンを引くと昼でも真の闇が部屋をうめつくした。六歳だったタレルは、カーテンに大小たくさんの穴をあけて遊んだ。どの穴からもゆらゆらと光があらわれて、部屋の中で動いた。タレルは後に穴は「ただのカーテンの穴ではなくリアリティの穴だった」と回想する。タレルは、この部屋で、反射し直進する光線だけではなく、穴の開いたところに留まり、ただよう光を見ていた（「実験現象学」のD・カッツ(David Kats)はこの場所を定位しない光を‘film colour’とよんだ）。

成長したタレルは、父と同じようにパイロットになる。彼はもう一度、今度は空の上で「光」がそれだけで多様な意味であることを知る。飛行中にエンジンを切って、風にまかせて航行することは「ソアリング」とよばれる。ソアリングしているパイロットは、大気の流れにとても敏感になる。眼も光の中に大気の流れを探す。山にあたってふき上げている気流、暖かいところから起こってくる上昇気流、組ひものように編み込まれたジェット気流、それらはどれも独特な「光のテクスチュア」を持っている。こどもの頃タレルはサン＝テグジュペリの物語を熱心に読んだ。サン＝テグジュペリは「空の中の空（スペース・ウィズイン・スペース）」について書いていた。飛行とはかたちのない圧の壁を越えて、どこかからどこかにいたる経験である。空にある壁は、昼でも夜でも「光のフロント」としてパイロットには見えている。パイロットは光に「量塊を持つ大気（air mass）」を見ている。

タレルのインスタレーションの主題のひとつは、この「光のリアリティ（実在）」である。

同時代のアメリカの、もうひとりのジェームズ、知覚心理学者のジェームズ・ギブソンも「空を埋めつくす光」を発見していた。近代の光学はもっぱら放射光を扱ってきた。知覚心理学も放射光の点の集合が、網膜に投影されてできる像が視覚の原因だとしてきた。しかし、それ以外の光があった。

　地上は太陽からの光線に直接さらされているわけではない。太陽を含め光源からの光は空気中の微小な水滴や塵で散乱している。地上のほとんどの物の面には多様なキメがあり、光はそこでも散乱する。散乱した光は空気中を何度も何度も縦横に行きかい、やがて空気中を光で満たす。地上のあらゆる点は、三六〇度方向すべてからの光で包囲されている。動物の眼は光の濃密な網に囲まれている。ギブソンはこの光の事実を「包囲光」とよび、地球上に生きる動物の視覚を説明する「生態光学」の中心に置いた。[9] 大気を満たしている光、包囲光は、周囲環境の面のレイアウトに応じた構造を持っており、それが視覚の情報となる。

　包囲光は対比、勾配、不連続など、環境にあることをそのまま特定している。たとえば固体や液体の落下、動物の顔の筋肉や全身の姿勢のしなやかな変形、風船の破裂など、あらゆる出来事は、どれも包囲光に起こるユニークな光の揺らぎが特定している。眼は手がするように出来事にふれることはできない。しかし包囲光はダイレクトに出来事の意味を示している。周囲には無限に出来事が起こっている。それらを包囲光に探し続けることが視覚の本質なのである。意味を特定している光の存在を認めることは、環境に意味があることを認めることでもある。ギブソンは包囲光にもとづく意味の理論を「エコロジカル・リアリズム(生態的実在論)」とよんだ。

　エコロジカル・リアリズムは視覚表現について新しい観点をもたらす。乳児のなぐり書き、熟練した画家の絵筆の痕跡、CGの創るダイナミクス、あらゆる視覚の表現は環境にある意味を、それ以外の場所(画面、ディスプレイ、美術館の一室など)で探究した結果である。表現とは、タレルが「知覚の喜び」とよんだことを、もう一度、どこかで探してみることである。

　タレルは初期の作品"wedge-Work"(一九六九)で、光のリアルを探った。一九九五年にヨコハマ・ポートサイド・ギャラリーに展示された"Backside of the Moon"では、おそらくは夜の飛行で方向を見失ったパイロットが見ているだろう「厚い雲に入り込んで何も見えない視覚」をつくり出していた。どのインスタレーションも主題としているのは彼が空でたしかに知覚した「光のサーフェス」にあったリアルである。

ふつうわたしたちは直面する知覚の問題を運動によって解いている。サッカーのストライカーのシュートを、美味なるオムレツをつくるシェフのフライパン使いを思い起こしてほしい。ロシアのニコライ・ベルンシュタインはこのような運動を「巧みさ」とよんだ。「巧みさ」とは、まだいくつもの鍵でロックされた状態の世界を開ける完全な鍵だといった。「巧みな」運動がしていることが「知覚の跳躍」である。跳躍した後の身体だけが見ている世界がある。

知覚の跳躍は特別な体験ではない。わたしたちの身体も十分に機能する鍵である。ナヴィゲーションはそのよい例だろう。どこか知らない場所をただ歩いているだけで跳躍はやってくる。出掛ける戸口から道が開け、道の終わりでは、つぎの道が開け、通りの角で、つぎの通りが開ける。そのようにして長くただ歩き続けていると、やがてその辺りの景色がひとつにつながる日がくる。つながるというよりも景色群はひとつの順序を獲得する。景色が「地平線」の上に並ぶ。もちろん建物が多いところでは地平線などは見えない。しかしそこを歩き回ることのできる人には建物の向こうに「見えない地平線」が見えている。その時に、移動しているわたしたちはバラバラではない「ひとつの環境」に包囲されている。

わたしたちが「いまどこにいるか」わかるのも、訓練後にパイロットが空と大地に定位できるのも、知覚の跳躍の結果である。移動の結果、環境に定位することができた動物は誰でも知覚の跳躍を経験したのである。ジェームズ・ギブソンは周囲への定位とは「あらゆるところに同時にいる」ことだといった。

ジェームズ・タレルがつくり上げてきたのは跳躍後の見えの世界である。彼の作品に包囲されたわたしたちはタレルの跳躍がどのようなことだったのかを一挙に（一瞬にではない）知る。だから作品の前では、周囲を歩き回るように、十分に長く立ち続ける必要がある。彼の作品には定位がある。作品に包囲された時、どこにいるのかがわからないまま、どこかにいるような体験ができる。移動なしに、である。

繰り返すが、知覚の跳躍はふつうのことであり、わたしたちが毎日していることである。もっとも根の深い知覚の働きである。タレルの作品に包囲される時にわたしたちが体験するのはそういう知覚の原理そのものである。

❖1……「ジェームズ・タレル展——未知の光へ」一九九五年一一月三日—一九九六年一月二八日、水戸芸術館現代美術センター。

❖2……「ジェームズ・タレル展——BACK SIDE OF THE MOON」一九九五年三月一七日—五月一七日、ヨコハマ・ポートサイド・ギャラリー。

❖3……《ローデン・クレーター・プロジェクト》アリゾナ州フラッグスタッフの死火山「ローデン・クレーター」を購入。巨大な天文台につくりかえる一大プロジェクト。火口底から見上げる天空をドーム状に見立て、光を知覚する空間をつくり出す。噴火口を中心に弓形に隆起した尾根に沿って地上を回遊できる遊歩道を設け、その遊歩道から分岐するかたちで「知覚の部屋」と名付けられた地下室を二三室設ける予定。刻々と変化する天体の動きを計算に入れて設計されたそれぞれの部屋では、色とりどりの星の光が集められ、宇宙の長い歴史と接触を図ることができる。一九七九年より計画に着工し一九九九年末に第一次段階を終え、二〇一五年五月には一部公開された。数年後の完成を目指して続行中。

❖4……『インターコミュニケーション』二五号、NTT出版、一九九八年、一一六—一二九頁。

❖5……『美術手帖』一九九五年一一月号、美術出版社、一八—二七頁。

❖6……空中でエンジンを切り、風にまかせて滑空する飛行機の操縦術。

❖7……Arthur C. Clarke, *Childhood's End*, Ballantine Books, 1953.〔邦訳〕『幼年期の終り』福島正実訳、ハヤカワ文庫、一九七九年。

❖8……Turrell, J. Air Mass. South Bank Centre, 1993.

❖9……J. J. Gibson, *The Ecological Approach to Visual Perception*. Houghton Mifflin Company, 1979.〔邦訳〕J・J・ギブソン『生態学的視覚論——ヒトの知覚世界を探る』古崎敬他訳、サイエンス社、一九八五年。

ジェームズ・タレル　James Turell

一九四三年、アメリカ、ロサンゼルス生まれ。六五年、ポモナ・カレッジで知覚心理学・数学の学位を取得。カリフォルニア大学大学院で美術を学び、七三年にクレアモント大学大学院で芸術修士号を取得。その後アメリカ航空宇宙局内の航空研究所で研究、光を使ったインスタレーション作品を制作し、六七年のパサディナ美術館での初の個展をはじめ、世界の主要な美術館での個展を開催し、多数の常設作品が世界中の美術館に置かれている。国内には「光の館」(新潟県十日町)、「南寺／バック・オヴ・ザ・ムーン」(香川県直島、建築は安藤忠雄)、「オープンスカイ」(地中美術館)、「Blue Planet Sky」(金沢21世紀美術館)などがある。

manu
homo

第11章

大切な皮膚と手

大野一雄のために

樹木とは異なりヒトの身体は区切れている。

脊椎動物ヒトの構造基体をなす骨は約二百に分れ、関節で接している。身体の中央に、頭と頸と胴が、三〇をこえる骨を縦一列に積み上げて立っている。それ以外の大部分の骨が、この軸の周りに、多様な角度でぶら下がる。たとえば腕を吊り下げている肩甲骨は、どの骨にも直接は付着していない。

身体では、すべての関節が、ほかの関節と入れ子である。かすかな指先の動きは、少なくとも肩までの六つの関節全体の動きの先端である。部分の動きは骨全体に波のように広がる。骨の配列は身体の主軸に対する関節角度の集合であり、枝わかれしたベクトル空間である。身体は、動くために、まとめあげることが困難なネットワークなのである。

すべての骨には複数の筋が張り付いている。

筋は格別にやわらかい。心筋以外のすべての筋は、よく梳かした髪のように互いに絡み合っていない。だから筋では押すということができない。引くのみである。たとえば地面に立てた長い棒の上端に粘土でつくった重い塊を付け、棒の中途にしばり付けた二本のゴムひもを左右の方向から引くことで、先端の塊をひとつの位置にとどめておこうとすることはとても難しい。しかし頭を上にして立っているヒトは、それと同じことを、眠る時以外の一日中し続けている。身体はやっかいな素材を含んでいる。

構造と素材、その両方に定まることのない性質を抱えている身体。動きの少しさきも予期できない高次の非確定。それが脊椎動物ヒトの身体である。全身とは地面に接触する姿勢の階層であり、身体部位のどの姿勢も、この全身姿勢の階層への入れ子である。

二〇世紀後半の運動の科学は、このいい尽くせないほどのやっかいさこそが、どうやら動物を動かしているエンジンであることを発見した。この決まらなさが、進化や洗練された運動を動物にもたらした「自然の恵」だと知った。

たとえば自転車の車輪や、スケートの細いエッジに乗り、転びやすい時のほうが、遠くまで行ける。不安定が動きに速度を与える。この原理をあらゆる身体の動きが使っている。歩きはじめの乳児はたいがい三歩以内で一回は転んでいる。ヒトの歩行は転倒からはじまっているが、ヒトのどの動きも、転倒という究極の失敗の、多様な変形なのである。


そして、皮膚が全身を包んでいる。

皮膚は三次元に閉じた表面で個体を取り囲んでいる。骨格のベクトル空間に、皮膚の大きなシートが張り付き、ふたつはひとつのシステムになっている。

皮膚は、一〇以上の細胞層からなる上皮に、膠原繊維網が張り巡らされている真皮が、無数の乳頭突起の凹凸で強く噛み合うぶ厚い組織である。皮膚では表層細胞の脱落と下層細胞の増殖が回り巡っている。弾力のある真皮のケガや老化による断裂が上皮に皺を刻む。皮膚表面には、多層組織に起こった出来事が、揺れとたわみとこわばりとしてあらわれている。皮膚に生命の持続が示されている。

広い皮膚面の一部に生じる変化をわたしたちは触覚とよんでいる。それはクモが巣網の端に足先を少しだけふれさせておくことで、広い巣全体に起こるわずかな波で、巣に掛かった獲物の位置を知るようなことである。クモもヒトも周囲を知るためにいつもテントを外に張っている。

大きな骨のネットワークに、やわらかい筋が付着し、それを皮膚のたわみが丸ごと包んでいる。この決まらなさを幾重にも畳み込んだことが、環境の中で生きている。決まらなさだけを糧として、しぶとく周囲を探っている。自然は、この仕事を身体に与えた。


舞踏では、重力下で、身体がていねいに地面に置かれる。

重力のせいで、地上ではどこでも下から固体、液体、気体の順に層ができているが、地面の上で身体も沈降する物質の層になる。重い器官が軽い組織を圧迫し、筋が緊張し、皮膚がたわみ、地面と接する身体底面は変形する。舞踏は、重力下で身体に生じる圧の配列の変化である。

舞踏の周りには空気がある。空気の中では、振動波が多方向から身体につぎつぎと到来している。周囲にはきわめて密な光が散乱している。舞踏は圧と振動と光に囲まれている。

舞踏は重力と地面と空気と身体だけを素材にしている。

舞踏は身体と、それを包囲していることにある粘りだけに集中している。そのために意識をぎりぎりと、たくさんのことに分散している。

　土方巽の右足がブロンズで残されている。ほかの指を野太く先導している大きくふくらんだ親指［写真1］。一部が急峻に突起している八・五センチ高の甲。アーチの頂点まで三センチの深さがある湾曲する土踏まず［写真2］。全体の長さは二三センチに満たない。思いがけないほど小さな、流れる足［写真3］。地上にあるすべてのことの徹底的な探求の時、いつも地面のいちばんそばにいた足。舞踏が身体に与えた、冷たく、美しい分化。舞踏が足に残されている。

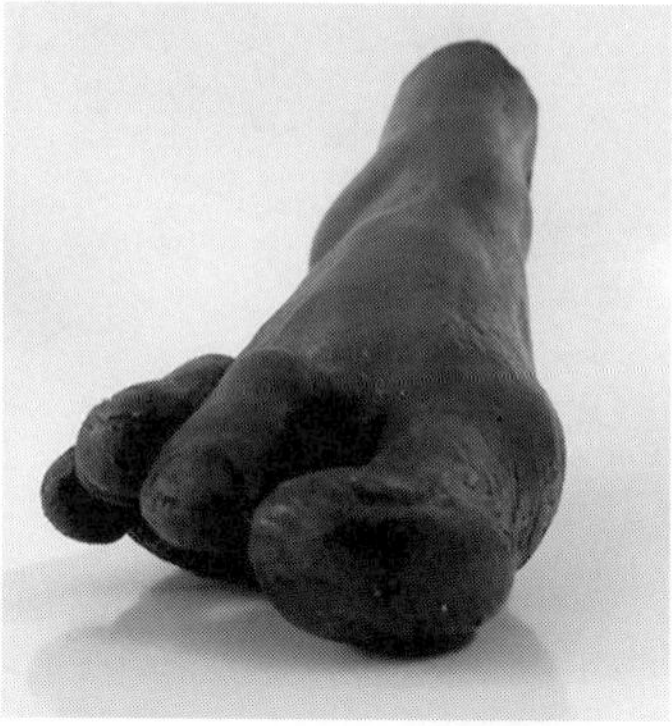
写真1…土方　前から

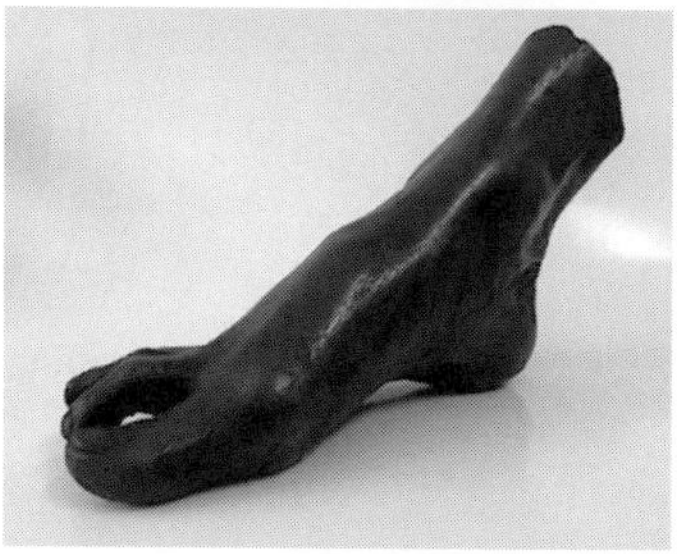
写真2…土方　右横から

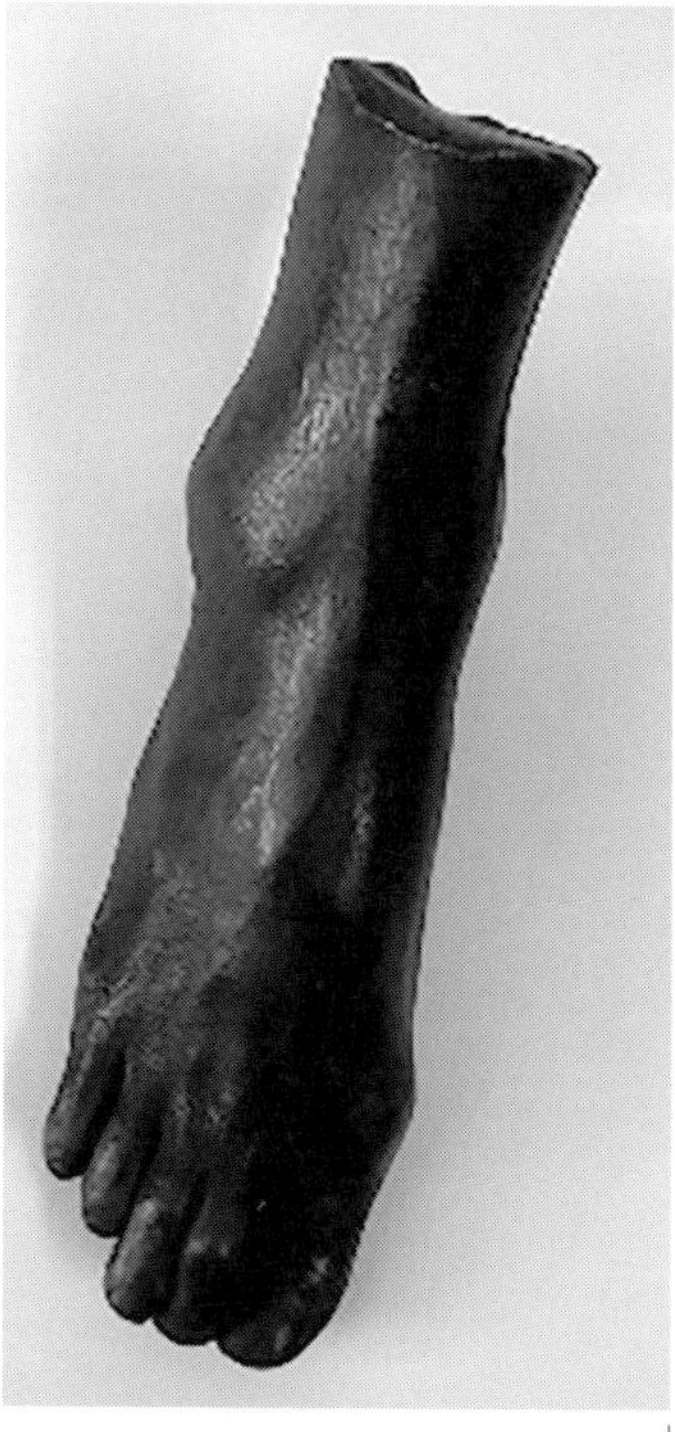
写真3…土方　上から

　大野一雄さんの舞踊に、二度立ち合ったことがある。すっかり老いた漁師がゆっくりと投網を放つようにして、観客たちの全身を容易につかまえた。わたしたちは、群れる魚のように陽気になって、少し息をのみ込みながら大野さんの動きの周りに座り、両眼で見張っていた。大野さんからあたたかい幸福がつたわってきた。

　たわむ皮膚、そこで、ゆるやかな小さな襞が揺れて、そこからゆらゆらと空に向かつて手が生えてくる。

　大野さんは言っている。

「あるとき私は私自身に、出ていって、出ていきなさい、出ていって出ていきなさい、とそう言った。……私はいつの間にか、飛び出していった。手が飛び出していった。……手が私から切り離されていった。でも手は遠くへ突っ走ろうとしないでいつまでも私のまわりにうろちょろしておった……あの手を見ろ。あれはお前自身の旋律だ。永遠の距離があった」

（『大野一雄――稽古の言葉』フィルムアート社、一九九七年）。

◈写真は佐藤由紀。

大野一雄　おおのかずお（一九〇六―二〇一〇）

函館生まれ。一九二六年、日本体育会体操学校（現　日本体育大学）入学。石井漠舞踊研究所。江口隆哉・宮操子舞踊研究所で学ぶ。一九四九年、第一回大野一雄舞踊公演。一九五五年、第一〇回国民体育大会開会式マスゲーム「美と力」振り付け。一九六一年、土方巽のDANCE EXPERIENCEの会出演。一九八一年、「わたしのお母さん」公演など世界で踊った。二〇〇四年、『大野一雄　九七歳の履歴書』（BankART一九二九出版）など。

稽古の時に話した以下のことばは、大野が人の身体の動きをどのように考えていたのかをよく示している。「重心が少し前にかかるようにね。前へ進むためには重心が少し前に。その次、肋骨です。肋骨を、あるいは胸を前に突き出さないように。肋骨を引いて、頭のてっぺんを上のほうに伸ばして。できるだけ上のほうにすうっと頭のてっぺんが、背骨から頭のてっぺんにかけてすうっと。前に少し傾けて。ぴっとしていても、前のほうに出てくる。足を少し前のほうに進めようと思うと、もう前のほうに進んでいくようにそういう腰から胸、あごから。少し前のほうに、静かに傾けて。前のほうに少しずつ進むように。力抜いてね、力抜いてね。前のほうに足から出ないで、上体から出るように、肩から出るように。何てきれいな花だろうか。重心を少し前にかけてね、そうすると、ひとりでに足が、出そうと思って出さないで、前のほうにひとりでに出ますよ。」（『大野一雄――稽古の言葉』七七頁、一九九七年、フィルムアート社）

V とてもあたりまえのこと

第12章

わたしは地面から離れている

「もの（object）という用語にはあまりに多くの意味があり定義がない」（三九頁[1]）

1　凸部ではじまる

ヒトは部屋で誕生する。部屋の中には段差がある。床の上の仰向けがヒトのはじまりの姿勢である。そのまま仰向けに寝かされてしばらく過ごす。三ヶ月くらいで首がすわり、頭部と全身の動きがつながる。首から下をねじって寝返りを試みる。やがて、しなる力を持つようになった全身が、重い頭部を少しだけ持ち上げる。自力で上から床面を眺める日がくる。腹ばい姿勢のはじまりである。

二〇〇一年秋に誕生したK（男児）の家での発達を三年間記録した。[2]

誕生後五ヶ月一八日目（以下の日付も誕生後の日数）、Kはベビー布団の上から出ていた両足で床を蹴っていた［写真1－a］。布団の縁まで行き、からだが横向きになった［写真1－b］。その時「アー」と大きく叫びながら頭部を起こして［写真1–c］全身をひねると、床とベビー布団の段差で勢いがついて横転した。頭部が持ち上がりうつぶせになった［写真1–d］。はじめての寝返りが布団の縁で起きた。

手を伸ばしてものにふれる、掴むことをリーチングという。六ヶ月二三日目、Kはからだの左側をベビー布団の縁に接しながら、うつぶせ姿勢で布団の上のおもちゃにリーチングしようとしたが届かなかった。すると右手でシーツを掴んで引き寄せ、左手を伸ばした。左手の指先がおもちゃにふれた。はじめてのうつぶせのリーチングである［写真2］。

七ヶ月一五日目、ベビー布団の上にうつぶせでいた。両足をつっぱると、布団の外に重い頭が落ちた。布団のくぼみに両足が埋まり、尻が上がり「高這い」の姿勢になった。やがてハイハイになる姿勢も、床と布団の縁ではじまった［写真3］。

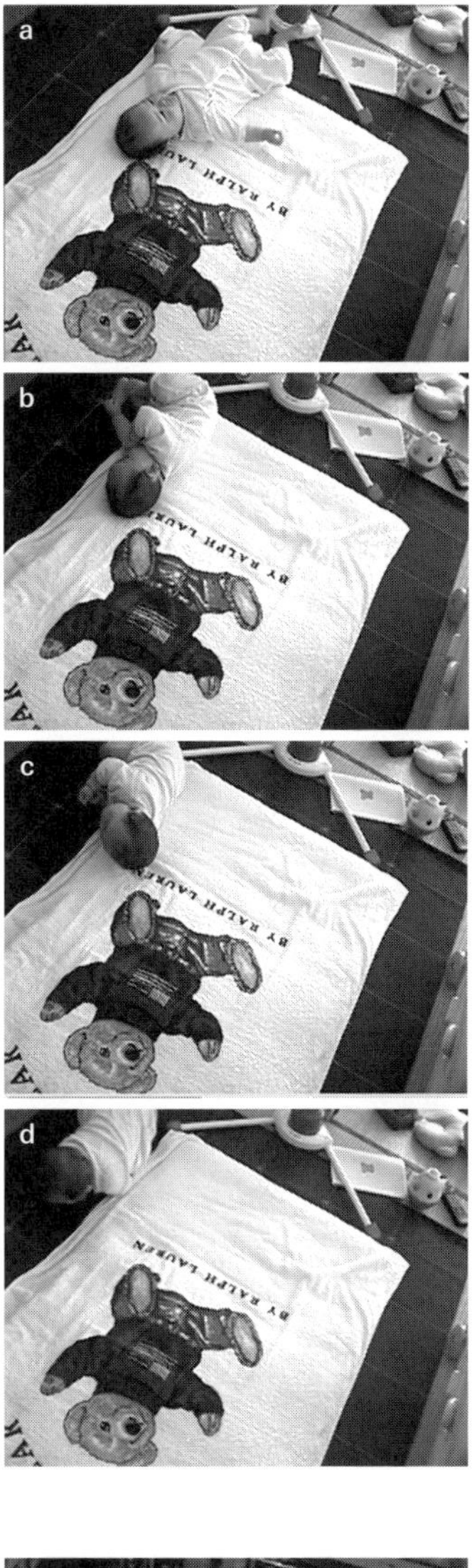

写真1…はじめての寝返り

写真2…はじめてのうつぶせリーチング

寝返りがはじまると、うつぶせ姿勢のまま、両手で上半身を持ち上げて支えるようになる。そのままで、どちらかの手で床の上にあるものにリーチングしようとして全身が前に傾く。そこからハイハイが開始する。[3] 母親の記録では、Kは［写真3］の高這い姿勢から二週間経った七ヶ月二九日目に、ハイハイをはじめ、部屋の中を移動した。床とベビー布団の凹凸でうつぶせのリーチングがはじまり、やがてハイハイが開始した。

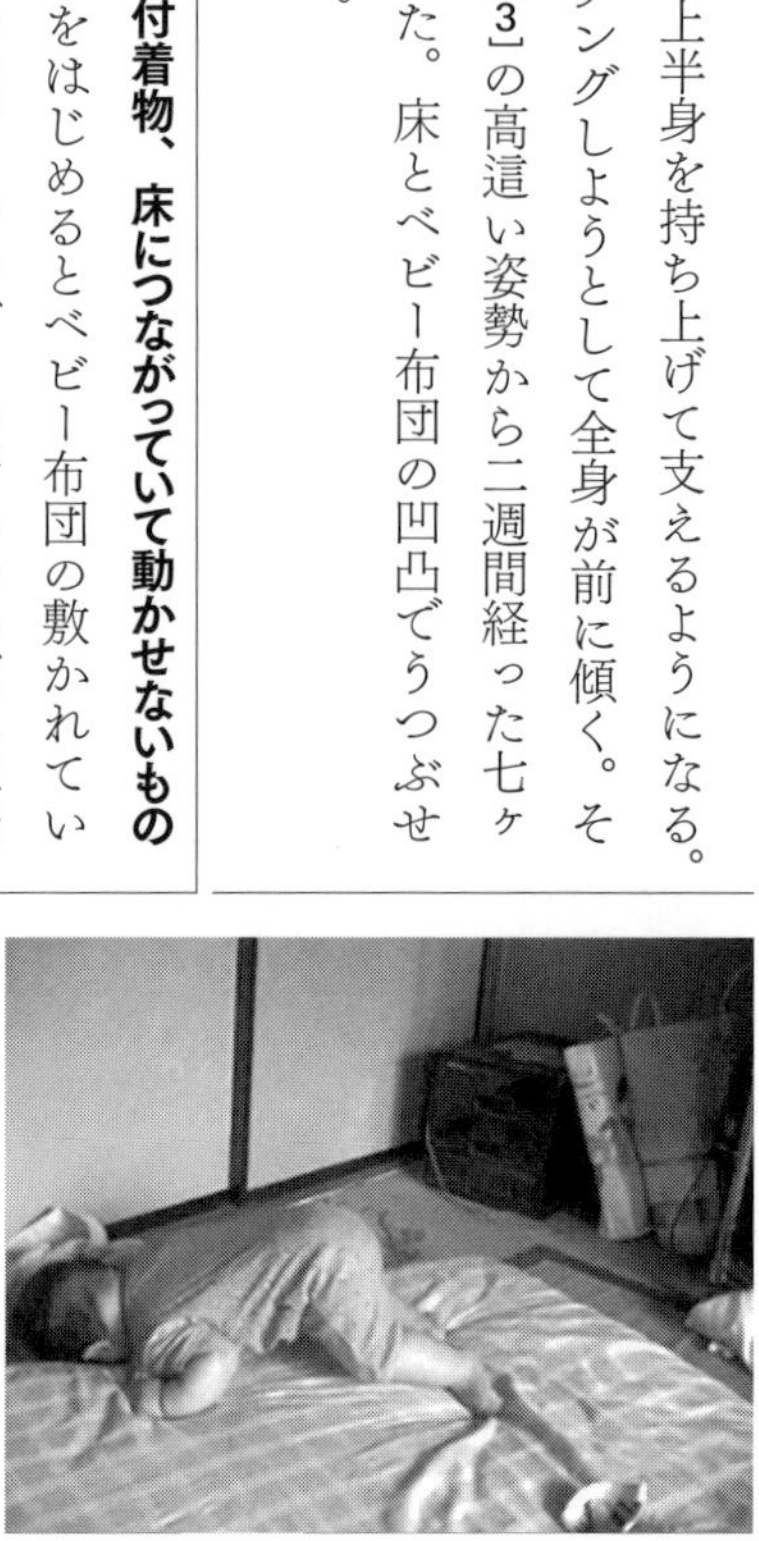
写真3…やがてハイハイになる「高這い」姿勢

2 付着物、床につながっていて動かせないもの

［図1］にKの育った家の間取り図を示した。ハイハイをはじめるとベビー布団の敷かれていた和室から出て、リビングを越えて台所まで行きはじめた。リビングと台所のあいだには曇りガラスの引戸があった。建具枠にはめ込まれ、桟で区切られた二枚の引戸は、高さ四センチの二列のレール上で左右に動いた。

地面や床面につながっている凸面体を付着物(attached object)という。[1] 道路の縁石、ガードレール、塀、建物、ヒトの力では抜けない大木などは付着物である。屋内にも階段などの付着物がある。わずかな高さと幅の引戸レールは、移動するKがはじめて出会った付着物である。引戸のそばまで来るとKの移動は変化した。

引戸のレール

九ヶ月二四日目。リビングからハイハイで台所へ移動。引戸直前でスピードを落とし、床のレールにゆっくりと左手をついてそのままハイハイで通過。

一〇ヶ月二四日目。リビングからハイハイで台所へ移動。引戸の手前で止まる。右膝を立てて、左膝を床に付く［写真4］。この姿勢のまま引戸を開閉する。からだに近い戸を閉めようとすると、からだに戸が接近して後ずさる。ハイハイに戻ってレール越えた。

一〇ヶ月二九日。リビングからハイハイで引戸に接近。レール枠にまたがる。両手で左右の戸を持ち、手前に引き、向こうへ押して遊ぶ［写真5］。

母親の記録では、Kは、八ヶ月二〇日目に掴まり立ちをはじめ、つたい歩きを九ヶ月一日目に、ひとり立ちを九ヶ月一五日目に、そして一一ヶ月四日目には立って歩きはじめた。

一一ヶ月四日目（歩きはじめた日）。台所からハイハイでリビングへ移動。レールのそばまで行き、ゆっくり立ち上がる［写真

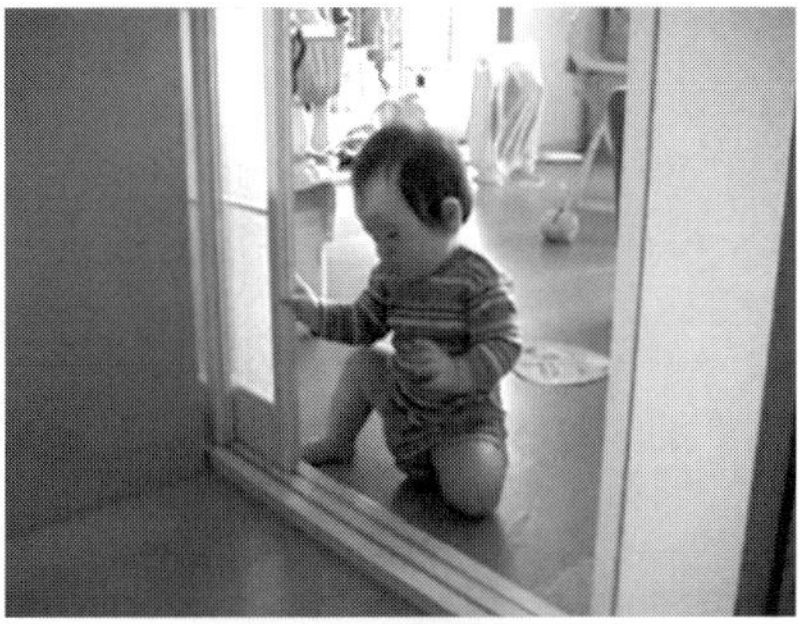

写真4…立膝で引戸を開閉

写真5…引戸で遊ぶ

図1…家の間取り図
和室にベビー布団、台所奥にトイレと浴室がある
（❖4より転載）

6–a]。一歩踏み出すと、右足の指先がレールにあたった。ゆっくり上体を下ろし、手をレールに付けてハイハイ姿勢になる[写真6–b]。

一一ヶ月二三日目。リビングから歩き出す。戸枠に手を付いて歩いてレールを越える。枠をずっと掴んだまま。[写真7]。

床の段差、ソファー、ベッド

一一ヶ月四日目(歩きはじめた日)。奥の洗面所と台所のあいだには付着物である段差(階段)があった。ハイハイで段の縁までできた。しゃがんで縁を両手で触り、ゆっくりと下を覗き込む[写真8–a]。立ち上がり、横のタンスに立て掛けられていた座布団を両手で段の下に倒して[写真8–b]、座布団の上にハイハイで降りる[写真8–c]。

部屋には、ソファーやベッドなど、Kがひとりでは動かせない大きくて重いものがあった。Kにとっては付着物である。付着物はそれぞれ特別な動きをはじめるきっかけを与えた。ソファーでは、縁に座って、上体を前後に揺らし、前に落ちて遊んだ[写真9]。下に絨毯が敷かれていたベッドでは後ろの端まで行き、頭から繰返し落下して遊んだ[写真10]。

姿勢と移動をもたらす

付着物でのKの動きを[図2]にまとめた。縦軸は八種類の付着物を、横軸は五ヶ月から二五ヶ月

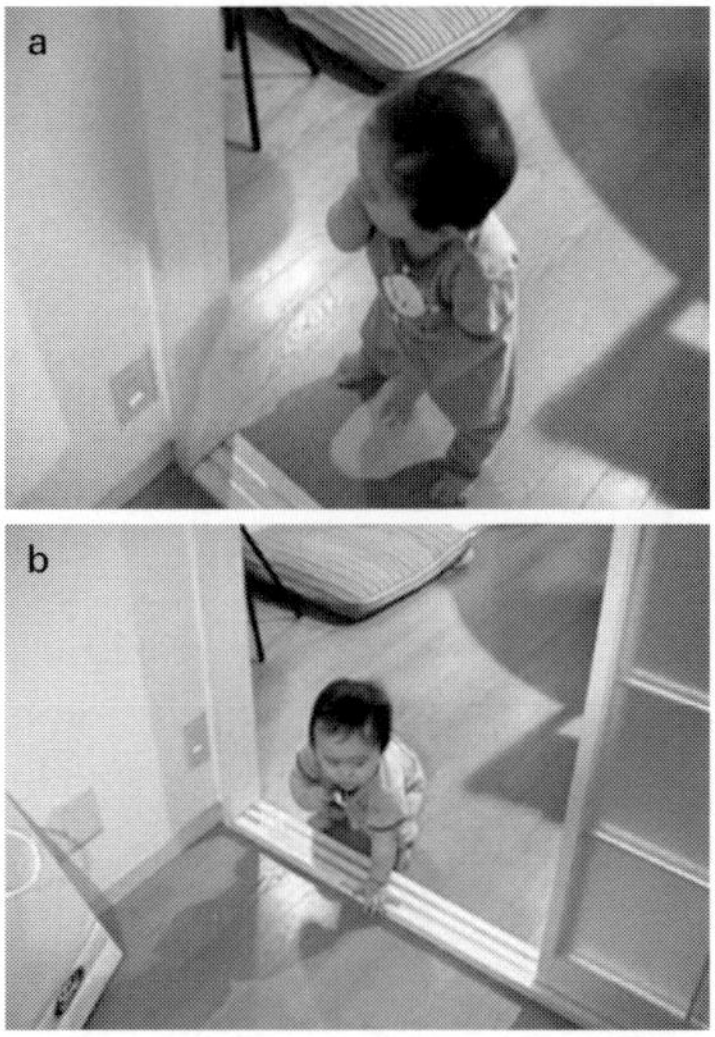

写真6

写真7…立ったまま越える

の月齢である。図の下にアイコンで、Kの全身の姿勢や手足の動きを示し、動きの方向は図中に線(矢印)で示した。付着物ごとにKの動きは異なっていた。建具レールや段差や階段(祖父母の家の)ではゆっくりと慎重に姿勢を調整した。ソファーやベッドからは好んで落下した。

縦軸は下から、ベビー布団、建具レール、洗面所から浴室への段、洗面所からキッチンへの段、ベッド、ソファー、大人のイス、階段(祖父母の家)、横軸は月齢(図は山本尚樹氏作成)。

家には付着物がある。付着物は地(床)面と連続する凸面体である。床に敷かれたベビー布団、ソファー、ベッドなど、動かすことのできない、大きくて重いものも付着物としてKの発達を見てきた。

ハイハイで移動しはじめると部屋の中にある付着物に出会う。床にある低い凸部も、それを越えることは容易ではない。そこでは移動の姿勢を変えることをいつも試みる。ハイハイの速度を

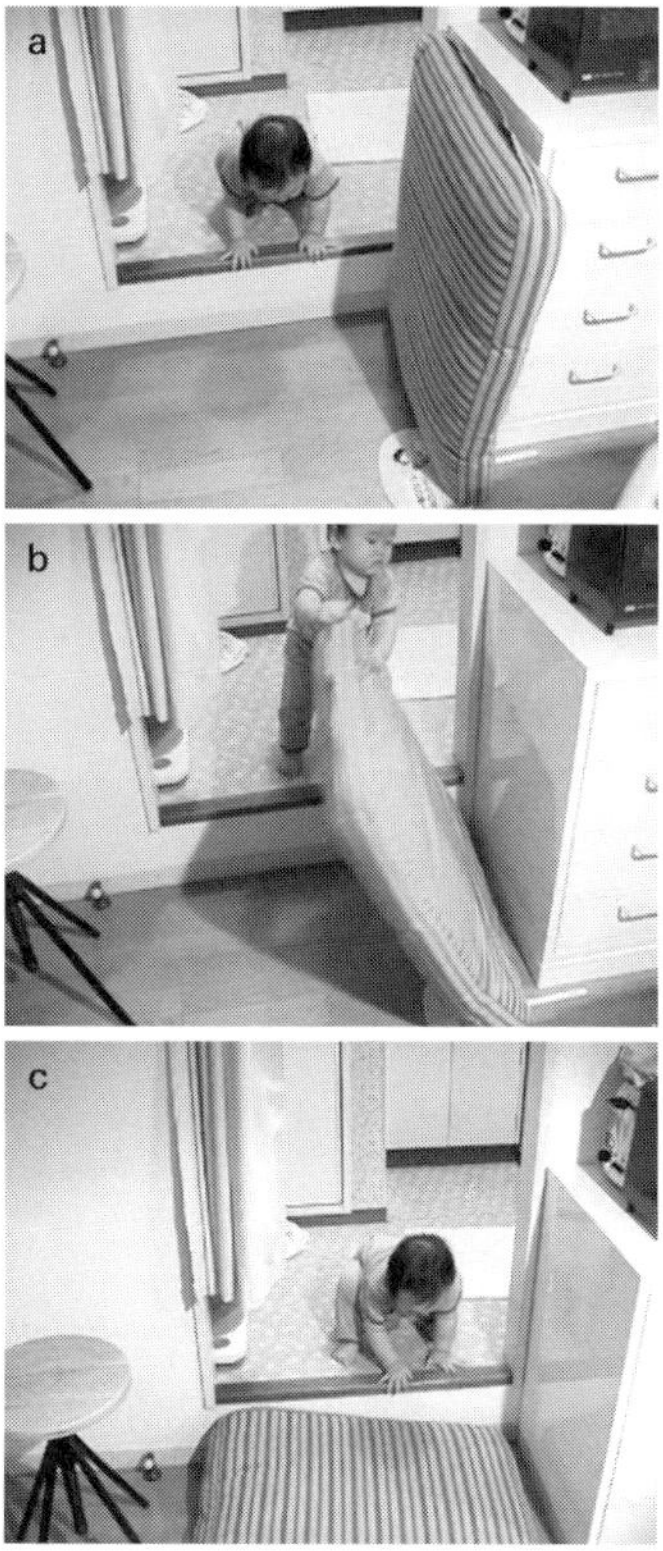

写真8

写真9…一歳五カ月、ソファーからの落下

写真10…八ヶ月、ベッドからの落下

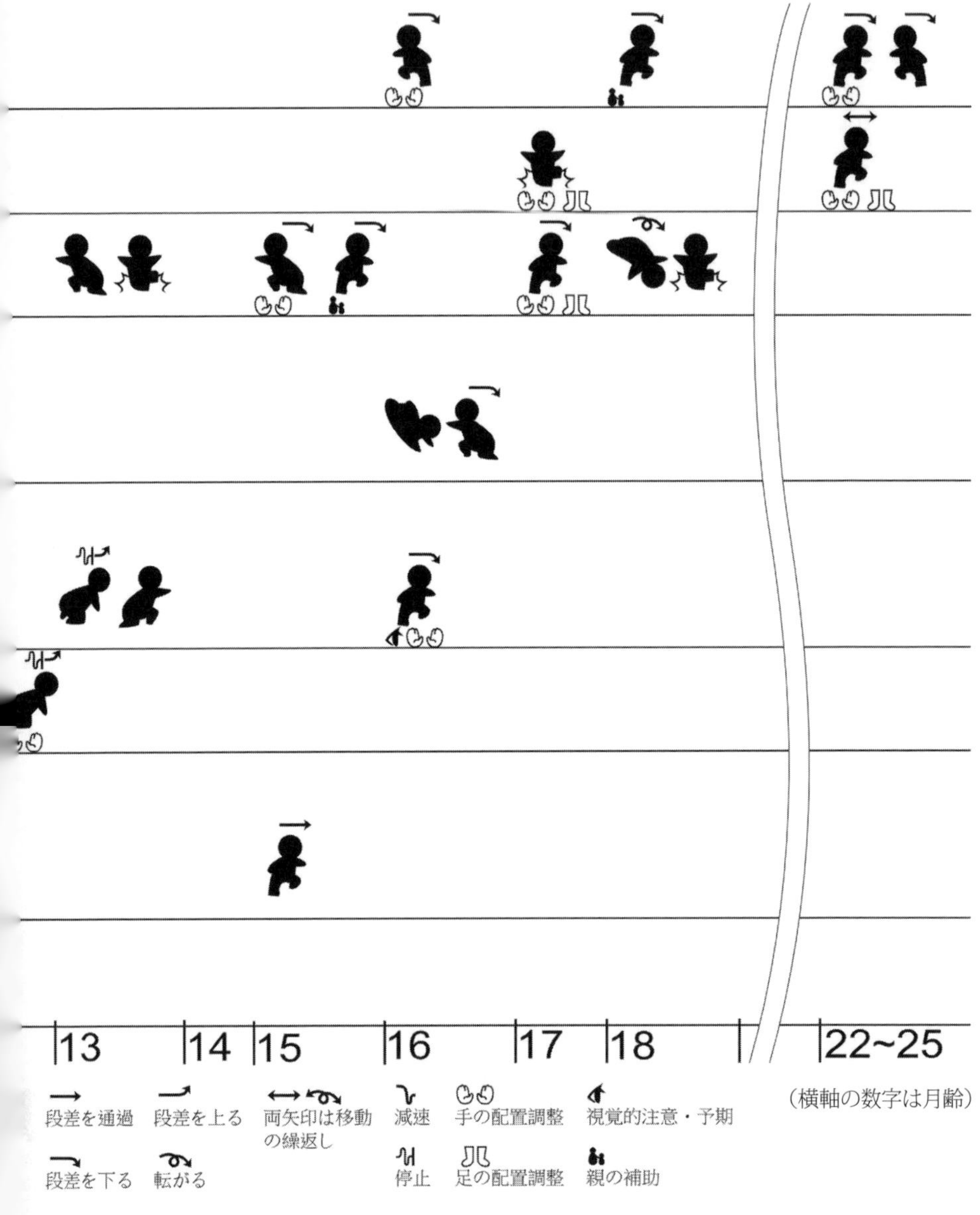
13
14
15
16
17
18
22~25
段差を通過
段差を上る
両矢印は移動の繰返し
減速
手の配置調整
視覚的注意・予期
段差を下る
転がる
停止
足の配置調整
親の補助
（横軸の数字は月齢）

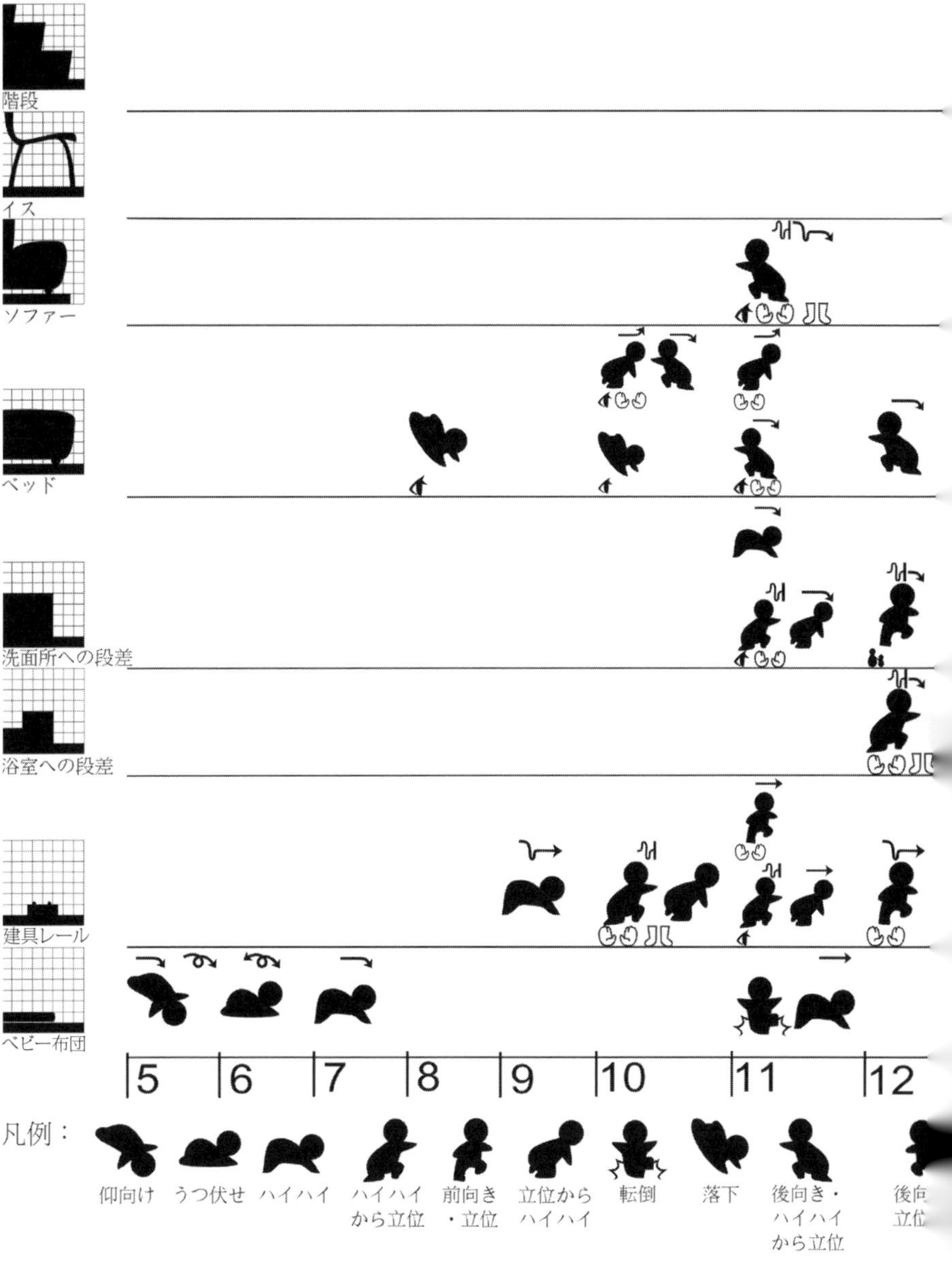

図2…八種の付着物でのKの動き

落として立ち上がり、立つ姿勢を保ちながら、少しずつ前へ移動する。立ち上がって、歩いて床の凸部を越えるために、全身の不安定に対応する。付着物の側では、全身に起こる多様な揺れを経験する。揺れながらも前に進むことを工夫する。そして、身体について多くのことを発見する。はじめ仰向けに寝ていたヒトは、床にある凹凸で寝返り、うつぶせになり、地面を見下ろすハイハイと立位の姿勢で動きはじめる。立ってからも凹凸の側で移動のしかたを更新し続ける。

行って、そして戻る

姿勢と移動をもたらした付着物は、もうひとつのことをヒトに与えている。

付着物である段差や凸部は、部屋のあいだにある。隣の部屋に行く時には、いつも同じ付着物を越える。元の部屋に戻る時には、同じ付着物を反対側から越える。

リビングから引戸レールを越えて台所に行く。台所から引戸レールを越えてリビングに戻る。同じ付着物を越える行き来を何度も繰り返す。同じレールをこちら側からとあちら側から越える。凸部とその奥に広がる部屋の眺めと、同じ凸部の反対側から広がる眺めが、移動を繰り返すことで凸部のひとつの眺め(vista)になる。その眺めが部屋と部屋をつなげる。そこに行き、そして戻ることで、付着物は、部屋をつなぐ特別なところになる。

部屋の、いつも同じ隅に置かれているソファーやベッドまで行って遊ぶ。そして戻る。ここでも同じことが起こる。部屋の隅まで行って、戻ることを繰り返していると、隅の大きなものに近付く眺めと、そこから遠ざかる眺めが、部屋の眺めになる。

部屋のあいだにある凸部や、部屋の隅にある動かない家具は、部屋の中で長く、その位置が変わらない。動かない付着物どうしが隣合う順序も、変わらない。部屋の中の付着物の配置に順序があること、それが変わらないことを、付着物に囲まれながら部屋の中を移動して、あらゆるところから眺める。いろいろなところから付着物を越えて行くことを繰り返して、家はやがてひとつの場所になる。移動している床の上に、家の全体が広がることになる。

3 遊離物、地面から離れているもの

家の中にはもう一種のものがある。地面や床から離れている遊離物(detached object)である。[1] 遊離物をつくる面はトポロジカルに閉じている。遊離物ではすべての面が外を向き、面のつながりを破ることなく動く。動かすことができる。

母親の記録ではKは二ヶ月八日目に、はじめてものに手を伸ばして遊離物を掴もうとした。その後、遊離物を持つことは、各月齢ごとに以下のように推移した(文献2の「動くあかちゃん事典」をキーワード遊離物で検索した結果。遊離物はゴチックで示した)。

歩き出すまで

五ヶ月：父親が、膝に抱いているKの胸に**棒状のおもちゃ**をのせた。Kが両腕を前につき出すとおもちゃが胸から落ちる。

七ヶ月：布団の上、仰向け姿勢で、音のする**布製のおもちゃ**を両手で掴んで振る。

八ヶ月：①ベビーラック(高イス)に座り、小さなテーブルに置かれた**哺乳瓶**を両手ではらい、床に落とした。下を見つめる。②ベッドの上に**クマのぬいぐるみ**、**粘着テープ**、**乳児用まくら**がある。ハイハイ姿勢でそれらに順にふれる。

九ヶ月：座位のKのそばに、小さな**ボーロ一個**と**哺乳瓶**が落ちている。ボーロを指でつまんで口に

運ぶ。

一〇ヶ月：①ベビーラックに座り、手で持っていたマグカップ(飲料容器)を床に落とす。②台所までハイハイで行き、収納タンスのいちばん下の抽斗《ひきだし》を引き、中から砂糖、レトルト食品、乾麺、チューブ入り食品など一八種の大小プラスチック袋、紙ケースなどをひとつひとつ確認しながら床に取り出す。抽斗の中にできた空きスペースに足から入ろうとする。母が笑いながら止める。③ラックに座り、小テーブルの上の皿の中の小さくカットされたパンを掴んで持ち上げては皿に落とす。

歩き出してから

Kは一一ヶ月四日目に、歩きはじめた。

一一ヶ月：①ソファーの上にあったテレビリモコンを持ち歩いて移動。建具レールのところで落とす。②リビングでマグカップの把手を持って歩く(母の声：今日、急に歩数が増えました)。【写真11】。③ハンガーを右手に持って歩く。④右手におしゃぶり、左にサインペンを持って長く歩く。⑤右手にメロディーの出るおもちゃを持って、リズムに合わせてからだが上下に動く。⑥ベッドの上で長いヒモを左手に持って、両足からベッドを降りる。⑦台所に座って小さな磁石を金属製のごみ箱にくっ付ける。

一二ヶ月：①右手に音の出るおもちゃ、左手に立方体のプラスチック製のおもちゃを持って歩く。②両手に色の違う小さな木製ボールを持ち、右手のボールを「はい」と母に渡しかけたが、渡さない。③透明の大きなおもちゃ箱からおもちゃをふたつ取り出し、ひとつを持って歩く。④お湯を入れている最中の浴槽のそばに行き中に丸い輪状のおもちゃを投げ入れる。⑤大小のクマ

のぬいぐるみを両手で持って歩き出す、右手の小さいクマを落とす。

一三ヶ月：①**三冊の絵本**が入った籠製ボックスから二冊を床に取り出す。籠を両手で持ち上げてひっくり返し、歩きながら頭にかぶろうとすると、中から**絵本**が落ちる。②祖父から受け取った**腕時計**を祖父のシャツの襟から入れてシャツの中に落とす。③散らばったたくさんのおもちゃからふたつ拾い、プラスチック製の箱に入れる。④**カップ**を右手で持ち、左脇に**水筒**を脇に抱えて長く歩く、途中で**水筒**を落とす。⑤両手にみかんを持って、家の入口にあった箱とスリッパの中に入れようとする。⑥帰宅した父の後を、**鏡のついたおもちゃ**（その日叔母からもらったもの）を両手で掲げ上げて追う。リビングから和室へ、洗面所へ［写真12］。

一四ヶ月：①一〇枚以上あるフロッピーディスクを、床に拡げて両手でかき混ぜる。②**おもちゃの携帯**（音がする）を持って、携帯で通話中の父を追う。③ソファーの横の書類入れから書類を掴み出す。④祖母と**テレビのリモコン**で遊ぶ［写真13］。

一五ヶ月：①リビングの絨毯に座って乾いた洗濯物をつぎつぎと重ねる。②台所で**絵本**を開いて見る。両手で**絵本**を持ち、顔の上に掲げ、足元は見ることなくレール枠に両足を乗せ、バラン

写真11…マグカップの把手を持って歩く

写真12…おもちゃを両手で掲げて、父を追って三部屋を越える

写真13…祖母とリモコンで遊ぶ

写真14…絵本を持ってレールを踏んで通過

スを維持しながらリビングへ行く［写真14］。

一六ヶ月：①リビングの絨毯に坐って母親の**財布**からカードやコインを取り出す。②母親から使用済みの**紙おむつ**を受け取りごみ箱に捨てる。③リビングの絨毯に坐り、おもちゃ、**財布**を自分を取り囲むように置いて、それらに順に触わる。④玄関にあるスリッパ入れから**靴ベラ**を取り出す。⑤和室にある**大きなおもちゃ入れの紙箱**をテレビの前に持って行き、その上に乗ってテレビの画面を触る。

一七ヶ月：①風呂用の長い棒付きモップを持って風呂場の壁隅に立て掛ける。

二〇ヶ月：①リビングのテーブル横の**イス**の位置を変え、その上に座って和室のテレビを見る。②リビングからゴム風船を持ってきて和室で手を放す。リビングと和室に浮んだ**多数の風船**で遊ぶ。

二二ヶ月：①ベッドの上に座りおもちゃの電車のレールをつなげる。②リビングに新しく置かれた小さなタンスの取っ手に、**ひも付きの人形**を並べて掛ける。

二三ヶ月：①リビングのテーブルで**イス**に座ってみかんの皮をむく。

二四ヶ月：①リビングで**イス**を持って動かして遊ぶ。②ベッドの上で**棒を箱の穴にさし込むおもちゃ**遊び、その後それを和室の収納箱に戻す。③和室とリビングの両部屋を使い、**音の出る袋状のおもちゃ**を遠くへ投げて遊ぶ。④リビングで**ぬいぐるみ**を父と投げ合う。⑤**空のおもちゃ箱**を足でけって、和室からリビングへ。⑥リビングから**空のおもちゃ箱**を和室に持ってきて、組み立て式のおもちゃを分解して入れる。

二五ヶ月：①リビングでテーブルに座る。**ホットケーキ**、**リンゴ**を別々の皿から**フォーク**で取って食べる。食器の配置換えを母に依頼して、**リンゴ**皿が手前になる。②祖母と**オセロ**盤に白黒の石を並べる

二八ヶ月：①台紙から**シール**をはがして壁に貼る。

三〇ヶ月：①**ビニルテープ**をテープ台から引っ張って少しカットする。②**枯葉**一枚を右手に持って家から外に出る。

以下に示すように、Kが持った遊離物はこのあいだで約一五〇種を超えた。

棒状のおもちゃ、布製のおもちゃ、哺乳瓶。クマのぬいぐるみ、粘着テープ、乳児用まくら、ボーロ一個、哺乳瓶、マグカップ、砂糖、レトルト食品、乾麺、チューブ食材など一八種の大小のプラスチック袋、紙ケース、小さくカットされたパン、テレビのリモコン、マグカップの取手、ハンガー、おしゃぶり、サインペン、メロディーの出るおもちゃ、長いヒモ、磁石、音の出る円筒のおもちゃ、プラスチックおもちゃ、色違いの木製の球二個、透明の大きなおもちゃ箱、プラスチックおもちゃ二個、丸い輪のおもちゃ、大小のクマのぬいぐるみ、三冊の絵本、腕時計、散らばったおもちゃ、カップ、水筒、みかん二個、鏡のついたおもちゃ、フロッピーディスク一〇枚、おもちゃの携帯、書類数枚、洗濯物数枚、絵本、財布、カード数枚、コイン数個、紙おむつ、靴ベラ、大きなおもちゃ入れの紙箱、長い棒付きのモップ、イス、多数の風船、電車遊具のレール、ひも付きの人形、棒を箱の穴にさし込むおもちゃ、音の出る袋状のおもちゃ、ぬいぐるみ、空のおもちゃ箱、組み立て式おもちゃ、ホットケーキ、リンゴ、フォーク、オセロ、シール、ビニルテープ、枯葉。

ものを持って、部屋を越える

誕生して一一ヶ月頃になると、ヒトは歩きはじめる。はじめから、まっすぐには歩かない。左右に揺れながらの三歩以内の歩行が多い。[❖5] 歩いては転倒を繰り返す。歩きはじめの頃の歩数をカウントすると、一日で一万四千歩程度になるという報告がある。[❖6] そして、歩きはじめる時、手には遊離物を持っている。[❖7、8]

Kもたくさんのものを持って歩いた。歩きはじめから八六日分(約三ヶ月)の映像から一〇八回の歩行を調べると、座った姿勢から歩き出した五七回中、四二回で、立った姿勢から歩き出した五一回中、二五回で、ものを持っていた。合わせると一〇八回中、六七回、約六割で、片手か両手にものを持っていた。[❖3]

前のページに示した五ヶ月から三〇ヶ月までの記録では、約一五〇種のものを手に持っていた。これは一九日間分の記録なので、平均すると一日約八個のものを持っていたことになる。毎日、同じペースでものを持っていたとすると、五ヶ月齢から三〇ヶ月齢の二六ヶ月、約七八〇日では約六二〇〇個のものを手に持っていたことになる。ビデオカメラが記録したのは一日で一時間だけである。もし一日の活動を五時間として、このペースが続いたとすると、この間に五倍、約三万個のものを持って移動したことになる。歩き出す頃のKは、少なく見積もっても、多数の遊離物を部屋の中で運んでいたことになる。

歩行をはじめた日から二週間ごとのKの家の中の移動経路を【図3】に示した。[❖4]

歩き出しから二八日までは、ほとんどが一部屋の中での一〇歩以内。四二日までには和室とリビングを行き来するようになり、二〇歩程度。五六日までには大きな方向転換や8の字に蛇行する歩行がはじまり、七〇日までには部屋を越える移動が半数を越え、八六日までには三部屋にわ

図3…歩行開始後二週間ごとのKの移動経路

たる移動がはじまった（各図の右横下に日付）。

遊離物を持って、遮蔽を越える

部屋には遊離物がある。歩きはじめる時、ヒトは手にものを持っている。遊離物を持って歩いて、遊離物の置くところを変えている。

家の中は、壁、ドア、棚、大きな家具などの付着物で、半ば囲まれている。ヒトは遊離物を持ったまま、付着物の囲みを越える。遮蔽を越えて、家中の遊離物の位置を変えている。

家の中にはたくさんの遊離物が散らばっている。いま見えているものは、ほんの一部である。大部分のものは壁やドアや棚や大きな家具の向こう側に隠れていて見えない。ヒトはここにあるものを、遮蔽の向こうへ持って行って、置いてくる。そこにいる誰かに渡すこともある。いまは見えないものを遮蔽を越えて向こう側から持ってくることもある。リビングに散らばったたくさんの積木を片付けるために、両手に一個ずつ持って、隣部屋の収納箱まで何度も運ぶ。隣部屋のテーブルに置かれていたスマホを持ってきて、母親に動画を見せてとねだる。毎日、家の中の遮蔽を越えて、ここにあるものと、遮蔽の向こうに置かれているものの位置を変えている。

同じ家に住むほかのヒトも、同じ家の中で、遊離物の置くところを変えている。遊離物のレイアウトを共に更新しながら、同じ遊離物に囲まれて生活している。

4 付着物と遊離物に囲まれている

家の中には二種のものがある。付着物と遊離物である。簡潔にいうと、ふたつのものがヒトに生活をもたらしている。

家には、床の凸部、段差、壁、ドアなどがある。それらは向こう側を遮蔽している。たとえばリビングから出て、少し歩いて左に向かうと、たくさんの遊離物があるキッチンの眺めが開ける。キッチンから出て、廊下を歩いて隣部屋のドアを開けると、大小の遊離物が散らばる机が隅にある部屋の眺めが広がる。

家は遮蔽の系列である。家を見ることは、遮蔽の縁からつぎつぎと広がる眺めを見ることである。ひとつの方向からではない。逆方向からも遮蔽は開ける。そして、どの部屋でも窓を開けると屋外の眺めが広がっている。窓から、家を囲む、樹々、塀、隣家、道などの眺めが広がる。

ヒトは遊離物である。生まれるとすぐに抱き上げられ、しばらくすると自力で動きはじめる。毎日、遮蔽を越えて家の中を移動している。手ぶらではない。移動するヒトはたいがい手に遊離物を持っている。

家にはたくさんの遊離物が散在している。いくつあるのか、だれも正確には知らない。大部分の遊離物は長く同じところにあり、一部は、位置をよく変えている。ヒトは床に遊離物を置き、棚に遊離物を並べて、遊離物に囲まれて暮らしている。

家は付着物のつくる遮蔽の系列である。遮蔽を越えて、遮蔽の両側で、遊離物は、それがあるところを変更している。

遮蔽の向こう側にあるタンスの中からシャツを持ってくる。リビングにある数冊の雑誌を抱えて、遮蔽の向こう側の部屋の棚に置く。冷蔵庫から、たくさんの遊離物を取り出して、シンク横の台に並べる。遊離物のかたちを変え続けてできた料理を、食卓に運んで並べて口に入れる。食べているあいだも、食器、箸やスプーン、器の中の食物の位置を変更し続ける。

たった二種のもの、付着物と遊離物が、家の全体に注意を続け、そこを存分に使うこと、そこにあるもののレイアウトを限りなく更新すること、つまり家に住むことをヒトにもたらす。

わたしは遊離物である。わたしは地面から離れている。わたしは家の中で付着物と遊離物に囲まれて、あらゆるところに同時にいる。わたしは家の中にある遮蔽の縁から広がる、すべての眺めを何度も繰り返し見ている。家に散らばっているもののすべてをまるで知っているように暮らしている。❖9、10

❖1……Gibson, J. J., *The Ecological Approach to Visual Perception*. LEA, 1979. →Houghton Mifflin Company, 1979.〔邦訳〕J・J・ギブソン『生態学的視覚論――ヒトの知覚世界を探る』古崎敬他訳、サイエンス社、一九八六年。( )内は原著の頁で、筆者の抄訳。

❖2……二〇〇一年秋に誕生した男児二名の三歳までの日常生活を、自宅屋内と周辺で養育者（主として母親）にビデオ撮影してもらった。記録は一週間に約一時間で、総計は二名で約一五〇時間。この記録から九四〇クリップの動画を抽出し、キーワード検索のできる「動く赤ちゃん事典」を作成した。（佐々木正人編『アフォーダンスの視点から乳幼児の育ちを考察――動く赤ちゃん事典』小学館、二〇〇八年　ネット購入可能）。

❖3……Goldfeld, E. C., 'Transition From Rocking to Crawling: Postural Constraints on Infant Movement', *Developmental Psychology* vol.25, 1989, pp.913-919.

❖4……西尾千尋・青山 慶・佐々木正人「乳児の歩行の発達における部屋の環境資源」『認知科学』22号、日本認知科学会、二〇一五年、一五一―一六六頁。

❖5……Orendurff, M. S., Schoen, J. A., Bernatz, G. C., Segal, A. D., & Klute, G. K., 'How humans walk: Bout duration, steps per bout, and rest duration', *Journal of Rehabilitation Research & Development*, vol.45, 2008, pp.1077–1090.

❖6……Adolph, K. E., Cole, W. G., Komati, M., Garciaguirre, J. S., Badaly, D., Lingeman, J. M., Chan, G. L. Y., & Sotsky, R. B., 'How do you learn to walk? Thousands of steps and dozens of falls per day', *Psychological Science*, vol.23, 2012, pp.1387-1394.

❖7……Karasik, L. B., Tamis-LeMonda, C. S., & Adolph, K. E., 'Transition from crawling to walking and infants' actions with objects and people', *Child Development*, vol.82, 2011, pp.1199-1209.

❖8……Karasik, L. B., Adolph, K. E., Tamis-LeMonda, C. S., & Zuckerman, A. L., 'Carry on: Spontaneous object carrying in 13-month-old crawling and walking infants', *Developmental Psychology*, vol.48, 2012, pp.389-397.

❖9……本章は以下の二つの論文から示唆を得て書いた。西尾千尋（二〇一九）乳児の独立歩行の発達の生態学的研究――移動を含む行為の発達と生活環境の資源。東京大学博士（学際情報学）論文。野中哲士（二〇一七）たのしいからだ――地上環境の身体論［第九回］視点とナビゲーション、『臨床心理学』一七（六）、八五一―八五七頁。

❖10……遊離物と付着物について、ギブソンは以下のように書いている。「場所はほかのところに移すことはできないが、遊離物は位置を変えることができる。生きて動いているもの、動物は、いるところを自分で変えている。ものには境目があるが、場所は隣合うところに溶け込んでいる。遊離物への定位は絶え間なく学習しなければならないが、付着物で遮蔽されている場所への定位は、いっきょに起こる。わたし達はキッチンのシンクがどこにあるかを知っている。スキー靴をしまってあるところもたぶんわかる。しかしいつも自分のこどもがどこにいるか知っているわけではない。遊離物については、それを最後に見たところに行けるだけである。遊離物は、遮蔽の向こう側で、知らないうちに動かされてしまうことがある。だから車のキーが、たしかに置いたはずのところにないというみじめなことがよくある。」（❖1二〇〇頁）

第13章

『自動巻時計の一日』を読む

田中小実昌のために

ぼくはこれまで、昭和五一年に初版のでた角川文庫版で『自動巻時計の一日』(以下、『自動巻』)を読んできた。正確に思い出せないが、おそらく三〇歳前後のかなり長いあいだ、この文庫本を、寝る前に少しずつ読んでいた。

『自動巻』をよく読んだ頃には、『男性自身シリーズ』(山口瞳)と『富士日記』(武田百合子)も読んだ。その内、ぼくの好きな三人の作家はあいついで亡くなった。著者がいなくなった後も、生きている時と同じように読めたのは『自動巻』だけで、『男性自身』も『富士日記』も、死んでしまった人の書いたものを読んでいる気分になり、長くは読めなくなった。『自動巻』だけは小実昌さんが死んでからも同じ本だ。

自分が死ぬということは、自分が消えること。そしてもう自分はいないのに、世界のすべてが、そのままであり続けていること。そういうことだろう。

自分の死を考えると、自分の消滅と世界の持続のふたつを同時に感じる。ふたつの感覚は光の明滅のようにひとつのことだ。ふたつの内、どちらの感覚が強いかで、自分の死の味わいは違う。ぼくの場合、自分の消滅の方を考えれば、死はこわいだけだ。しかし世界の持続の方だと、あまりこわくはないし、不思議だが、むしろ安心みたいな気持ちになる時もある。

同じことなのに、日によって味わいが変わる。まるでキノコのようだ。キノコには、まずいとうまいの両方の味がある。こどもの時は、だいたい、いつもまずかった。その内にうまさがわかった。

自分で考える、自分の死というのも、味わっている内にキノコみたいにだんだんと「おいしくなる」ようなところがあるのではないか。

これもぼくだけのことかもしれないが、消滅よりも持続の方の感じが強くなって、死ぬことを、ふつうのことと考えられるようになったのは、四〇歳を過ぎた頃ではないかと思う(もちろん完全に慣れるなんてことはないだろうが)。

少しずつそういう風になったが、その変化の時期は、ちょうど『自動巻』を毎晩読んでいた頃だったと思う。死に慣れはじめる頃に、この本をよく読んでいた。

小実昌さんが死んでも、生きていた時と同じように、小実昌さんの書いたものを読める(どの本でもというわけではないが)。そのことは、この、「自分の死に慣れる」感じと関係しているのではないか。

はなれた世界

「中学の一、二年のときだったとおもうが、列車の窓から外をみていて、おれとは、はなれた世界があるのを、ひょいと感じ、ショックみたいなものをうけたおぼえがある」。小実昌さんは『自動巻』で、世界の存在を感じた経験をこう書いた。

こういうことは、ひとから聞いたりしてわかることではない。ある日、突然ふりかかるように自分でわかることだ。おそらくこれは小実昌さん自身の経験なのだろう。

つづけて、

「それまでは、世界は、すべて、自分につながってるような気がしてたようだ(世界と名がつくものは、かならず、中心があるみたいなことを、学校でおそわった。自我とか、神とか、社会とか——。おれの場合は、自分のことしか、頭にうかばない)。

一生、おれが、手にとることも、見ることもできない、経験の可能性の外にあることでも、何か、それをよぶ名詞があれば(普通名詞でも、固有名詞でも)、おれの頭のなかに、場所をもっていた。

しかし、電車の窓の外にあるものは、げんに、そこにあり(見え)ながら、おれにとっては名前がないことに、ふと気がつき、中学生のおれは、おかしな気持になった」。

小実昌さんの場合、世界の存在がわかることは、世界を「見る」ことについての発見でもあったようだ。

この日までは、直接経験かどうかにかかわらず、世界の見え方は、「おれの頭のなか」の「名前」とつながっていた。じっさいに見るかどうかはたいしたことではなく、名前を知ってさえいれば、それを知っている、ことになっていた。

しかし、電車の窓の外には、自分がそれをよぶことばを持たないことがあった。でも、それはそこにちゃんと見えている。自分が名前を知っているかどうかにかかわりなく、世界の全部は、そのまま見えている。

世界が、自分と「はなれている」ということは、自分がいなくても世界はそのままあるという感じのことだろう。

「見る」は、「自覚」のようなこととは別のことだ。それは自分とは独立している。

この「はなれている」感じは、『自動巻』のどこにでもある。朝、「俺」が駅に行く途中に見かける女性。キャンプの同僚たち、「俺」が思い出す人、帰宅の電車の乗客……。『自動巻』には、たくさんの人がでてくるが、どの人も、どうしようもなくその人たちである。「おれ」がいようといまいと、まったくそのままの人たちだ。

いうまでもないが、「おれ」が翻訳している小説にでてくる人たちもそうだ。

小実昌さんは「エカキさんがスケッチでもするみたいに、女でも、なんでも、目に見えたものを書けないものかとおもったりしたこともあるが、おれにはむりなようだ」と書いている。

「はなれている」人たちのことを見ている「おれ」は、その人たちとのことについて悩んだり、よろこんだりしていないから「エカキさん」みたいだ。ただ、ああ、と見ているだけだ。自分以外の人は、見ている「おれ」から自律している。

「カカア」だって同じである。

「おれ」は「おれ」と関係なく動いている「カカア」の気分を、はなれて観察してるだけである。

『自動巻』に出てきて、「おれ」と「はなれている」のは人だけではない。

『自動巻』は「一日」を描いている。一日というのは、太陽の運行が決めている。それはそれじたい自律した動きであり、その動きもたしかに人から「はなれている」。だけど、太陽と地球の関係だけで動きが決まっているから、一日が自律している、というわけではない。

たとえば朝、でかけるまえ、服をきて、歯をみがいて、トイレにいって、新聞をながめながらなにか食べる、テレビがついていてそれも見る……などなどたくさんのことが進む。順にひとつずつ片づけているわけではない。いくつかが重なり同時に進むことも、同じことばかりなんども繰り返す(たとえばバッグに物を入れたり出したり、服をきたりぬいだり)こともある。何をやっているかわからない、糊しろ(マージン)のようにボーッとしていることもある。

朝だけではない、一日のどこでも、ことはそういうふうに進行している。つまり、一日はそこで行われることどうしの「すり合わせ」で埋められている。

小実昌さんは、このあたりまえのことだけを書くと、『自動巻』のあちこちで宣言している。

「もう、だいぶ前から、おれは、一日のことを、書いてみようとおもってた」。

「ともかく、朝おきたときからのことを、バカみたいに、ならべていってみよう」。

「どんなに、おれのまわりを見まわしても、見なれたものばかりだ」。

「おどろきがないからこそ、おどろきを書くんだ、というひともあるだろう。……しかし、おれには、なにもない。ただ、朝おきてからのことが、時計の時間で区切られる時間にしたがってつづいて(あるいは、つづかなかったり)いくだけだ」。

「……自分が、いつも、おなじドアからのり、電車のなかのおなじところに立ったり、腰かけたりしているのに気がついた時は、みょうな気持だった。/自分自身でもあいまいな気持を、文字でかくことはできないが、なんだか、生きたまま腐ってきたような感じだ」。

慣れている、おなじようなことばかりがからみ合って、また一日になる。おもしろくもないことばかりなのに、いちおう、その一日ができ上る。そういうふうにして「生きたまま腐る」。

小実昌さんは「おれ」が翻訳している小説について、「主人公の心境とか、部屋の雰囲気なんてことよりも、もっとどうにもならない、生の流れ——おもく澱んで、流れはよくないが——みたいなものが、しつっこく書いてある」といっているが、『自動巻』では、どうにもならないことばかりが、一日という長さで出来事を回している。

「おれ」はキャンプで、液体物質を混合して特定の化学的反応を生じさせることを仕事にしている。それは、「……すこしおくれて、蒸溜をはじめても、べつにさしつかえはないけれども、ひとつでも、することがぬけたり、試薬をまちがえたりすると、はじめから、やりなおさなくちゃいけない」仕事だ。

「まちがったり、へんになったりしたら、そこだけ、しなおすようなことばかり」やってきた「おれ」は、この仕事をはじめた頃は、おもしろいとおもっていた。なぜなら、「おれ」はこの仕事に、「物というもの」を感じたからだ。「おれがなくったって、ちゃんとある物だ」。

物質を混合すると、ある化学的反応が導かれる、というのも、たしかに、そこで混合している物質だけが回している出来事だろう。それもふつうの一日と同じで、「自動巻」である。物質が自律して出来事をつくり上げている。

小実昌さんは「尊敬する小説家のKさん」の話として、作家の伊藤整が、食卓につくと同時に、あったかいおつゆがでていないと気にいらなかった、というエピソードを紹介している。

この作家は「材料をそろえ、つみあげていったものが、でき上った瞬間、ぜんぜんくるいがなく、キチッとあわなきゃ気にいらないひと」だった。もしかしたら、そういう人だけが「ちゃんとした作品」を書くことができるのかもしれない。

だとすると「おれには、どうしても、作品ができない。作品というからには、核みたいなものがあり、どんなかたちにしろ、まとまっているはずだ」からだ。

「作品」というのは、そのために集めてきて混合した素材を、外からきっちりと調整して、ただひとつの「流れ」を、誰かが、つくり上げた小説のことだろう。

「作品をつくれない」となげく小実昌さんが『自動巻』でやろうとしたことは、そういう風に小説の化学的合成を外から調整したり、うながしたりせずに、一日という自動の回転に、素材を投げ込んで、そこで「内側」で起こるだろうことを期待して、そのまま書いていくことだった。

成分無調整牛乳とか、天然果汁とか、そういう自然にまかせたままの飲み物がある。

『自動巻』は「成分無調整」小説だ。

『自動巻』は、素材の混合と、太陽の運行だけにまかせて書かれた、天然の「ピュア（純粋）」な小説である。ピュアというのは、素材の混合以外、作家の「力」が加わっていないから。

ぼくが読んだ角川文庫版の「あとがき」に、小実昌さんは、この本がはじめてでる時、編集者に「題名はなしにしてくれ、としつこくたのんだ」と書いている。

いま考えると、ぼくには、この『自動巻時計の一日』というタイトルは、けっこう、いいように思える。

ただ、しあわせ

「戦前から翻訳者としては有名なNさんが『じっとながめる、というのはよくないな。ながめるとは、遠くのほうか、それとも、いくらかぼんやり見てる状態のことだよ。じっとならば見つめるか、見るでいいじゃないか……』といった。もっともな意見のようだったので、おれはつくづくながめたり、じっとながめたりするのは、訳文ではやらないことにした。だけど、おれ自身は、そういうことが、よくあるようだ」。この本を読み終えた人は、小実昌さんの、最後の本、『バスにのって』(青土社)の表紙で、走るバスに座って窓の外を見ている、小実昌さんを見てほしい。

ぼくは小実昌さんに会ったことがない(昔、テレビでは見た)。この写真はなんども見ている。

「おれの目は、じっと視線をうごかさず、そんなに遠くにないもの(たいてい人間だが)をみている。しかし、見られたものと、見ているおれのあいだには、近づけない距離や、透明だがこせない壁があるみたいで……。いや、なぜ、そんなに見つめてるんだか、自分でわからないといったほうが、ほんとかもしれない。それとも、目の焦点を、どこかに固定し、それをつっぱりのようにして、頭のなかのモヤモヤしたものに触ってるのか？　いやいや、ただ、酔っぱらいみたいに、なにかに目をすえ、ぼんやりしてるんだろう」。『サンチャゴふらふら』(トラベルジャーナル)とかを読んでも、小実昌さんは世界中どこにいっても、バスにのって、毎日、街の端から端まで、いったりきたりして、そして夕方になったら酒場でしこたま飲んでいる。

「……そういえば、気分的にかもしれないが、自分には、ジャスト・グッド、ジャスト・ハッピィになりたいという気持があったようだ。金があるからハッピィ(しあわせ)とか、家族みんなが、なかがいいからハッピィというのではなく、ただしあわせになることを、ぼんやりおもってきた。ただしあわせというようなことはありえないんだろうか？」。

『バスにのって』の表紙で、ただバスの窓の外を「じっとながめて」いる小実昌さんは、「ジャスト・グッド、ジャスト・ハッピィ」に見える。

小実昌さんはただ見た人だ。なんでも、ただ見た。歩いて見えること(戦争で中国にいったときは、死にかけるほど行軍した)、バスの窓からの景色、映画。

雑誌『ユリイカ』の「総特集　田中小実昌の世界」(二〇〇〇年六月)で、映画評論の川本三郎さんが、『週刊文春』の映画星取表で、いつも星をふたつ(五段階評価)つけていたと書いていた。

いまでている文春では、星ふたつの意味は「うーん、ちょっと……」となっている。

『自動巻』の最後のほうで、「おれ」に娘が、「『心がやさしいことは、いちばんいいことなのね? お金持になることよりも——」と聞く。「おれ」は、「『いちばんとかなんとかより、なんて比較しちゃいけない。くらべることはよくない』」とこたえる。

はじめの方では「……おふくろのはなしだと、物事を比較しないように、うちの親父《おやじ》は、おれを教育しようとしたらしい。比較のバランスでなりたってるみたいな、この世のなかで、たいへんな教育だったにちがいない」と書いている。

小実昌さんの「くらべない」は牧師だった父親ゆずりなのだ(この辺りのことは『アメン父』(河出書房新社、講談社文芸文庫)を読むとすこしわかる)。

だれだってバスの窓から見えることを、なにかとくらべたりなんかしない。

映画館のスクリーンに見えることだってそうだ。くらべるのはおかしい。だからいつも星はふたつ。

そういえば、バスの窓からの見えることにも、映画にもフレーム(枠)がある。

小実昌さんはそういうものを、ただ、見ていたのだ。

田中小実昌　たなかこみまさ（一九二五―二〇〇〇）

田中小見昌は二九歳だった一九五四年から数年間、米軍医学研究部生化学部で働いた。『自動巻時計の一日』（河出書房新社）で直木賞候補（一九七二年）。ほかに広島県呉市に「世界じゅうでもたったひとつの十字架のない教会」を建てた牧師の父、種助を書いたのが『アメン父』（講談社文芸文庫一九八九年）。父は、「ココロのはたらきみたいなことは宗教にはカンケイない」といい、みんなと話しているとき突然「いこう」と歩き出す「かるい牧師」だった。『ポロポロ』（中央公論社、一九七九年）は「信仰ももち得ない、と（悟るのではなく）ドカーンとぶちくだかれ」、「断崖から落ちて、落ちっぱなしで」、祈りのことばを失ったとき口から出てくること。敵が見えない中国戦線で只々行軍した二等兵の、どんなにことばにしてもウソになる戦争の記憶を、雫のように落ちてきたことだけで書いた（第一五回谷崎潤一郎賞を受賞）。一九九九年の『バスにのって』（青土社）が最後の本。

イラスト：和田誠

あとがき

三年前に美術大学デザイン学科の教員になった。モノをつくる職場は、はじめてだった。プロのデザイナーが若い人たちに教えるところを近くで見た。モノはたいへんだ、ということをあらためて知った。

こうしたいと思いついたとしても、それをモノに具現することはたやすくはない。もちろんすべての試みが成功するわけではないが、見たこともないような卒業作品が毎年確実にあらわれてくる。しぶとくモノに挑んで、作品に仕上げることが、どれくらいのジャンプなのか少しはわかった。デザイン系の人たちがモノのそばで示す気迫にふれて、モノについて何度も考えた。

これまでも現場で観察して、それまでは知らなかったモノのすがたを記録することを仕事にしてきた。光覚のない方々の街中の移動。リハビリテーションでの運動回復。家の中でのあかちゃんの発達などである。街の地図はまわりの音に聴こえる。生活で使うふつうのモノがリハビリを進める。乳児発達についてはいうまでもないが、どこにも行為のすぐそばにはモノがあった。

しかし、デザインの世界のモノは、まだよくわからない。どうやらこれまでに見たことのないモノなのである。

もちろん観察者ではなく教員として職場にいる。美大生は手ごわい。文字ばかり並んでいる資料に、そう付き合ってはくれない。しかし、あたりまえだが、ビジュアルはきわめて強い。講義中にネット動画をたくさん見せてもらったが、驚くことばかりだった。

本書サブタイトル「アフォーダンスの幾何学」は、そんな中で見付けた、学生とのコミュニケーションの言葉である。難解といわれるギブソン理論は、じつはオリジナルな幾何学だと説明して、段階を追って進めてみたら、一部の学生の表情が少しやわらかくなったような気がした。というか、ギブソンを「幾何学」として読むことが面白くなったのは、わたし自身だった。まだ確かではないが、ここからもう少しギブソンにアプローチできるかもしれないといまは思っている。

最後に、本書をデザインされた鈴木一誌さん、出版のすべてをガイドしていただいた学芸みらい社の小島直人さんに深く感謝いたします。『レイアウトの法則——アートとアフォーダンス』（春秋社、二〇〇三年）に引き続き、お二人にこの新しい本をつくっていただいたこと、とても幸運でした。

二〇二〇年一月

佐々木正人

初出一覧

序　書き下ろし

第1章　情報は光のなかにある
初出……『思想』二〇〇五年二月号、岩波書店
原題……「思想の言葉　情報は光のなかにある（知覚の謎）」

第2章　あらゆるところに同時にいる――ジェームズ・ギブソンの視覚論
初出……栗原彬・小森陽一・佐藤学・吉見俊哉（編）『越境する知（1）身体：よみがえる』東京大学出版会、二〇〇〇年
原題……「あらゆるところに同時にいる：ジェームス・ギブソンの身体論」

第3章　意識の横にある無意識――マイクロスリップ考
初出……『文学』二〇一二年一一、一二月号、岩波書店

第4章　誕生し、消え去り、復活する――想起の「自然」についての覚書
初出……佐々木正人（編）『想起のフィールド――現在のなかの過去』新曜社、一九九六年
原題……「想起の「自然」についての覚書」

第5章　すべてを使う――ミルトン・エリクソンと方法なき方法
初出……『現代思想』二〇〇二年三月号、青土社
原題……「全てを使う――ミルトン・エリクソンと方法なき方法」

第6章　遮蔽をこえる
初出……『現代思想』二〇〇一年二月臨時増刊号、青土社
原題……「ナヴィゲーションと遮蔽」

第7章　フレデリック・ワイズマンの視覚――『視覚障害』の意識
初出……土本典昭・鈴木一誌（編）『全貌フレデリック・ワイズマン――アメリカ合衆国を記録する』岩波書店、二〇一一年

第8章　ノイズに意味が埋まっている――盲人の生活聴力
初出……『文学』二〇一〇年一一、一二月号、岩波書店

第9章　ダーウィンの方法――行為を個物の群にわける
初出……『現代思想』一九九八年五月号、青土社
原題……「ダーウィン的方法」

第10章　光にふれる――ジェームズ・タレルとのふたつの対話
初出……『美術手帖』一九九五年一一月号、美術出版社
原題……「光の遊泳術――いつか天の川で泳ぐときのために」
初出……『Intercommunication』一九九九年一月号、ＮＴＴ出版
原題……「光に触れる意識」

第11章　大切な皮膚と手――大野一雄のために
初出……『現代詩手帖』二〇一〇年九月号、思潮社
原題……「大切な皮膚と手」

第12章　わたしは地面から離れている　書き下ろし

第13章　『自動巻時計の一日』を読む――田中小実昌のために
初出……田中小実昌『自動巻時計の一日』（解説）河出書房新社、二〇〇四年
原題……「解説」

あとがき　書き下ろし

著者紹介

佐々木正人（ささき・まさと）

一九五二年、北海道生まれ。生態心理学者。筑波大学大学院博士課程修修（教育学博士）。早稲田大学人間科学部助教授、東京大学大学院情報学環・教育学研究科教授を経て、現在、多摩美術大学美術学部統合デザイン学科教授、東京大学名誉教授。著書に、『新版　アフォーダンス』（岩波科学ライブラリー、二〇一五年）、『知覚はおわらない』（青土社、二〇〇〇年）、『レイアウトの法則』（春秋社、二〇〇三年）、『アフォーダンス入門』（講談社学術文庫、二〇〇八年）、『アフォーダンスと行為』（編著、金子書房、二〇〇一年）など多数。訳書に、J・J・ギブソン『生態学的知覚システム』（監訳、東京大学出版会、二〇一一年）、エレノア・J・ギブソン『アフォーダンスの発見——ジェームズ・ギブソンとともに』（岩波書店、二〇〇六年）、ニコライ・A・ベルンシュタイン『デクステリティ——巧みさとその発達』（監訳、金子書房、二〇〇三年）などがある。

あらゆるところに同時にいる

アフォーダンスの幾何学

2020年4月5日　初版発行

著　者……佐々木正人

発行者……小島直人

発行所……学芸みらい社

〒162-0833　東京都新宿区箪笥町31　箪笥町SKビル3F

電話番号：03-5227-1266

http://www.gakugeimirai.jp/

E-mail: info@gakugeimirai.jp

印刷所・製本所……藤原印刷株式会社

ブックデザイン……鈴木一誌＋吉見友希

乱丁・落丁本は弊社宛にお送りください。

送料弊社負担でお取替えいたします。

©Masato SASAKI 2020 Printed in Japan

ISBN978-4-909783-12-7 C0011

学芸みらい社

GAKUGEI MIRAISHA